Über dieses Buch Es gibt kaum ein Volk ohne Märchen, denn Märchen sind Ausdruck der Grundsituationen des Menschen: Geburt und Tod, Angst und Leid, Krankheit und Erlösung. Das Märchen gilt als Hoffnungsträger, denn meist siegt das Gute. Es hatte und hat viele Funktionen. Einmal war es Unterhaltung, dann Predigtmärlein zur Unterweisung oder Sozialkritik der Unterdrückten, und es diente zur Problembewältigung. Es gibt keine Situation im menschlichen Dasein, die das Märchen nicht kennen und schildern würde. »Es gibt Zustände, die so einfach und natürlich sind, daß sie überall wiederkehren, wie es Gedanken gibt, die sich von selbst einfinden. Es konnten sich daher in den verschiedenen Ländern dieselben oder doch sehr ähnliche Märchen unabhängig voneinander erzeugen«, schrieb Wilhelm Grimm.
Die vorliegende Auswahl soll ein Lesevergnügen durch die Märchenbände im Fischer Taschenbuch Verlag und ein vielfarbiges Kaleidoskop durch fünfundzwanzig Jahre *Märchen der Welt* bieten.

Die Herausgeberin Monika A. Weißenberger, 1947 in Würzburg geboren, lebt seit vielen Jahren in Frankfurt am Main.

Das große Buch der Märchen

Herausgegeben von
Monika A. Weißenberger

Fischer
Taschenbuch
Verlag

Märchen der Welt
Lektorat: Monika A. Weißenberger

Originalausgabe
Veröffentlicht im Fischer Taschenbuch Verlag GmbH,
Frankfurt am Main, Oktober 1993

© 1993 Fischer Taschenbuch Verlag GmbH, Frankfurt am Main
Umschlaggestaltung: Thomas & Thomas Design, Heidesheim
Druck und Bindung: Clausen & Bosse, Leck
Printed in Germany
ISBN 3-596-11932-4

Gedruckt auf chlor- und säurefreiem Papier

Für Sigrid Früh

Inhalt

Der goldene Schlüssel	11
Der rosige Jüngling	12
Die Katze	21
Der alte Fritz und der Besenbinder	25
Die Quelle, deren Wasser in einen Löwen verwandelt	31
Prinz Hüsnü Jussuf	36
Ritter Etoile	48
Die schöne Brunnenfrau	57
Henri und Henriette	61
Der Falke Helfinist	67
Der Schneider und die Sintflut	78
Hans Bohnenstange	81
Die Geschichte von Caterina und ihrem Schicksal	97
Der Huldrekönig auf Selö	103
Der Krug der alten Frau	110
Wie eine Königstochter sieben Jahre geschlafen	113
Die undankbare Schildkröte	125
Der Drachenkönig und der Bambusflötenspieler	131
Amor und Psyche	135
Dermot mit dem Liebesfleck	161
Der Tagdieb und der Nachtdieb	167
Wie das Känguruh seinen Schwanz bekam	177
Das Märchen von Yinka, der einhändigen Frau des Königs	181

Mann und Frau im Essigkrug	191
Der Zauberstab aus Elfenbein	196
Bei der schwarzen Frau	204
Die Riesin im Steinboot	209
Die Tochter des Schneiders und der Sohn des reichen Kaufmanns	215
Die Jagd nach dem weißen Eber	219
Die drei Handwerksburschen	230
Die Alte und das Feuer	233
König Midas' Gold	236
Die Teufelsmühle	238
Die weiße Hirschkuh	241
Die kluge Witwe und ihr Sohn	250
Des kleinen Hirten Glückstraum	254
La Bella und der Orco	265
Der Wettstreit der Zauberer	270
Die Madonna und der Drache	273
Das Feld der Bruderliebe	277
Von den klugen Frauen	279
Die Mauren in der Höhle	283
Der Fuchs auf der Pilgerfahrt nach Mekka	285
Mister Fox	291
Die drei Liebhaber	295
Der Mann von Grimsö und der Bär	298
Die zwölf Töchter	301
Die Kristallkugel	308
Die verwunschene Mühle	312
Die Hexe und ihr Ehemann	315
Nal und Damajanti	321
Das Eimerchen	329
Honig der wilden Bienen	333
Die Tochter des Teufels	344
Der gestiefelte Kater	350
Prinzessin Mäusehaut	356

Der König Segler des Meeres	357
Der Fuchs und der König	363
Nachwort	364
Quellenhinweise	373
Verwendete Literatur in Auswahl	377

Der goldene Schlüssel

Zur Winterszeit, als einmal ein tiefer Schnee lag, mußte ein armer Junge hinausgehen und Holz auf einem Schlitten holen. Wie er es nun zusammengesucht und aufgeladen hatte, wollte er, weil er so erfroren war, noch nicht nach Haus gehen, sondern erst Feuer anmachen und sich ein bißchen wärmen. Da scharrte er den Schnee weg, und wie er so den Erdboden aufräumte, fand er einen kleinen goldenen Schlüssel. Nun glaubte er, wo der Schlüssel wäre, müßte auch das Schloß dazu sein, grub in der Erde und fand ein eisernes Kästchen. »Wenn der Schlüssel nur paßt!« dachte er, »es sind gewiß kostbare Sachen in dem Kästchen.« Er suchte, aber es war kein Schlüsselloch da, endlich entdeckte er eins, aber so klein, daß man es kaum sehen konnte. Er probierte und der Schlüssel paßte glücklich. Da drehte er einmal herum, und nun müssen wir abwarten, bis er vollends aufgeschlossen und den Deckel aufgemacht hat, dann werden wir erfahren, was für wunderbare Sachen in dem Kästchen lagen.

[Märchen der Brüder Grimm]

Der rosige Jüngling

Man sagt, es war einmal ein Jüngling, dessen Mutter ihr ganzes Leben ihm gewidmet hatte, da sein Vater früh starb. Er wußte, daß sein Vater reich gewesen war und ein Vermögen besessen hatte. Doch die alte Frau verbarg das Vermögen in einer Kiste, verschloß sie und hängte sich den Schlüssel um den Hals. Als ihr Sohn das Mannesalter erreicht hatte, verheiratete sie ihn, und die junge Frau kam zu ihm. Immer wieder bekam sie ein Kind, jedes Jahr ein Kind. Kaum waren sieben, acht Jahre vergangen, da hatte er acht Kinder.
Die Armut verfolgte sie; sie wurden ärmer und ärmer, bis sie nahe daran waren, vor Hunger zu sterben. Sie verkauften die Strohmatte – Allah steh uns bei! Sie verkauften die Matratze, bis nichts übrig war. Da ging er zu einem Freund, betrat dessen Laden und sprach zu ihm: »Lieber Nachbar, ich will dir von meiner Frau und meiner Mutter erzählen. Bei Allah, ich weiß, daß mein Vater viel Geld hatte. Mein Vater war sehr reich, er war Parfümhändler, hatte einen vollen Laden und brachte alles nach Hause. Als er starb, hat meine Mutter es genommen. Vor ein paar Tagen starb mir ein Kind. Ich wollte ihm ein paar Tropfen Zuckerwasser eingeben, aber sie hat uns keinen geben wollen. Ich ging im Stadtviertel umher, um ein wenig Zucker zu finden, ihn in Wasser aufzulösen und ihn dem Kind in den Mund zu flößen. Es hieß, es gäbe keinen. Was kann ich tun? Lieber Bruder, ich muß zu dir kommen.«
Der Nachbar schlug ihm vor: »Sage zu deiner Mutter: Ich will dich verheiraten.« »Bewahre. Was soll das heißen?«

fragte er. »Meine Mutter ist doch achtzig Jahre alt.« »Sag es ihr«, wiederholte der Kaufmann, »und du wirst sehen, daß sie das Geld hervorholt.« Er antwortete: »Lieber Freund, meine Mutter ist eine alte Frau, die den ganzen Tag auf ihrem Gebetsteppich zubringt.«

Als er nach Hause kam, fand er sie gebückt, einen Buckel auf dem Rücken und ein Tuch um den Kopf, eine alte Frau, die am Beten war, eine Achtzigjährige. Er sagte zu ihr: »Mutter, ich will dir eine Geschichte erzählen, aber, bei Allah, ich schäme mich vor dir.«

Sie sprach: »Bewahre, lieber Sohn, warum solltest du dich schämen? Es gibt keinen Grund dazu, mein Lieber! Sprich nur, lieber Sohn! Sollte jemand seiner Mutter etwas verbergen?« Er sagte: »Liebe Mutter, es ist ein Mann von Aleppo gekommen, und er hatte einst eine große Familie. Sie wurde von der gelben Pest befallen; die Frau und die Kinder starben, seine Familie und alle starben. In seiner Trauer hat er die Tür des Hauses abgeriegelt, seine Speicher verschlossen und ist hierher gekommen. Er sucht ein Quartier in den Stadtvierteln. Ich habe mit ihm das Abendgebet verrichtet. Liebe Mutter, es tut mir leid um ihn, weil er niemanden hat.« Sie sagte: »Bewahre, mein Sohn, bring ihn her!« Der Sohn fuhr fort: »Er sucht sozusagen ein braves Mädchen, das sich um ihn kümmert und sein Bestes will, das ihn besucht, wenn er nachts schläft. Mutter, ich weiß nicht, von wem ich ihm erzählen soll. Vielleicht kann ich ihm von dir erzählen, liebe Mutter.« Sie sprach: »Bewahre, mein Sohn! Sollte ich bei meinem Alter, am Ende meines Lebens, mir einen Bräutigam anschaffen?« Er erwiderte: »Ja, liebe Mutter, es steht dem nichts im Wege. Was ist dagegen einzuwenden?« Sie sprach: »Mein Lieber, bei Allah, ich schäme mich bei diesem Gedanken.« Er entgegnete: »Nein, du brauchst dich nicht zu schämen.« Da sagte sie: »Möge dir Allah den Weg ebnen. Möge er deinen Weg grün und glücklich machen,

mein Sohn! Möge die Erde dir Quellen fließen und der Himmel über dich seinen Segen fallen lassen! Wahrlich, du bist Allah wohlgefällig dein ganzes Leben lang. Geh, mein Sohn! Du wirst für die gute Tat an einem armen Mann belohnt werden. Möge das einer erlaubten Sache dienen. Es ist gut! Es ist erlaubt! Hol ihn nur.« »Bis morgen«, sagte er. Er stand früh auf und sprach: »Ja, Mutter, sollen wir ihn also holen, obwohl es in unserem Haus weder Strohmatte noch Kochtopf noch einen Bissen Brot noch ein wenig Zucker gibt, so daß wir ihm ein Glas Limonade bereiten können?« »Warte, mein Sohn, warte«, sagte sie, »laß mich sehen, ob ich vielleicht einige Pfennige habe.« Sie lief zu der Kiste, öffnete sie und nahm vier, fünf Goldpfund aus einem Strumpf. Sie sprach: »Hol Strohmatte, Teppich, Mehl und Brot und lad ihn ein.« Er erwiderte: »Laß ihn zuerst mal heute abend kommen. Zeig dich uns, laß ihn dich ein wenig sehen. Hüll dich dabei in deinen Gebetsumhang ein!« Sie sagte: »Ja, gut. Mögest du deine Mutter überleben, lieber Muhammad! Möge die Erde dir Quellen fließen und der Himmel über dich den Segen fallen lassen. Muhammad, möge Allah dir Kraft und Hilfe schenken. Möge Allah dein Leben lange dauern lassen und dir ein großes Vermögen schenken. Mein Lieber, es gibt niemanden wie dich, Muhammad!«
Die Frau richtete sich auf. Er brachte zwei, drei Pfund Kürbis und Eierfrüchte, er brachte zwei, drei Kilo Reis und ein Kilo Fleisch, er brachte eine Strohmatte und Kissen, und er brachte seiner Frau Mehl zum Backen, etwa drei, vier Pfund. Die Frau verlor den Kopf vor Freude: »Möge Allah dich erfreuen, Schwiegermutter, möge er dich erfreuen. Es geschieht nach deinem Willen, daß dir Allah diesen guten Mann gesandt hat!« Der Sohn sprach: »O Mutter, wie reich er ist! Er ist so reich, daß du sagen wirst: Genug!« Sie sagte: »Möge dir Allah helfen, mein Sohn, mögest du deine Mutter überleben.«

Er breitete Matratzen und Teppiche aus, und sie richtete alles, um ihn einzuladen. Am Abend sollte er kommen und bei ihnen zu Abend essen. Es gab noch keinen Ehevertrag; er sollte nur kommen, um bei ihnen den Abend zu verbringen, damit sie ihn ein wenig kennenlernten. Der Sohn ging zu seinem Nachbarn und sagte zu ihm: »Lieber Nachbar, komm! Du hast uns in diese Angelegenheit verwickelt, nun hilf uns, sie weiterzubringen.« Er war ein Mann von mittlerer Größe und von siebzig Jahren, ein turbangeschmückter, ernster Mann, ein Mekkapilger.

Er kam und klopfte an die Tür. Sie verrichtete gerade das Gebet bei Sonnenuntergang. Sie hatten die Polster hervorgenommen und auf dem Fußboden ausgebreitet. Sie sprach zu der Frau ihres Sohnes: »Schwiegertochter, du Auge deiner Schwiegermutter, hol mir ein wenig Schminke.« Sie schminkte sich das Gesicht – o wie schön es war.

»Bring mir das Kopftuch hervor!« Sie legte sich das Kopftuch um, richtete sich her und gürtete sich, machte sich schön, legte sich die Gebetsbedeckung über die Schultern und saß da. Sie ließen den Nachbarn in der Mitte Platz nehmen, während ihr Sohn auf der einen Seite und sie in der anderen Ecke Platz nahmen.

Alles war arrangiert, damit man das Geld herausbekommen sollte. Die Mutter sprach: »Muhammad, Allah mache dich recht fruchtbar, dich und deine Kinder! Möge Allah die Erde, die du in die Hände nimmst, in Gold verwandeln! Muhammad, es gibt niemanden wie dich, mein Lieber!« Dabei schmeichelte sie auch dem Mann: »Mein Lieber, du bist ohnegleichen! Mein Lieber, ein guter Mann bist du! Wie hat dich Allah zu guten Leuten geleitet! Der Gute kommt zum Guten. O mein Auge, mein Lieber, möge Allah an euch Gefallen haben! Möge Allah Eintracht stiften zwischen dir und meinem Sohn! Mein Lieber, hier habe ich auch eine Schwiegertochter ohnegleichen. Wir hüten sie wie unseren Augapfel.«

Er sprach: »Jawohl, jawohl, hoffe das Beste. Meine Liebe, wir vertrauen auf Allah, wir vertrauen auf Allah!«
Da der Ehevertrag am folgenden Tag geschrieben werden sollte, nahm er inzwischen ihre Vollmacht. Da gab es weder Schrift noch sonst was, alles war nur eitel Lüge. Am Abend wollte er wieder zurückkommen. Der Sohn sprach: »Komm und verbring den Abend bei uns, mein Lieber!« Er war einverstanden. Er ging seines Weges und kam nach Hause. Der Ruf zum Abendgebet ertönte. Die alte Frau fragte: »Wann wird er kommen? Er wird um 7 Uhr, um halb 9 Uhr kommen.«
Zu ihrer Schwiegertochter sagte sie: »Du Auge deiner Schwiegermutter, öffne die Kiste. Da gibt es ein seidenes Laken von denen deines Schwiegervaters. Ich habe es seit langem für meinen Tod aufbewahrt. Nimm es hervor! Du Auge deiner Schwiegermutter, breite alle Matratzen aus!« Sie breitete sie aus. Die Frau war gebückt. Sie hielt sich am Bett fest und schleppte sich zu der Kiste hin, streckte die Hand aus und öffnete sie. Sie zog vom Halsbund einen Schlüssel, der eine Spanne lang war, und öffnete die Kiste damit – du kannst dir nicht vorstellen, was für Schätze sie hatte! Sie nahm einen Zuckerhut hervor, der soo groß war. Zwei Tage vorher war ihr Enkel gestorben, und sie hatten vergebens nach ein wenig Zucker gesucht! Früher hatte man Zuckerhüte wie ein Stein, auf die man mit einem Eisen schlug, bis sie zerbröckelten. Sie nahm nun einen solchen Zuckerhut hervor und sprach zu der Schwiegertochter: »Wenn der Mann kommt, so rühr ihm ein Glas Saft an, du Auge deiner Schwiegermutter. Möge Allah an dir und deinem Gatten Gefallen haben! Es gibt – bei Allah – niemanden wie dich und deinen Gatten!«
Als der Nachbar eintrat, war der Sohn sehr froh und sprach zu ihm: »Komm und bring heute abend die Sache zur Vollendung, lieber Freund. Möge Allah dir gute Tage bringen!« Der Mann setzte sich auf die Schwelle des Ein-

gangs, und die alte Frau sprach zu ihm: »Schließ die Tür, mein Lieber. Sag, wie ist dein Name?« »Mein Name ist Muhammad«, antwortete er. Sie sprach: »Oh, meine zwei Muhammads! Möge Allah die Muhammads in ihrem ganzen Leben segnen! Mein Lieber, bitte tritt herein. Bei Allah, du machst mir das Herz schwer.« Sie blieb auf dem Bett sitzen, eine alte Frau, die nicht aufstehen konnte, und gebückt. »Bitte, mein Lieber, tritt ein«, wiederholte sie. Und er antwortete: »Ja, ich komme gleich.«

Ihr Sohn ging mit seiner Frau in sein Zimmer, aber sie saßen da und lauschten. Der Nachbar sprach: »Ich will... aber... Umm Muhammad, ich habe heute abend eine Angelegenheit, um derentwillen ich betrübt bin. Als ich hierher kam, habe ich eben einen Wechsel bekommen, den ich bezahlen muß. Zwei Wechsel sind es genau, der eine über 250 Goldpfund und der andere über 450 Goldpfund. Und augenblicklich habe ich nichts. Ich will nach Aleppo fahren und gewisse Guthaben verkaufen. Ich muß... ich habe da in Aleppo ein Vermögen wohl gelagert, in Läden hinter Schloß und Riegel verwahrt. Eben jetzt habe ich den Wechsel bekommen, und es hieß: entweder bezahlen oder verhaftet werden. Soll ich jetzt verhaftet werden, der ich heute abend die Ehe mit dir geschlossen habe?« Sie sprach: »Schließ die Tür, damit mein Sohn nichts hören kann und komm.« Er schloß die Tür. Da öffnete sie ihre Kiste, nahm den Strumpf hervor und zählte, zählte. Sie zählte 700 Goldpfund her und sagte: »Bitte, zeig sie nicht! Schnür sie in das Taschentuch ein. Geh sofort und bezahl die Wechsel. Aber bleib nicht lange fort!« »Nein«, antwortete er und fuhr fort: »Ich werde dir mein ganzes Vermögen überlassen und dich bald, so Allah will, nach Aleppo bringen.« Sie sprach: »Ja, geh nur. Es gibt niemanden wie dich!«

Der Mann ging seines Weges. Als er aus der Tür des Hauses trat, folgte ihm ihr Sohn. »Na?« fragte er, und der

Nachbar gab ihm das Geld mit den Worten: »Nimm es, lieber Freund. Allah ist Bürge, ich weiß nicht, wieviel es ist. Nimm es!« Er erhielt ein Taschentuch voll Pfundstücke – bedenke, mein Freund, in diesen bedrängten Tagen, ein Taschentuch voller Goldstücke, sondergleichen in dieser Zeit! – Der Sohn sagte: »Lieber Freund, möge Allah dich mit einem langen Leben segnen! Du hast mir einen großen Dienst erwiesen! Laus und Wurm hätten mich – bei Allah – beinahe gefressen. Ich und meine Kinder waren vor Hunger fast tot.«
Der Nachbar erwiderte: »Ja, gut, hoffe das Beste.«
Der Sohn ging hinein, legte sich in seinem Zimmer hin und schlief ein. Seine Mutter ahnte nicht, daß er das Geld bekommen hatte. Sie lag in ihrem Zimmer und warf sich in ihrem Bett unruhig hin und her. Es wurde neun, zehn, elf, zwölf Uhr; es schlug eins. Da fragte sie ihren Sohn: »Muhammad, mögest du deine Mutter überleben, schläfst du?« »Mutter, was willst du?« entgegnete er.
Sie sagte: »Mein Lieber, der Mann ist gegangen, ich weiß nicht wohin. Er wollte bald kommen.«
Sie sagte nicht zu ihm: Er ist gegangen, einen Wechsel zu bezahlen. Sie sagte nur: Er ist gegangen, ich weiß nicht wohin.
Er beruhigte sie: »Liebe Mutter, er hat vieles zu tun und vieles zu besorgen. Er wird bald kommen. Schlaf nur, Mütterchen!« Sie schlief ein. Es wurde zwei Uhr. Da sprach sie: »Muhammad, mein Lieber, er ist ein Fremder. Ob er sich nicht verläuft? Mögest du deine Mutter überleben! Steh auf und such ihn.«
Er antwortete: »Schlaf nur, Mütterchen. Er ist ein Mann, der vieles zu tun hat. Er wird bald kommen.« Sie hielt eine Weile aus, dann rief sie von neuem: »Muhammad, mein Sohn, steh auf! Paß auf ihn auf, mein Lieber!« Er erwiderte: »Liebe Mutter, wie kann er denn so bald kommen? Er kommt sicher erst gegen Morgen.« Sie schwieg.

Der zweite Gebetsruf ertönte: »O ihr, die ihr das Gebet verrichtet!« Da sagte sie: »Auf, mein Sohn, laß uns nach ihm sehen!« Er fragte sie: »Willst du mitgehen, Mütterchen?« »Ja, ich will mitgehen. Auf!« antwortete sie. »Kannst du denn gehen?« fragte er. »Ich kann nicht«, sagte sie, »aber laß mich auf deinem Rücken reiten.« Er ließ sie auf seinem Nacken reiten, während das eine Bein rechts und das andere links baumelte, so marschierte er. Sie befahl: »Ruf!« »Wie soll ich rufen? Und wo soll ich anfangen zu rufen, Mütterchen?« Sie sprach: »Fang in der Straße Abu l-Fida an. Geh allmählich von hier in die Stadt hinunter und ruf: Wer hat einen rosigen Jüngling gesehen mit einem grünen Turban auf dem Kopf, den Bräutigam einer einzigen Nacht, der die Freude der Ehe nicht erreichte? O weh, o weh, o weh über sein Leben!«
Er rief, wie sie es verlangte, und nach jedem Ruf klagte sie: »O weh, o weh, o weh!« Er ging immer weiter und fuhr fort, so zu rufen, bis sie zum Schöpfrad kamen – ich weiß nicht, ob ihr das Schöpfrad kennt. Wie kann ich das wissen?
Als sie zum Schöpfrad kamen, vor dem sich ein breiter Kai befindet, hatte der Nachbar gerade das Morgengebet verrichtet und trat aus der Moschee heraus. Es war noch nicht hell, und er fragte den Sohn, der an ihm vorbeiging: »Wohin willst du gehen?« »Lieber Freund«, antwortete der ihm, »du bist weggegangen und hast sie verlassen. Sie hat die ganze Nacht nicht schlafen können. Hilf uns, einen Ausweg zu finden.« Er sprach zu ihr: »So, so, wohin willst du denn, Umm Muhammad?« Sie sagte zu ihm: »Mein Lieber, ich konnte nicht mehr schlafen. Es hat mir weh um dich getan! Du bist ein Fremder, der die Stadt nicht kennt.« »Nein, nein, das ist nichts«, erwiderte er. »Hier sind wir nun. Setz sie von deinen Schultern nieder, Muhammad! Setz sie auf den Rand vor dem Schöpfrad. Im Namen des barmherzigen Erbarmers, was hast du, Umm

Muhammad? Habe ich dir nicht gesagt, daß ich den Wechsel bezahlen sollte?« Sie sprach: »Allah möge dir helfen! Es ist gut. Laß uns ausruhen.«
O mein Auge, wie müde sie war, die alte Frau! Er faßte sie vorne an, stieß sie in den Kanal und sprach: »Möge Allah dein Leben und das Leben deines Lebens abschneiden! Möge ein schwarzes Unglück über dich ergehen! Scher dich fort in den Kanal! Und du, scher dich nach Hause!« Der Sohn rief: »Nein, nein, bei Allah, du wirfst meine Mutter in den Orontes!« Der Nachbar sprach: »Möge Allah dein Leben mit dem deiner Mutter abschneiden!«

[Märchen aus Syrien]

Die Katze

Es lebte einmal ein armer Bauer mit Namen Andres. Er hatte für seine Frau und das Dutzend Kinder oft nicht genug zu essen. Doch hatte er ein so gutes Herz, daß er niemals einem Bettler ein Almosen versagte. So geschah es, daß Andres bald in höchste Schulden geriet. Seine Gläubiger gaben nichts auf sein gutes Herz und vertrieben ihn von Haus und Hof.
Da saß er nun mit Frau und Kindern ohne Heimat und Obdach auf einem Baumstamm am Rande des Waldes und überdachte sein Mißgeschick. Während er noch mit seiner Frau beratschlagte, in welchem Dorf sie eine Nachtherberge suchen sollten, rauschte es auf einmal ganz seltsam im Wald. Plötzlich stand eine kleine, häßliche und uralte Frau vor ihnen und streckte die Hand nach einem Almosen aus.
»Ach, wir sind selber arme Leute«, erwiderte die Frau des Andres. »Setzt Euren Stab weiter, gute Alte!«
Andres aber zog sein Beutelchen hervor, in dem seine letzten drei Kreuzer waren. Einen Kreuzer davon gab er der Alten. Als seine Frau ihm deshalb Vorhaltungen zu machen begann, sagte er: »Gib dich zufrieden, Frau! Es bleibt uns ja noch genug, um den Kindern das Brot zu kaufen. Für morgen laß den im Himmel Sorge tragen!«
Die Bettlerin entfernte sich, nicht ohne zuvor freundlich gedankt und dem Andres und seiner Familie Gottes Segen gewünscht zu haben.
Als nun Andres mit den Seinigen durch den Wald ging, da gerieten sie plötzlich in das Dickicht. Alles Rufen,

Schreien und Weinen der Kinder war vergeblich. Den Vater nur hielt die Zuversicht aufrecht, daß Gott alles zum Besten lenken werde. Während er den Kindern Mut und Trost zusprach, waren bereits an den Wipfeln der Bäume die letzten Sonnenstrahlen verschwunden, und eine schwarze, sternenlose Nacht brach herein.
Da klammerten sich die Kinder voller Angst an ihre Eltern. Die Mutter weinte, der Vater betete. Da funkelten auf einmal zwei große grüne Sterne durchs Gebüsch, und als Andres näher trat, sah er eine große schwarze Katze, die kosend an ihm aufsprang, so, als wollte sie ihm bedeuten, ihr zu folgen.
Und siehe, als die Familie hinter der Katze herging, kamen sie bald vor ein kleines Haus, das mitten im Wald stand. Plötzlich ging die Tür auf, und heraus trat eine hohe schöne Frau, die mit glockenheller Stimme die Verirrten willkommen hieß: »Kommt nur herein mit Euren Kindern, Ihr guten Leute, und laßt's Euch wohlsein bis morgen früh!«
So sprach sie und führte Andres und die Seinigen in eine kleine warme Stube. Darin war ein Gesurre und Geschnurre, daß man sein eigenes Wort nicht mehr hörte. Wie erstaunt waren die Leute, als sie sahen, daß da über hundert Katzen auf Kissen, Teppichen und Stühlen lagerten und die Gäste mit klugen Augen betrachteten.
»Habt keine Angst«, sprach die weise Frau, »dies sind meine Hausgenossen, die keinem Menschen etwas zuleide tun.«
Hierauf rief sie, halb singend:

>»Pieschen, Mieschen,
>Lüpf dein Füßchen!
>Schnäuzchen, Käuzchen,
>Putz dein Schnäuzchen!
>Sammetpfötchen,

Goldenrötchen,
Braungeflecktes,
Weißgeschecktes,
Tigerpelzchen,
Streck dein Hälschen!
Hellauf!
Laß schnurren dein
Spinnrädelein!
Ihr Schätzlein und Kätzlein zuhauf!«

Da sprangen all die Katzen von den Stühlen, Kissen und Teppichen, umtanzten ihre Herrin mit tollen Sprüngen, kletterten an ihr empor und leckten ihr Wangen und Hände, so daß die Kinder laut auflachen mußten und die Eltern für eine Weile ihre Sorgen und ihr Leid vergaßen.
Hierauf brachte die hohe weise Frau ihren Gästen eine kräftige Nachtsuppe und brachte sie zu Bett. Dort ruhten sie alle prächtig und hatten schöne, wundersame Träume.
Am folgenden Morgen, als die Zeit war, Abschied zu nehmen, sprach die weise Frau: »Geht nur immer geradeaus! In einer halben Stunde werdet Ihr Waldweiler erreicht haben. Damit Ihr aber das Ziel nicht abermals verfehlt, soll Euch eine meiner Katzen als Wegweiserin das Geleit geben. Vielleicht kann sie Euch auch sonst noch zu Diensten sein; wenn nicht, so behaltet sie zur Erinnerung an Eure Wirtin im Wald bei Euch.«
Andres, seine Frau und die Kinder konnten der guten Frau gar nicht genug danken. Frohgemut machten sie sich auf den Weg. Lustig hüpfte die Katze voraus. Ab und zu schaute sie zurück, um zu sehen, ob die guten Leute ihr auch nachfolgen konnten.
Als sie nun das Ende des Waldes erreicht hatten, lag im schönsten Sonnenglanz das Dorf vor ihnen. Aber ach, plötzlich streckte die Katze alle viere von sich und fiel tot

zusammen. Bekümmert beugte sich der Vater zu dem Tier nieder und hob es an den Vorderbeinen hoch, um zu sehen, was ihm fehle. Aber siehe da, es war gar keine Katze mehr, es war ein großer Pelzbeutel, aus welchem Gold und Silberstücke hervorkullerten. Es waren derer so viele, daß der ganze Boden im Nu damit bedeckt war. Jauchzend sprangen die Kinder den rollenden Talern nach, füllten Mützen und Schürzen damit, und die Eltern riefen voller Freude: »Das hat die Waldfrau getan! Gesegnet sei die Waldfrau!«

So war der arme Andres auf einmal ein begüterter Mann geworden. Die Hälfte seines Schatzes verteilte er unter die Armen. Von der anderen Hälfte kaufte er sich in Waldweiler ein schönes Haus mit Stallung, Wiesen und Äckern. Noch viele Jahre lebte er vergnügt mit den Seinigen, die an keinem Abend vergaßen, die gute weise Frau vom Walde in ihr Gebet einzuschließen.

[Märchen aus dem Elsaß]

Der alte Fritz und der Besenbinder

Der alte Fritz saß einmal bei Tische mit seinem Hofgesinde; aber das Essen wollte ihm nicht schmecken. »Woher mag es wohl kommen«, sagte er ärgerlich. »Tag und Nacht zerbreche ich mir den Kopf darüber, die größten Waldungen im Lande sind mein, und hohe Abgaben sind auf die Nutzung gelegt, und doch kommt kein Geld in die Staatskasse!«

»Das will ich Euch klarmachen«, sprach der alte General, der zur Linken des Königs saß, griff vor sich auf den Tisch und nahm ein großes Stück Butter vom Teller, hielt es ein paar Augenblicke in der Hand und reichte es sodann links herum seinem Nachbarn weiter. Die Butter wanderte von Hand zu Hand und wurde immer kleiner und kleiner, und als sie schließlich bei dem König anlangte, war sie zu einem winzigen Stückchen zusammengeschmolzen. »Seht, königliche Majestäten«, hob der General von neuem an, »die Butter ist erst durch vierzig Hände gegangen. Wären fünfzig Gäste bei Tafel gewesen, Ihr hättet nichts davon bekommen. So ist's mit Euren Waldungen auch.« Die Sache leuchtete dem König ein, aber so recht zufrieden war er doch nicht. Als das Gastmahl zu Ende war, kleidete er sich wie ein fahrender Handwerksbursch und ging in den großen Wald hinein, der seinem Schloß am nächsten lag.

Als es dunkel geworden war, sah er ein Licht durch die Bäume schimmern. Er ging darauf zu, und es dauerte gar nicht lange, so stand er vor einer kleinen Hütte, in welcher ein Paar arme Besenbindersleute ihr Wesen trieben. »Guten Abend, ihr lieben Leute«, sagte der König, als er die Türe geöffnet hatte, »kann ich wohl bei euch für die Nacht ein Unterkommen finden? Ich habe mich im Wald verirrt und weiß nicht, wo aus noch ein.«

»Das kannst du haben«, sagte der Besenbinder, und nachdem der alte Fritz seinen Krückstock in die Ecke gestellt hatte, trug er ihm einen Lumps mit Fett auf, das schmeckte wie der Deike (Teufel). Die Frau lag indessen im Bette und stöhnte von Zeit zu Zeit vor sich hin. Nach der Mahlzeit sprach der Besenbinder: »Umsonst ist der Tod! Ich habe dich gesättigt, nun mußt du mir bei der Arbeit helfen. Der Mond ist jetzt aufgegangen, der Förster liegt im Bette und schnarcht, das ist die richtige Zeit zum Reiserschneiden. Komm mit mir, daß du mir hilfst!« Dachte der alte Fritz bei sich: »Aha, jetzt wirst du wohl dahinterkommen, wie es in den Wäldern zugeht!« Flugs stand er auf und folgte dem Besenbinder in den Wald, zu der grünen Wiese, an deren Rand das Birkengebüsch stand. »Dies ist ein königlicher Wald«, sagte der Besenbinder zu dem alten Fritz, als sie dort waren, »und damit müssen wir fein säuberlich umgehen, denn der König wird ohnehin schon genug betrogen. Vier Ringe können wir jedem Stamm nehmen, das schadet ihm nichts, wenn es auch die Herren von oben nicht wahrhaben wollen. Aber vom fünften Ring an aufwärts müssen die Zweige stehen bleiben bis zum Zopfe. Das ist eine ehrliche Sache und kommt den Birken und mir zugute. Danach mußt du dich halten, wenn du mir helfen willst, tust du es aber nicht, so setzt's einen Schlag hinter die Ohren, daß du über meine ganze Werkstätte fliegst.« Der alte Fritz lachte, denn des Besenbinders Werkstätte war die große Wiese und um zu sehen, ob der Mann wirklich so arg auf des Königs Vorteil bedacht sei, schnitt er alle Stämme vor sich hart über dem Erdboden ab. Der Besenbinder schaute, nachdem er eine gute Weile fleißig gearbeitet hatte, einmal um sich, um nach seinem Gesellen zu blicken. Schwapp, schwapp! hatte der alte Fritz es aber auch schon rechts und links hinter den Ohren. »Heißt das gehorsam sein und seinem König dienen?« rief er zornig. »Wie ich solltest du es machen!« Und er hörte nicht eher auf mit den Schlägen, bis ihm der alte Fritz himmelhoch versprach, nicht wieder ungehorsam zu sein. Er hielt auch Wort und arbeitete von da an fleißig mit, wie es sich gehörte, so daß sie noch vor Mitternacht, nachdem sie die abgeschnittenen Stämme verbuscht hatten, wieder in der Hütte anlangten.

Dort ging's sogleich an das Binden. Der alte Fritz riß die Reiser, und der Besenbinder band dieselben, und sie hatten schon ein gut Teil Besen fertig geschafft, daß sie am andern Morgen zu Markte gebracht werden konnten, da begann die Frau im Bette zu stöhnen und zu weinen, zum Gotterbarmen. »Es ist zu schlimm, wenn man über Feld wohnt!« jammerte der Mann. »Bleib du nur bei meiner Frau, derweil ich mit dem Sack ins Dorf zur Mutter laufe und die Knackhaspel*hole.« Ehe der alte Fritz wußte, wie ihm geschah, war der Besenbinder schon unterwegs und lief, was ihn seine Füße zu tragen vermochten, bis er bei der Großmutter war. Dort steckte er die Knackhaspel in den Sack, damit ihn die Leute auf der Straße nicht höhnten und riefen: »Klipp, klapp, du bringst wohl den Knackålbår**ins Haus!« und dann machte er, daß er mit der alten Frau in seine Hütte zurückkehrte.

Dort war's inzwischen schon vor sich gegangen, und weil niemand anders zur Stelle war, mußte der alte Fritz zugreifen. Als das Kind zur Welt geboren war, hieß ihn die Frau flink warmes Wasser in die Wanne schütten und das Knäblein darin baden. Ach, wie es schrie und strampelte! Und

---

* Knackhaspel war früher auf dem Land ein Gebärstuhl
** Knackålbår = Knackadebor, = ›Du bringst den Storch ins Haus.‹ Das vorgesetzte ›Knack‹ ist von ›Knackhaspel‹ genommen.

gerade, als alles wieder im besten Zuge war, traten der Besenbinder mit der Knackhaspel und seiner alten Mutter zur Tür herein und freuten sich, daß schon alles vorüber war, und hielten sich die Seiten vor Lachen über die Hebamme.

Dem alten Fritz war heiß geworden bei der Arbeit, und er hätte gerne etwas ausgeruht, aber dazu ließ es der Besenbinder nicht kommen. »Jetzt heißt's zum Kindelbier das Geld verdienen!« rief er vergnügt, und der alte Fritz mußte von neuem die Reiser reißen, während der Besenbinder sie band. Um drei Uhr war alles fix und fertig, und nachdem die Besen auf den kleinen Handwagen gepackt waren, zogen sie damit zur Stadt, um bei guter Zeit auf dem Markt zu erscheinen. Vor dem Tore sprach der alte Fritz zu dem Mann: »Bis jetzt hast du mir Lehren gegeben, nun will ich dir eine Kunst sagen. Die Besen sind heuer rar in der Stadt, verkauf keinen, es sei denn das Stück um zwei Taler.« Der Besenbinder schüttelte mit dem Kopfe und wollte antworten; aber der alte Fritz ließ ihn gar nicht zu Worte kommen, sagte, er habe noch schnell einen Gang vor, und hast du nicht gesehen, war er durch das Tor gewischt und verschwunden. Er war zur Hauptwache gelaufen, hatte sich dort als König zu erkennen gegeben und befohlen, alle Offiziere sollten sich mit Sonnenaufgang auf dem Schloßhofe einfinden, ein jeder mit einem neuen Besen in der Hand. Darauf begab er sich zu seiner Frau, der Königin, die Trommler aber trommelten: »Ka-me-rad kumm! Ka-me-rad kumm! Ka-me-rad kumm!« und alle Offiziere sprangen wie der Wind aus den Betten und kleideten sich an und liefen zur Wache und fragten, was es gäbe. Als sie den Befehl des Königs vernommen hatten, galt es Besen zu kaufen. »Heda, guter Freund«, riefen sie dem Besenbinder zu, der mit der Karre zu Markt zog, »was kosten die Besen?«

»Du sollst's einmal versuchen«, dachte der Mann und

sagte: »Das Birkenreisig ist jetzt teuer. Unter zwei Talern ist mir das Stück nicht feil.«

»Gib her, gib her!« riefen die Herren, die um alles in der Welt nicht zu spät kommen wollten, und ehe der Besenbinder sich's versah, war er die ganze Ladung losgeworden und kehrte mit einem schweren Beutel harter, blanker Taler in die Hütte zurück. Die Offiziere aber traten mit ihren Besen an, und als der alte Fritz sie besichtigt hatte, klagten sie ihm, daß der Besenbinder sie übervorteilt habe. »Es ist nicht so schlimm«, lachte der König, »ich habe die Reiser selbst gerissen, und meine Arbeit muß gut bezahlt werden.« Da taten die Herren, als ob sie sich niemals über die zwei Taler geärgert hätten und kehrten wieder in ihre Häuser zurück. Der alte Fritz aber sandte einen Boten hinaus zu dem Besenbinder, daß er am andern Tage zu ihm auf das Schloß komme.

Dem guten Mann schlotterten die Knie, als ihn der Diener vor den König führte. »Ist's um das Sündengeld, das ich für die Besen genommen habe, oder ist's für die abgeschnittenen Birken«, fragte er bei sich, »du hast's nur dem Spitzbuben von Handwerksburschen zu verdanken«, und er beschloß, dem alten Fritz alles haarklein zu erzählen. Und richtig, als er vor dem König stand und dieser ihn fragte, ob er wohl wisse, warum er hier, wie ein armer Sünder, vor ihm stehen müsse, antwortete er eifrig: »Ach, gnädigster König, das hab' ich dem verfluchten Jungen zu verdanken! Ich hab's ihm aber eingetränkt, daß er die ganzen Bäume abschnitt. Vier Ringe kann man nehmen, das ist den Birken sogar sehr gut; aber vom fünften an aufwärts müssen sie stehen bleiben bis zum Zopfe. Und wenn's das nicht gewesen ist, so ist's darum, weil er mir riet, das Sündengeld von zwei Talern für das Stück zu nehmen. Du mein Gott, ich hab's ja getan; aber er hatte so gut Hebamme gemacht, derweil ich die Knackhaspel und meine Mutter holte, da mußte ich ihm wohl glauben.«

Sagte der alte Fritz: »Nun, würdest du den Handwerksburschen wohl wiedererkennen, der dir das Leid zugefügt hat.«

»Unter tausend finde ich den Schlingel heraus!« rief der Besenbinder.

Da lachte der König und gab sich ihm zu erkennen, und als der Besenbinder vor Angst nicht wußte, wie ihm geschah, weil er so schlecht von dem König geredet und ihn in der Nacht sogar geschlagen hatte, tröstete ihn der alte Fritz und sagte: »Jetzt mach, daß du nach Hause kommst, und wenn der Junge laufen kann, bring ihn zu mir; hab' ich ihn zur Welt bringen helfen, will ich ihm auch durch das Leben helfen.«

Und so tat der alte Fritz auch. Der Junge mußte zu ihm auf das Schloß und ist später einmal ein tüchtiger Soldat geworden.

So viel merkte aber der alte Fritz aus der Geschichte: Die armen Leute sind nicht daran schuld, daß so wenig Geld aus den großen Wäldern in die Staatskasse kommt. Weiß Gott, an wem's liegen mag!

[Märchen aus Pommern und Rügen]

Die Quelle, deren Wasser in einen Löwen verwandelt

Es waren einmal zwei Waisenkinder, ein Knabe von fünfzehn Jahren und seine Schwester, ein Mädchen von zwölf Jahren. Als sie, von Hunger und Durst geplagt, hinaus in den Wald von Fontvieille gingen, begegnete ihnen an einer Quelle eine Schäferin. Sie gab ihnen gerne von ihrem Brot, das sie als Wegzehrung bei sich hatte, aber sie konnte ihnen nichts zu trinken geben. Sie sprach: »Alle, die aus dieser Quelle trinken, werden in einen Löwen verwandelt.«
Da sprach der Knabe zu seiner Schwester: »Ach, Schwester, ich halte es vor Durst nicht mehr aus. Ich werde trinken. Wenn ich ein wilder Löwe werde, dann nimm dein Strumpfband und binde mich an.«
Er trank von dem Wasser und wurde zum Löwen. Seine Schwester nahm ihr Strumpfband und band ihn damit an.
In jenem Walde war der junge König von Frankreich gerade auf der Jagd. Seine Hunde führten ihn zu dem Löwen. Da fragte der König das Mädchen, was es mit diesem Löwen auf sich habe. Sie antwortete: »Es ist mein Bruder. Dieses Wasser hier hat ihn in einen Löwen verwandelt.«
Als er sah, wie schön das Mädchen war, und weil er ein gütiges Herz hatte, sprach er: »Komm mit mir, mein Kind. Der Löwe möge auch mitkommen.«
»Aber tut ihm gewiß auch niemand jemals etwas zuleide?«
»Nein, ich verspreche es dir.«
So kam es, daß der König sie mit sich nahm. Das kleine Mädchen wuchs heran, und der König gewann sie sehr,

sehr lieb. Eines Tages fragte er sie, ob sie seine Frau werden wolle. Das Mädchen sprach: »Von Herzen gerne, aber nur unter der Bedingung, daß mein Bruder ganz nahe bei mir sein darf und nicht von meiner Seite genommen wird und daß ihm auch nicht das kleinste Leid geschieht.«

Der König antwortete: »Ich verspreche es dir.«

Da wurde mit großer Pracht die Hochzeit gefeiert.

Einige Zeit später mußte der König in den Krieg ziehen. Da ließ er seine Frau unter der Obhut der Schwiegermutter zurück.

Die junge Königin erwartete ein Kind, und als ihre Zeit kam, da gebar sie einen Knaben. Die böse Schwiegermutter, die die Stiefmutter des Königs war, warf die arme Wöchnerin mitsamt ihrem Söhnlein in den Brunnen. Dafür legte sie ihre eigene Tochter, die ebenfalls gerade ein Kind geboren hatte, ins Wochenbett der jungen Königin.

Endlich kehrte der König zurück. Er eilte zum Lager seiner Gemahlin. Als er sie erblickte, erschrak er und rief: »Wie siehst du ganz anders aus! Wie hast du dich verändert, seit ich weggegangen bin!«

Sie antwortete: »Das kommt, weil ich so sehr gelitten habe. Deshalb sehe ich so verändert aus.«

»Liebe Frau, du sollst wieder zu Kräften kommen. Was möchtest du essen?«

Da sprach die Falsche: »Ich möchte ein Stück gebratenes Fleisch von dem Löwen.«

Darüber war er sehr verwundert und er sprach: »Ich mußte dir versprechen, daß dem Löwen niemals ein Leid geschieht, und ich habe es versprochen.«

Sie aber rief: »Wenn ich kein Fleisch von dem Löwen zu essen bekomme, so muß ich auf der Stelle sterben!«

Da willigte der König endlich ein und rief einen seiner Diener zu sich: »Jean, geh und nimm dein Gewehr und töte den Löwen!«

Der Löwe aber entfloh und rannte zu dem Brunnen. Aus dem Brunnen aber ertönte eine Stimme, die sang:

»Als der König jagte im Walde,
da versprach er mir fest,
daß er meinen Bruder gut halte,
ihm kein Leid geschehen läßt.«

Und der Diener verwunderte sich sehr, als nun auch der Löwe zu singen begann:

»Ach, meine Schwester, sieh,
Jean ist herangekommen.
Er hat ein Gewehr in die Hand
    genommen!
Er will mich treffen ins Herz,
Ach, geliebte Schwester, welch ein Schmerz!«

Da kehrte der Diener erschrocken und unverrichteter Dinge ins Schloß zurück. Der König aber befahl einem anderen Diener, den Löwen zu töten. Wieder flüchtete der Löwe sich zum Brunnen, und aus dem Brunnen ertönte die Stimme:

»Als der König jagte im Walde,
da versprach er mir fest,
daß er meinen Bruder gut halte,
ihm kein Leid geschehen läßt.«

Und der Diener wunderte sich nicht weniger als der erste, als nun auch der Löwe zu singen begann:

»Ach, meine Schwester, sieh,
Pierre ist herangekommen.
Er hat ein Gewehr in die Hand
    genommen!
Er will mich treffen ins Herz!
Ach, geliebte Schwester, welch ein Schmerz!«

Entsetzt eilte Pierre ins Schloß zurück und erzählte dem König alles, was er gesehen und gehört hatte. Da ging der König selbst zum Brunnen hinaus, und auch er vernahm die Stimme aus dem Brunnen, die sang:

> »Als der König jagte im Walde,
> da versprach er mir fest,
> daß er meinen Bruder gut halte,
> ihm kein Leid geschehen läßt.«

Und auch er lauschte verwundert dem Gesang des Löwen:

> Ach, meine Schwester, sieh,
> der König von Frankreich ist herangekommen.
> Seine Diener hatten ein Gewehr in die Hand
>   genommen!
> Sie wollten mich treffen ins Herz.
> Ach, geliebte Schwester, welch ein Schmerz!«

Da befahl der König drei Männern, sie sollten den Brunnen auspumpen, und sie sollten schauen, was sich auf seinem Grunde befinde. Die Männer aber fanden auf dem Grunde des Brunnens nichts als einen Stein, den sie mit all ihrer Kraft nicht fortbewegen konnten.
»Was habt ihr gefunden?« fragte der König.
»Wir fanden nichts als einen kleinen Stein, dieser aber war so schwer, daß wir ihn mit all unserer Kraft nicht heben konnten.«
Da stieg der König selbst in den Brunnen hinab. Er berührte den Stein, der auf seinem Grunde lag, mit seiner Rute. Da konnte er ihn heben, und er gelangte in ein unterirdisches Verlies. Darin saßen seine Frau und sein kleiner Sohn. Er eilte mit ihnen in sein Schloß zurück. Seine Stiefmutter wurde aschfahl, als sie den König, die junge Königin und das Kind erblickte. Sie zitterte und bebte.
Der König aber geriet in einen nie dagewesenen Zorn und

ließ sie lebendig verbrennen. Dann ging er zu der falschen Königin und fragte: »Was verdienst du zur Strafe?«
»Ach, es war meine Mutter, die mich zu solchem Frevel verführte.«
»Ich verzeihe dir. Aber du sollst auf der Stelle mein Schloß verlassen und nie mehr wiederkehren.«
So geschah es. Der König und die Königin lebten noch lange mit ihrem Kinde in Glück und in Frieden. Später hat auch der Löwe seine menschliche Gestalt wiedererhalten.
Dies aber ist ein anderes Märchen und das erzähle ich euch ein andermal.

[Märchen aus der Provence]

Prinz Hüsnü Jussuf

Aus einem Guß, aus einem Fluß
Drei Burschen krochen aus der Nuß
Zwei sind nackt und bloß
Einer ohne Hemd und Hos.

In der Brusttasche des nackten Burschen fand ich drei Groschen. Die nahm ich und ging damit auf den Markt. Dort werden Melonen verkauft, so groß wie Pinienzapfen. Ganz unmöglich, sie aufzuheben oder gar unter den Arm zu nehmen.
Ich kaufte eine Melone. Als ich sie aufschnitt, rutschte mein Messer hinein. Wie ich das Messer herausziehen will, plumpste meine Hand hinein. Wie ich meine Hand herausziehen will, fiel ich selbst hinein.
Drinnen in der Melone hob ich meinen Kopf. Während ich nach rechts und nach links schaute, gab mir ein Mann eine Ohrfeige. Mein Kopf riß ab und eilte auf den Holzmarkt, um dort Zwiebeln und Knoblauch zu verkaufen. Ich lief ihm sogleich hinterdrein und holte ihn auch ein. Da kam es zu einem gewaltigen Hickhack: »Du bist mein Kopf!« »Ich bin nicht dein Kopf!« Wir zankten und stritten und brachten die Sache schließlich vor den Richter.
Der Kadi ist nicht zu Hause. Er war auf den Linsenbaum gegenüber seinem Haus geklettert und pflückte Linsen. Ich ging zusammen mit meinem Kopf dorthin. Vom höchsten Wipfel des Baumes rief er uns was zu. Seine Stimme war nur schwach zu vernehmen. Er sagte:
»Euer Prozeß ist ein wichtiger Prozeß. Bringt vierzig Blatt

Papier und vierzig Armvoll Schreibrohr! Dann sucht nach einer Leiter mit vierzig Stufen, damit ich da heruntersteigen kann.«
Wir machten uns auf, besorgten vierzig Blatt Papier, schleppten vierzig Armvoll Schreibrohr herbei. Begaben uns auf die Suche nach der vierzigstufigen Leiter, fanden auch die, trugen sie herbei und lehnten sie an den Linsenbaum. Und wie der Kadi heruntersteigt, bricht doch tatsächlich die Leiter entzwei.
Der Kadi ist verschieden, mein Kopf bei mir geblieben.
Es war einmal, es war keinmal. In alten Zeiten, längst vorbei, das Sieb lag drinnen in der Streu, da lebte ein Sultan, der hatte eine sehr schöne Tochter. Eines Tages war ihr traurig zumute, sie sagte es ihrer Kinderfrau, und die meinte:
»Eh! Prinzeßlein, ich gebe dir einen Stickrahmen, dann kannst du dir mit Sticken die Zeit vertreiben.« So begann also die Prinzessin mit dem Sticken.
Eines Morgens saß sie wieder an ihrem Stickrahmen vor dem Fenster, als plötzlich ein weißer Vogel kam, blitzschnell die Schere packte und damit fortflog. Die Prinzessin schaute ihm verdutzt nach, und der Vogel wollte und wollte ihr nicht aus dem Kopf.
Es verstrich einige Zeit, sie saß wiederum mit ihrer Stickerei vor dem Fenster, ließ zwischendurch die Arbeit sinken und hing ihren Gedanken nach, da kam derselbe Vogel, packte diesmal den Fingerhut und verschwand damit.
Die Prinzessin wurde von Tag zu Tag bleicher. Der Vogel, der zu ihr gekommen war, sah aber auch ganz anders aus als alle übrigen Vögel.
Es waren wieder einige Tage vergangen, die Prinzessin hatte ihre Stickerei fertig und saß gedankenverloren vor dem Fenster, da kam der Vogel und nahm dieses Mal ihren Stickrahmen mit. Dem armen Geschöpfchen schmeckten nicht mehr Speis und Trank. Überall wurde bekanntge-

macht, daß die Prinzessin erkrankt sei, aber niemand wußte ein Mittel gegen ihr Leiden. Keinen Arzt und keinen Doktor gab es mehr auf der Welt, den man nicht befragt hätte. Ganz zuletzt kam noch einer. Die Prinzessin sagte zu ihm:
»Ich bin liebeskrank. Geht zu meinem Vater und sagt ihm: ›Eure Tochter muß ganz allein eine Reise antreten, auf andere Art kann sie nicht genesen.‹« Dazu gab sie ihm noch einen Beutel voll Gold. Der Arzt begab sich zum Sultan und meldete ihm:
»Wenn Ihr wollt, daß Eure Tochter gesundet, erteilt die Erlaubnis, daß sie eine Reise unternimmt. Aber niemand soll zu ihrer Begleitung mitkommen.« Den Sultan betrübte das sehr, aber er willigte ein, ging es doch um die Gesundheit seines Kindes.
Nun packte die Prinzessin alles zusammen, was an Wert schwer, an Last gering war, und machte sich auf den Weg. Sie geht und geht, zieht immer weiter fort, über Berg und Tal nach dem fernen Ort, achtet nicht der steilen Felsen, tiefen Schluchten und reißenden Flüsse, wandert monatelang, sucht überall nach dem weißen Vogel, aber kann ihn nirgends finden. Schließlich gelangt sie, völlig erschöpft und am Ende ihrer Kräfte, in eine Stadt. Mit dem Geld, das ihr noch verblieben ist, läßt sie ein Badehaus erbauen und überall die folgende Nachricht verbreiten:
»Jeder, der sein Herz ausschütten will, möge kommen! Jeder, dem etwas zugestoßen ist, möge davon berichten! Wer etwas zu erzählen hat, darf umsonst baden.« Das spricht sich rasch herum, und bald herrscht in dem Badehaus ein reges Kommen und Gehen.
In diesem Land gab es auch einen *Keloglan*, einen kahlköpfigen Jungen. Der wohnte in einem Dorf und brachte Brennholz in die Stadt, das er dort verkaufte. Eines Tages – er hatte das ganze Holz angebracht und machte sich auf den Heimweg – kam er auch an dem Badehaus vorbei, sah

die vielen Menschen und drängte sich vor, um zu sehen, was es gab. Die Leute machten sich lustig über ihn:
»Keloglan, was ist dir denn schon zugestoßen, daß du dein Herz ausschütten könntest. Hättest du ein Erlebnis zu berichten, dürftest du hier umsonst baden.«
Der Kahlkopf kratzte sich hinter den Ohren, unterwegs dachte er nur über diese Sache nach, und als er am nächsten Tag in seinem Dorf ankam, sagte er zu seiner Mutter: »Mutter! Los! Steh auf! Wir gehen in die Stadt baden.« Die Frau antwortete unwirsch:
»Wer wird sich denn auf einen zweitägigen Weg machen, nur um zu baden?« Der kahlköpfige Junge setzte ihr die Sache auseinander: »Mutter, dort gibt es ein Badehaus, in dem man umsonst baden kann. Anstatt zu zahlen, erzählt man eine Geschichte.« Es gelang der Frau nicht, ihn von seinem Vorhaben abzubringen. Sie sah ein, daß bei ihm nichts auszurichten war, so machte sie sich dann mit dem Burschen auf in die Stadt.
Die Nacht brach herein, der Kahlkopf hieß seine Mutter, sich unter einem Baum schlafen zu legen, er selbst stieg auf den Baum. Der Mond stand hoch am Himmel, und alles war hell erleuchtet, als plötzlich Laute zu vernehmen waren: »klick-klirr, klick-klirr...« Keloglan glaubte, die Berge stürzten zusammen, und begann vor Angst zu zittern. Da sah er, daß vierzig Kamele herrenlos daherkamen. Sogleich stieg er ganz leise und vorsichtig vom Baum herunter und schlich ihnen nach. Sie gingen und gingen und kamen schließlich zu einer Höhle. Durch ein Tor, das von selber aufging, betraten die Kamele die Höhle und luden ihre Last an Edelsteinen ab, aber alles geschah ganz von alleine. Die Kamele zogen wieder fort, und während Keloglan ihnen mit offenem Mund nachstarrte, kamen drei Vögel. Zwei blieben im unteren Teil der Höhle, einer flog pfeilschnell ins obere Geschoß. »Damit muß es seine Bewandtnis haben«, dachte der Kahlkopf bei sich und

ging ihm unbemerkt nach. Oben stand in der Mitte des Raumes ein Waschbecken. Der Vogel tauchte unter, prustete einmal und wurde zu einem Jüngling, schön wie der Mond am Vierzehnten. Er öffnete eine Lade, zog eine goldene Schatulle heraus, entnahm ihr eine Schere, einen Fingerhut und einen Stickrahmen, küßte diese Dinge und sprach unter Tränen: »Ach, meine Prinzessin, wo bist du nur? Dein Schloß wurde schwarz gestrichen. Seit sechs Monaten trauert alles um dich.«

So weinte und klagte er eine Zeitlang, dann legte er Schere, Fingerhut und Stickrahmen wieder an ihre Plätze, wurde zu einem Vogel und flog davon. Der kahlköpfige Junge war über all das nicht wenig erstaunt. Da bemerkte er, daß der Morgen anbricht. Schnell kehrte er zu seiner Mutter zurück und weckte sie. Sie machten sich wieder auf den Weg und gelangten in die Stadt. Aber Keloglan verriet seiner Mutter von dem, was er gesehen hatte, kein Sterbenswörtchen.

Sie kamen zu dem Badehaus, sahen dort ein dichtes Gedränge, Massen von Menschen, wie eben jeden Tag. Nun, es gelang ihnen, sich durchzuwängen, sie konnten eintreten und begannen, sich auszuziehen. Die Prinzessin hinter dem Holzgitterwerk bemerkte die beiden und sagte:

»Halt, wartet einmal! Was habt ihr zu erzählen? Ohne etwas zu berichten, dürft ihr nicht baden.«

»Ach, meine Tochter«, sagte das Weiblein, »was wird denn unsereinem schon Besonderes zustoßen. Da ist aber doch vor allem dieser Bursche, der...«, und sie begann zu schildern, was sie alles von dem Kahlkopf zu ertragen hatte.

»Das ist zwar kein richtiges Erlebnis«, meinte das Mädchen, »aber sei's drum, wo du doch von weither kommst – du darfst baden.« Erfreut fuhr die Frau fort, ihre Oberkleider abzulegen. Nun wandte sich die Prinzessin an den jungen Kahlkopf:

»Eh, Keloglan, was beschwert denn dein Herz?« Der erwiderte:
»Weil mein Kopf kahl ist, bekomme ich keine Frau.«
Über diese Worte mußte die Prinzessin lachen, es war das erste Mal seit vielen Monaten. Sie forderte den Burschen auf, neben ihr Platz zu nehmen. Da sagte der Kahlkopf:
»Jetzt, mein Fräulein, hör einmal gut zu, ich will dir was erzählen.« Und er berichtete der Reihe nach, was ihm in dieser Nacht zugestoßen war. Seine Mutter fiel ihm immer wieder ins Wort; ständig redete sie dazwischen:
»Glaub ihm nicht, meine Tochter, das ist alles erlogen. Wenn etwas gewesen wäre, hätte ich es doch auch hören müssen. Wir waren ja beide zusammen. Er lügt.«
Aber der Prinzessin gefiel, was der Kahlkopf ihr erzählte, und sie hörte ihm aufmerksam zu. Er redete und redete, doch als er sagte, er habe drei Vögel gesehen, von denen der eine weiß war, fiel sie in Ohnmacht. Alles eilte herbei, um die Prinzessin wieder zu beleben; den Kahlkopf verdrosch seine Mutter mit der Holzpantine und schrie ihn an: »Du schrecklicher Kerl, was hast du denn gemacht, was hast du zu der Dame gesagt, daß sie ohnmächtig geworden ist?« Nun, die Prinzessin erlangte das Bewußtsein. Kaum war sie wieder zu sich gekommen, als sie rief:
»Keloglan, wo warst du stehengeblieben? Erzähle, was geschah dann?« Und der Kahlkopf berichtete, was weiter geschehen war. Als er sagte, daß der Vogel in dem Waschbecken untertauchte, einmal prustete und zu einem schönen Jüngling wurde, dann aus der Lade die Schere, den Fingerhut und den Stickrahmen herauszog, glitt die Prinzessin wieder ohnmächtig zu Boden. Die Mutter des Kahlkopfs stürzte sich von neuem auf ihren Sohn, schlug und beschimpfte ihn. Es gelang auch diesmal, die Prinzessin ins Bewußtsein zurückzurufen. Sobald sie die Augen aufschlug, flehte sie den kahlköpfigen Jungen an:
»Keloglan, um des Himmels willen, führ mich an die

Stelle, wo du jenen Vogel gesehen hast! Dieses Badehaus soll dir gehören.« Was will der Kahlkopf mehr. Als seine Mutter hörte, welche Gunst die Prinzessin ihm zu erweisen gedachte, hielt sie mit dem Schlagen inne, aber klug wurde sie aus der Sache nicht.

Die Prinzessin und der Kahlkopf machten sich gemeinsam auf den Weg. Sobald sie bei der Höhle anlangten, ließ der kahlköpfige Junge die Prinzessin dort zurück und kehrte um. Die Nacht war hereingebrochen. Im Finstern hatte die Prinzessin ziemliche Angst, doch rührte sie sich nicht vom Fleck. Da kam auch schon die Kamelkarawane daher, aber kein Treiber war mit den Tieren. Die Kamele luden ganz alleine ihre Lasten ab, dann zogen sie wieder fort. Es verging einige Zeit, da flogen drei Vögel heran. Zwei blieben unten, der dritte flatterte nach oben. Die Prinzessin ihm nach. Sie verbarg sich hinter der Tür. Der Vogel tauchte in einem goldenen Waschbecken unter und wurde zu einem schönen Jüngling. Dann öffnete er die Lade, holte eine goldene Schatulle heraus, entnahm ihr die Schere, den Fingerhut und den Stickrahmen und klagte unter Tränen:

»Ach, meine Prinzessin, wo bist du nur? Seit sechs Monaten ist dein Schloß schwarz gestrichen.« Da trat das Mädchen vor und sagte:

»Hier bin ich.« Der Jüngling eilte zu ihr hin, sie sanken einander in die Arme. Eng umschlungen saßen sie zusammen und plauderten bis in die Früh. Als der Morgen dämmerte, sagte der Jüngling:

»Um Himmels willen, meine Prinzessin, man darf dich hier nicht sehen! Auch ich bin der Sohn eines Königs. Am siebenten Tag nach meiner Geburt wurde ich von Feen gestohlen. Seit jener Zeit haben meine Eltern Trauer. Mein Land ist neun Monate von hier entfernt. Ich will dich auf meinen Rücken dorthin tragen. Niemandem wird Einlaß in das Schloß gewährt, aber wenn du sagst: ›Beim Kopf des Prinzen Hüsnü Jussuf, öffnet mir‹, so werden sie für dich das Tor aufmachen. Sollte uns ein Kind geboren werden, gib ihm den Namen *Bahtijar!*«

Dann nahm er das Mädchen auf seinen Rücken, wurde wieder zu einem Vogel und schwang sich in die Lüfte. Sie flogen und flogen, zogen immer weiter fort, flogen einen Monat, fünf Monate, neun Monate und gelangten schließlich in des Prinzen Land. Der beschrieb dem Mädchen den Weg und flog davon.

Müde und erschöpft kam das Mädchen zu dem Schloß. Sie klopfte ans Tor, wie sehr sie auch bat und flehte, man machte ihr nicht auf. Schließlich sagte sie: »Beim Kopf des Prinzen Hüsnü Jussuf, öffnet mir!« Da geriet das ganze Schloß in größten Aufruhr, eilends wurde die Königin benachrichtigt. Die lief herbei und sagte unter Tränen: »Seit zwanzig Jahren ist es das erste Mal, daß jemand Einlaß begehrt im Namen meines Sohnes. Macht dem Mädel auf! Bereitet ihr in der Scheune ein Lager!«

Tagsüber arbeitete das Mädchen als Magd im Schloß, nachts schlief sie in der Scheune. Von den Palastbediensteten wurde sie recht gequält, doch sie ertrug es alles geduldig.

Eines Nachts wurde sie von Wehen befallen und brachte einen Knaben zur Welt. Da meinte die Königin: »Vielleicht fürchtet sie sich allein, eine Magd soll bei ihr schlafen.« So leistete ihr eine taube Dienstmagd Gesellschaft. Sobald es zu dunkeln begann, sang das Mädchen für ihr Kindlein ein Wiegenlied:

> »Eine diamantene Krone hat mein Vater getragen
> Tiefe Wunden hat mir die Liebe geschlagen
> Kein Doktor kann mir das Heilmittel sagen
>
> Ach, mein Bahtijar, getötet hast du mich
> Eine Rose war mein Körper,
> verwelkt bin ich durch dich.«

Genau in diesem Augenblick klopfte es ans Fenster. Ein weißer Vogel kam und sagte:
»Schläft mein Bahtijar? Möge er ruhen, von Rosen bedeckt.« Und ohne ein weiteres Wort flog er wieder davon.
Am nächsten Morgen ging die Magd zur Königin und berichtete ihr: »Um Himmels willen, Herrin! Dieses Mädchen hat in der Nacht mit jemandem geredet. Wer weiß, wer das ist. Werfen wir sie hinaus!«
Die Königin dachte: »Schauen wir einmal, wer das ist mit dem sie da spricht, das wollen wir erst einmal herausfinden« und gab dem Mädchen eine Magd zur Seite, die sich nur taub stellte. Während die Dienstmagd tat, als ob sie schliefe, hörte sie, was das Mädchen sagte:

>»Eine diamantene Krone hat mein Vater getragen
>Tiefe Wunden hat mir die Liebe geschlagen
>Kein Doktor kann mir das Heilmittel sagen
>
>Ach, mein Bahtijar, getötet hast du mich
>Eine Rose war mein Körper,
>verwelkt bin ich durch dich
>
>Ich saß mit dem Stickrahmen in der Hand
>Ein Vogel kam und setzte mein Herz in Brand
>Linderung meines Kummers der Kahlkopf fand
>
>Ach, mein Bahtijar, getötet hast du mich
>Eine Rose war mein Körper,
>verwelkt bin ich durch dich.«

Als das Mädchen dieses Wiegenlied sang, kam der Vogel herangeflogen.
»Schläft mein Bahtijar? Möge er ruhen, von Rosen bedeckt«, sagte er und flog wieder fort.
Die Magd hörte diese Worte, wußte aber nicht, was sie bedeuten sollten, und erwartete ungeduldig den Morgen. In aller Frühe eilte sie weinend zur Königin:

»Um Himmels willen, meine Königin! Ich kann nicht sagen, mit wem dieses Mädchen in der Nacht gesprochen hat und was sie geredet hat. Geht selber hin und hört es Euch an!«
Als der Abend kam, verbargen sich der König und die Königin hinter dem Scheunentor und horchten. Das Mädchen sang wieder ihr Kindlein in den Schlaf:

»Eine diamantene Krone hat mein Vater getragen
Tiefe Wunden hat mir die Liebe geschlagen
Kein Doktor kann mir das Heilmittel sagen

Ach, mein Bahtijar, getötet hast du mich
Eine Rose war mein Körper,
verwelkt bin ich durch dich.

Ich saß mit dem Stickrahmen in der Hand
Ein Vogel kam und setzte mein Herz in Brand
Linderung meines Kummers der Kahlkopf fand

Ach, mein Bahtijar, getötet hast du mich
Eine Rose war mein Körper,
verwelkt bin ich durch dich.

Ein Strohschuppen ist nun mein Palast
Die tauben Mägde sind mir zur Last

Schlaf, mein Bahtijar, getötet hast du mich
Eine Rose war mein Körper,
verwelkt bin ich durch dich.«

Dem König standen die Augen voller Tränen, er sagte zur Königin:
»Sie ist auch eine Königstochter. Ihr habt die Arme sehr gequält.«
Da klopft es ans Glas, der Vogel war gekommen.
»Schläft mein Bahtijar? Möge er ruhen, von Rosen bedeckt. Haben meine grausamen Eltern es noch immer

nicht erfahren? Haben sie dich nicht ins Wochenbett und meinen Sohn in die goldene Wiege gelegt?« sagte er und flog davon.
Der König und die Königin waren wie von Sinnen. Sie gingen hinein zu dem Mädchen. Nun waren sie sich über alles im klaren – aber würde es je möglich sein, des Vogels habhaft zu werden?
Jedenfalls nahm der König das Kind, die Königin ihre Schwiegertochter, und sie brachten die beiden hinauf ins Schloß. Das Schlafzimmer des Prinzen, das zwanzig Jahre verschlossen gehalten worden war, wurde aufgesperrt und gesäubert. Man bereitete für das Mädchen das Wochenbett und legte das Kind in die goldene Wiege.
In der darauffolgenden Nacht kam der Vogel wieder zur Scheune. Als er sie leer fand, geriet er in Bestürzung:
»Du lieber Gott! Sie werden sie doch nicht hinausgeworfen haben? Oder hat man sie in den Palast geholt?« überlegte er, flog hinein ins Schloß und begab sich geradewegs in sein Schlafzimmer. Er schlüpfte aus seinem Vogelkleid und wurde zu einem Jüngling. Das Mädchen schlief, und das Kindlein schlummerte ebenfalls, da streichelte er sie beide zärtlich. In diesem Augenblick betraten seine Eltern das Zimmer; als sie ihren Sohn ohne die Vogelfedern sahen, wollten sie sofort die Hülle ins Feuer werfen. Der Bursche hielt sie davon ab:
»Um Himmels willen, haltet ein, oder ihr verliert mich auf ewig! Wenn ihr meine Rettung wollt, dann zündet morgen auf diesem Berg ein großes Feuer an und werft mein Vogelkleid hinein. Vorher noch müßt ihr das Schloß auf allen Seiten ganz fest verschließen, nirgends darf eine Öffnung bleiben! Vierzig weiße und vierzig schwarze Dienerinnen sollen in lautes Wehklagen ausbrechen: ›Prinz Hüsnü Jussuf hat sich ins Feuer gestürzt!‹ Da werden alle Feenvögel, die es gibt, sich ins Feuer werfen, um mich zu retten. Und so bin ich von ihnen erlöst.«

Am folgenden Tag entzündete man, gemäß den Worten des Prinzen, ein großes Feuer auf dem Berg und warf die Federnhülle hinein. Vierzig weiße und vierzig schwarze Dienerinnen liefen im Kreis um das Feuer herum und klagten:
»Prinz Hüsnü Jussuf hat sich ins Feuer gestürzt!«
Die Vögel kamen einer nach dem anderen angeflogen und warfen sich ins Feuer, wo sie lodernd verbrannten. Nun war der Prinz von seinem Zauber erlöst.
Die Freudenbotschaft erreichte auch die Eltern des Mädchens, die kamen ebenfalls angefahren. Der Prinz und die Prinzessin feierten vierzig Tage und vierzig Nächte lang ihre Hochzeit und lebten glücklich bis ans Ende ihrer Tage.
Sie sind am Ziel ihrer Wünsche angelangt, lassen auch wir uns hier nieder auf der Bank.

[Märchen aus der Türkei]

Ritter Etoile

Es war einmal ein Knabe, der hatte Vater und Mutter verloren. Er trug den Namen Etoile. Etoile war schön wie die Sonne, kühn und stark wie Samson. Als er zum Jüngling herangewachsen war, ging er unter die Soldaten. Wegen seiner tapferen Taten wurde er zum Ritter geschlagen.
Eines Tages ritt er mit seinem Knappen über das Land. Da fuhr ihm eine Kutsche entgegen, die mit vier kohlschwarzen Rössern bespannt war. Darin saß eine Prinzessin, die war schön wie der lichte Tag.
Ritter Etoile zügelte sein Pferd, verneigte sich vor der Prinzessin und sprach: »Wohin des Wegs so allein? Habt Ihr denn niemanden zu Eurem Schutz bei Euch? Erlaubt, daß ich Euch begleite!«
»Ach, schöner Ritter, Ihr wißt nicht, wohin ich gebracht werde. Ein schrecklicher Unhold hat mich in seine Gewalt bekommen, und nun muß ich auf sein Schloß. Lebt wohl, denn auch Ihr könnt mir nicht helfen.«
Kaum hatte sie diese Worte gesprochen, da brauste der Wagen schnell wie der Wind davon und wurde nicht mehr gesehen.
Da wurde Ritter Etoile sehr traurig, und er beschloß, die Prinzessin zu suchen, und sei es am Ende der Welt. So irrte er sieben Jahre mit seinem treuen Diener in der Welt umher. Niemand aber konnte ihm Kunde von der Prinzessin geben. Endlich geriet er in der Abenddämmerung in einen tiefen Wald. Da stand plötzlich ein prächtiges Schloß inmitten eines herrlichen Blumengartens. Nirgendwo aber war auch nur eine Menschenseele zu sehen. In einer Kam-

mer fand er zwei frischgemachte Betten, und weil er und sein Diener sehr müde waren, legten sie sich hinein und schliefen alsbald ein. Als sie am Morgen erwachten, hatten unsichtbare Hände im Saal bereits das Frühstück aufgetragen. Sie setzten sich nieder und aßen und tranken. Nach der Mahlzeit ging Ritter Etoile in den Schloßgarten hinaus. Da stand auf einmal eine große weiße Ziege mit goldenen Hörnern vor ihm, und die sprach mit menschlicher Stimme: »Erkennt Ihr mich, schöner Ritter?«
»Oh, ich höre die Stimme der Prinzessin, nach der ich so viele Jahre gesucht!«
»Der schreckliche Unhold hat mich in diese Gestalt verwandelt. Nicht eher kann ich erlöst werden, bis ein tapferer Ritter drei Nächte voller Todesqualen in meiner Schlafkammer zubringt. Entringt sich seinen Lippen aber auch nur ein einziger Seufzer, so ist alle Mühe vergeblich gewesen.«
»Seid getrost, schöne Prinzessin, was auch immer geschieht, ich will es wagen. Ich will alle Schmerzen auf mich nehmen, um Euch zu erlösen!«
Als der Abend hereinbrach, speiste Ritter Etoile mit seinem Diener und betrat danach das Schlafgemach der Prinzessin. Er legte sich in das Bett und schlief sogleich ein. Als es Mitternacht schlug, wurde Ritter Etoile von einem gewaltigen Lärm geweckt. Herein kamen der schreckliche Unhold und ein Dutzend bärenstarker Kerle, und die setzten ihm zu und stachen und schlugen ihn. Als er aber alles schweigend erduldete, gerieten sie in großen Zorn und schlugen ihm den Kopf ab.
Beim ersten Hahnenschrei aber verloren die Unholde ihre Macht und mußten von ihm ablassen. Da trat die Ziege in die Kammer, und als sie den Toten daliegen sah, setzte sie ihm den Kopf auf die Schultern, rieb seinen Leib mit wunderkräftiger Salbe ein, und siehe, Ritter Etoile erwachte wieder zum Leben. Die Ziege aber hatte ihr menschliches

Antlitz wiedererhalten, und es war schöner als je zuvor, und sie sprach: »Dank dir, Ritter Etoile. Grausames hast du erduldet, und noch Furchtbareres wird dir in der nächsten Nacht widerfahren.«
»Habt keine Furcht, schöne Prinzessin, ich will und muß Euch erlösen, und koste es, was es wolle!«
In der kommenden Nacht begab sich Ritter Etoile wieder in die Schlafkammer der Prinzessin, legte sich in das Bett und schlief sogleich ein. Als es aber Mitternacht schlug, da wurde er wieder von einem entsetzlichen Lärm geweckt. Herein polterten der schreckliche Unhold und mit ihm seine zwölf bärenstarken Gehilfen, und die stachen und prügelten den Jüngling auf das Fürchterlichste und ärger als zuvor. Er aber gab keinen Laut von sich. Darüber gerieten sie in einen so gewaltigen Zorn, daß sie ihn mit einer Axt in Stücke schlugen.
Beim ersten Hahnenschrei aber mußten sie das Gemach verlassen. Da betrat die Ziege die Kammer, und als sie ihn zerschmettert liegen sah, fügte sie die Stücke aneinander, rieb seinen Leib mit wunderkräftiger Salbe ein, und siehe, Ritter Etoile erwachte wieder zum Leben. Die Ziege aber hatte nun auch ihre menschliche Gestalt wiedererhalten, und sie war schöner als je zuvor. Nur ihre Beine waren noch die einer Ziege, und sie sprach: »Ach, wie soll ich dir nur danken, Ritter Etoile. Die größten Qualen hast du durchlitten und doch wird dir noch Schlimmeres begegnen.«
»Habt keine Furcht, geliebte Prinzessin. Was auch immer geschieht, ich will und muß Euch erlösen.«
In der folgenden Nacht, als es Mitternacht schlug, polterte der schreckliche Unhold mit den Zwölfen in die Kammer, und die peinigten ihn so sehr, wie man es nicht beschreiben kann. Endlich töteten sie ihn in ihrem Zorn und fraßen ihn samt den Knochen auf.
Beim ersten Hahnenschrei aber mußten sie das Gemach

verlassen, und herein trat die wunderschöne Prinzessin. Sie war schöner als je zuvor. Als sie aber den Leichnam nirgendwo sehen konnte, setzte sie sich nieder und weinte bitterlich. Endlich aber fand sie ein winziges Knöchlein. Das nahm sie in ihre Hände, blies es an und rieb es mit der wunderkräftigen Salbe ein. Und siehe, das Knöchlein begann zu wachsen, und in wenigen Augenblicken stand der Jüngling vor ihr, und er war schön und stark und gesund.
Und die Prinzessin sprach zu ihm: »Hab Dank, Ritter Etoile, du hast mich erlöst. Meine Leiden und deine Pein sind nun zu Ende. Willst du mein Gemahl werden?«
»Von Herzen gerne, schöne Prinzessin.«
Da umarmten und küßten sich die beiden und hatten große Freude aneinander.
»Laßt uns hinwegreiten von diesem Ort«, sprach Ritter Etoile.
»Drei Tage noch müssen wir hier verweilen, erst dann hat der schreckliche Unhold keine Gewalt mehr über uns. Während dieser Zeit aber darfst du bis Mitternacht nichts essen und nichts trinken, sosehr es dich auch hungert und dürstet. Um Mitternacht aber werde ich bei dir sein, und du sollst essen und trinken nach Herzenslust.«
»Geliebte, ich will alles so tun, wie du es wünschst.«
Kaum aber hatte er diese Worte gesprochen, da war die Prinzessin verschwunden. Ihn aber quälte von dem Augenblick an ein so fürchterlicher Hunger und Durst, wie er noch nie in seinem Leben verspürt. Und endlich konnte er nicht mehr an sich halten und sprach: »Wenn ich schon nicht essen soll, so muß ich doch wenigstens einen Schluck trinken.«
Vergeblich warnte ihn sein treuer Diener. Ritter Etoile beugte sich über den Brunnenrand im Schloßhof und trank. Sofort fiel er in tiefen, tiefen Schlaf.
Um Mitternacht kam die Prinzessin, und sie wußte

schon, was geschehen war. Weinend legte sie ihm ein weißes Tuch auf das Angesicht, damit er sie nicht vergessen solle. Zu dem Diener aber sprach sie: »Wenn Ritter Etoile erwacht, so sage ihm, daß er mich in der Stadt mit den sieben Glockentürmen suchen muß.«
Als nun am anderen Morgen Ritter Etoile endlich erwachte, wurde er sehr betrübt, als er diese Botschaft von seinem Diener vernahm.
Drei Jahre irrten die beiden in der Welt umher, nirgendwo aber hatte jemand je etwas von der Stadt mit den sieben Glockentürmen gehört. Als sie schon den Mut sinken lassen wollten, begegnete ihnen auf einmal eine alte Frau, die war so schwarz wie ein Kamin und so alt wie eine Landstraße, und die sprach zu Ritter Etoile: »Was bedrückt dich, mein Sohn?«
»Ach, Mütterchen, was kannst du uns schon helfen. Ich suche meine Geliebte. Sie ist in der Stadt mit den sieben Glockentürmen, und kein Mensch weiß den Weg dorthin.«
Da gab die Alte ihm ein Stöckchen und sprach: »Wenn du mit diesem Stöckchen dreimal die Erde berührst, so bist du im selben Augenblick an dem Ort, an den du dich wünschst.«
Ritter Etoile dankte der guten Alten und schlug dreimal mit dem Stöckchen auf die Erde, und siehe, im selben Augenblick befand er sich in der Stadt mit den sieben Glokkentürmen, wo die Prinzessin mit drei gesattelten und gezäumten Pferden schon auf ihn wartete. In gestrecktem Galopp flohen sie aus der Stadt. Als sie schon viele Stunden geritten waren, gelangten sie an eine Lichtung, wo eine silberne Quelle sprudelte. Da hielt die Prinzessin an, sprang vom Pferd und sprach: »Hier hast du einen roten Apfel, mein Geliebter. Iß ihn, wenn es dich hungert. Aber hüte dich, von dieser Quelle zu trinken, wenn es dich auch noch so dürstet.«

Kaum hatte sie diese Worte gesprochen, da war sie auch schon verschwunden. Bald überkam den Jüngling großer Hunger, und er verspeiste den Apfel. Nachdem er diesen aber gegessen hatte, wurde er von einem solchen Durst gepeinigt, daß er alle Warnung vergaß und aus der Quelle trank, sosehr sein Diener auch bat und flehte, es doch nicht zu tun.

Kaum aber hatte er den ersten Schluck aus der Quelle getrunken, fiel er in tiefen, tiefen Schlaf. Um Mitternacht kam die Prinzessin, und sie sah sogleich, was geschehen war. Weinend beugte sie sich über Ritter Etoile und legte ihm ein blutrotes und ein nachtschwarzes Tuch auf das Angesicht, damit er sie nicht vergessen sollte. Dann sprach sie zu dem Diener: »Wenn Ritter Etoile erwacht, dann sage ihm, daß er mich bis morgen mittag in dem Land, wo der Südwind weht, suchen muß.«

Als nun am anderen Morgen Ritter Etoile endlich erwachte, weinte er bitterlich, als er diese Botschaft von seinem Diener vernahm.

Mit verhängtem Zügel ritten sie dahin und gelangten zwei Stunden vor Sonnenuntergang an den Fuß eines so steilen und hohen Berges, daß sie nicht hinaufgelangen konnten.

Da begegnete ihnen eine steinalte Frau, die war noch schwärzer und noch älter als die erste, und die sprach: »Was bedrückt dich, mein Sohn?«

»Ach, Mütterchen, was kannst du uns schon helfen? Ich suche meine Geliebte in dem Land, wo der Südwind weht, und bis morgen mittag soll ich dort hingelangen.«

Da blies und schnaufte die Alte gewaltig, und in einem Augenblick saßen die beiden auf dem Gipfel des Berges.

»Wisset, ich bin die Mutter der Winde«, sagte sie. »In einer Stunde nach Sonnenuntergang erwarte ich meine Söhne zurück. Versteckt euch in einer Truhe und merkt euch wohl, was meine Söhne mir sagen werden.«

Eine Stunde nach Sonnenuntergang vernahmen sie ein Lärmen und ein Tosen, daß alles ringsum erbebte. Die Winde kehrten nach Hause zurück. Sogleich setzten sie sich hungrig zu Tisch und schnüffelten umher und riefen:
»Mutter, es riecht nach Menschenfleisch!«
»Ach, es ist doch kein Mensch hiergewesen, was bildet ihr euch nur immer ein. Eßt die Ochsen, die ich euch gebraten habe, und trinkt die Fässer roten Weins dazu!«
Da verschlangen die Winde im Handumdrehen zwölf gebratene Ochsen und tranken ebensoviele Fässer Wein dazu. Während sie aßen und tranken, fragte die Mutter der Winde:
»Was machst du denn morgen, Südwestwind?«
»Morgen blase ich über dem weiten Meer.«
»Was machst du denn morgen, Nordwestwind?«
»Morgen blase ich in der Stadt Paris, und ich werde des Königs Palast tüchtig umtoben.«
»Und was machst denn du, Nordwind?«
»Morgen werde ich in der Stadt Rom dem Papst kräftig um die Ohren blasen.«
»Und was machst du denn morgen, Südwind?«
»Morgen blase ich zur Hochzeit der schönen Prinzessin mit dem Herrn des nie gesehenen Landes.«
»Hatte sie nicht einen Geliebten, den Ritter Etoile?«
»Oh, doch, und groß ist ihre Sehnsucht nach ihm! Er wäre ihrer wohl würdig gewesen, denn tapfer und kühn ist er, und wenn er hier wäre, ich würde ihn nicht verschlingen.«
»Oh, er ist ja hier, mein lieber Südwind.«
Da kroch Ritter Etoile aus seinem Versteck und bat den Südwind, ob er ihn mit sich nähme in das nie gesehene Land.
»Weil du es bist, Ritter Etoile, will ich dir den Gefallen gerne tun.«
Am anderen Morgen stieg Ritter Etoile auf den Rücken des Südwinds, und im Hui flogen sie davon. Sie flogen

über Berge, Städte und Meere, und endlich erreichten sie das nie gesehene Land. Da senkte sich der Südwind zur Erde und setzte den Jüngling im Hof des Schlosses vom Herrn des nie gesehenen Landes nieder. Ritter Etoile dankte dem Wind. Er nahm sodann seine drei Tücher hervor und band sie an seinen Stock und pflanzte diesen mitten im Schloßhof auf. Dann entfernte er sich.
Es dauerte nicht lange, da trat die schöne Prinzessin an der Seite des Herrn des nie gesehenen Landes in den Schloßhof hinaus. Und als sie den Stab mit den drei Tüchern gewahrte, fing sie vor Freude und Schmerz an zu weinen, und sie bat, sich zurückziehen zu dürfen, denn eine traurige Erinnerung sei ihr in den Sinn gekommen. Als sie allein in der Kammer war, rief sie nach ihrer Dienerin und sprach zu dieser: »Geh hinaus in den Schloßhof. Dort siehst du drei Tücher an einem Stab. Frage, wem sie gehören und zu welchem Preis ich sie erwerben kann, denn diese Seidentücher gefallen mir gar sehr.«
Bald kehrte die Dienerin zurück und sagte: »Meine geliebte Herrin, der, dem diese Tücher gehören, will sie Euch nicht verkaufen, weder für Silber noch für Gold. Er möchte aber zu Euch kommen und wünscht, mit Euch zu sprechen.«
Da wurde die schöne Prinzessin in ihrem Herzen froh, und sie sprach: »So führe diesen Mann vor mein Angesicht.«
Also geschah es. Die Freude der beiden Liebenden war so groß, daß man es nicht beschreiben kann. Als sie sich lange genug umarmt und geküßt hatten, ließ die schöne Prinzessin den Herrn des nie gesehenen Landes zu sich rufen, und sie stellte die Frage: »Ich besaß ein Kästchen mit einem wunderschönen goldenen Schlüssel. Diesen Schlüssel verlor ich, und ich ließ einen neuen machen. Nach langer Zeit aber fand ich den alten Schlüssel wieder, und nun bin ich ratlos, welchen der beiden ich benutzen soll.«

»Ihr solltet den alten eher in Ehren halten als den neuen und also diesen benutzen.«

»Oh, wie freue ich mich, daß Ihr es genauso machen würdet wie ich. Wisset, dieser junge Mann, den Ihr hier vor Euch seht, ist mein alter Schlüssel gewesen. Er durchlitt Qualen für mich, und er erlöste mich von einem schrecklichen Schicksal. Er und kein anderer soll mein Gemahl sein.«

Am gleichen Tag noch wurde die Hochzeit gefeiert, und sie dauerte sieben Tage und sieben Nächte lang. Der treue Diener aber, der Ritter Etoile so viele Dienste erwiesen hatte, der wurde sein oberster Kammerherr.

[Märchen aus der Provence]

Die schöne Brunnenfrau

Vor vielen hundert Jahren lebten einmal ein König und eine Königin, die hatten einen einzigen Sohn, der war schön, klug und fromm und versäumte keinen Sonntag die Messe. Der Weg vom Schloß zur Kirche führte durch einen großen dichten Wald, und mitten darin war ein schöner Brunnen.

An einem Sonntagmorgen ritt der Prinz mit seinem Diener wieder zur Messe. Doch als er zu dem Brunnen kam und sein Roß tränken wollte, da sah er am Brunnenrand eine Jungfrau stehen, so schön, wie er noch keine gesehen. Dies war die Brunnenfrau. Der Prinz stieg vom Pferd, grüßte und fragte: »Schöne Jungfrau, was sucht Ihr zu so früher Stunde hier am Brunnen?«

Die Brunnenfrau lächelte und antwortete: »Stehen muß ich hier und warten, bis einmal ein mutiger Ritter kommt, um mich zu erlösen.«

»Was muß ich tun, um Euch vom Zauber zu befreien?« fragte der Prinz.

»Komm nächsten Sonntag um die gleiche Zeit hierher, und dann will ich dir die Bedingungen sagen«, antwortete die Brunnenfrau.

Der Prinz aber sprach zu ihr: »Wenn ich Euch erlöse, dann müßt Ihr meine Frau werden.«

Dies versprach ihm die Brunnenfrau. Sie nahmen Abschied voneinander, und der Prinz ritt davon. Als der nächste Sonntag gekommen war, ritt der Prinz in aller Frühe zum Brunnen. Schon von Ferne sah er die schöne Brunnenfrau. Der Jüngling bat sie herzlich, ihm doch zu sagen, wie er sie erlösen könne, und er rief: »Sage mir, in welchen Kampf ich für dich ziehen soll!«

»Es ist kein solcher Kampf, wie du denkst«, sprach die Brunnenfrau. »Aber dennoch mußt du etwas auf dich nehmen, was schwerer zu tragen ist, als du ahnst. Höre, was ich dir sage: Du mußt mir fünf Jahre treu verbunden sein, ohne daß davon ein Mensch erfährt, du magst sein, wo du willst, über alle Länder, Berge und Meere hinweg. Ich werde immer an deiner Seite sein, werde dich behüten und beschützen, ob Frieden ist im Lande oder Krieg. Hast du aber Verlangen, mich zu sehen, so brauchst du nur meinen Namen zu rufen, und im Nu bin ich bei dir. Doch darfst du meinen Namen nur nennen, wenn du alleine bist und niemand uns sehen kann. Doch einmal wird der Tag kommen, da werden deine Eltern und Freunde in dich dringen, daß du eine Frau nehmen sollst. Sie werden dich bitten und bestürmen. Läßt du dich verführen, so bin ich verloren, und du wirst des Todes sein. Höre auf meine Worte: Solltest du mich je vergessen und dein Versprechen brechen, dann wirst du an deinem Hochzeitstag mit all deinen Gästen durch die Decke des Saales einen weißen Fuß dringen sehen. Dies ist dann das Zeichen, daß du sterben mußt, und in derselben Stunde wirst du des Todes sein.«

Der Jüngling konnte sich nicht denken, daß er je seiner wundersamen Geliebten untreu werden könnte, und so sprach er zu ihr: »Lieber will ich sterben, als daß ich eine andere zur Frau nehme. Zehn Eide will ich dir schwören, daß ich alles halten werde, was ich versprochen habe.«

Doch die Brunnenfrau antwortete: »Du sollst nicht leichten Herzens so viel versprechen, denn die Menschen sind schwache Wesen.«

Dann schwuren sie einander Treue und nahmen Abschied.

Das erste Jahr verging, ohne daß des Prinzen Geheimnis offenbar wurde. Doch im zweiten Jahr mußte er in den

Krieg ziehen, der zwölf Monate lang dauerte. Siegreich überstand der Prinz alle Schlachten, ohne daß ihn ein Pfeil traf oder ein Speer verwundete. Immer, wenn er seine Geliebte sehen wollte, ging er in sein Zelt, rief ihren Namen, und ehe er sich's versah, stand sie neben ihm.

Doch eines Tages, als er sie wieder gerufen, hatte sie bei ihrem Erscheinen Tränen in den Augen. »Liebste, was ist dir?«

Die Brunnenfrau antwortete: »Ich bin traurig, denn ich weiß, daß du morgen in der Schlacht schwer verwundet wirst und ich es nicht verhindern kann. Doch ich werde dich dann pflegen, und du wirst bald deine Gesundheit wieder erlangen.«

Was die Brunnenfrau vorausgesagt, geschah. Der Prinz wurde schwer verwundet, doch immer, wenn er alleine war, kam sogleich die Brunnenfrau mit heilenden Kräutern und pflegte ihn. Der Jüngling genas bald.

Als der Krieg zu Ende war, kehrte der Prinz auf das Schloß seiner Eltern zurück. Er erzählte ihnen von all seinen Erlebnissen und zeigte ihnen auch die Narben seiner Wunden. Da wollten seine Eltern und seine Freunde wissen, wodurch er denn so schnell geheilt worden wäre. Doch so sehr sie auch in ihn drangen, der Prinz schwieg standhaft.

Nun wurde ein großes Fest gefeiert und ein Freudenmahl bereitet. Doch als der Prinz bei Tische saß, da bestürmten ihn seine Eltern und Freunde von neuem, er möge sich doch eine Frau suchen.

»Gönnt mir noch ein paar Jahre Zeit«, antwortete der Jüngling. Doch seine Eltern und Freunde schöpften Verdacht, und deshalb beschlossen sie, ihn mit Wein trunken zu machen, so hofften sie, werde sich seine Zunge lösen. Sie tranken ihm also zu und umschmeichelten ihn, bis der Prinz seiner Sinne nicht mehr mächtig war und sein Geheimnis erzählte. Da entsetzten sich seine Eltern und Freunde, und sie sprachen, es sei bestimmt ein böser Geist,

der ihn umgarne, und sie bestürmten ihn: »Heirate eine Prinzessin, nur so fällst du nicht in die Gewalt des Bösen!«
Und weil sie nicht ruhten, versprach es zuletzt der Prinz. Aber als die Wirkung des Weines nachließ und der Prinz sich erinnerte, daß er seine Geliebte verraten und sein Versprechen gebrochen hatte, weinte er und ging traurig in seine Kammer.
»Ach«, rief er verzweifelt, »wäre doch meine Liebste bei mir!« Sogleich stand sie neben ihm, aber sie weinte bitterlich und sprach: »Was hast du getan! Ich habe großes Mitleid mit dir, doch vermag ich nicht unser Schicksal zu wenden. Du weißt, was dir bevorsteht, von nun an dürfen wir uns auf dieser Erde nicht mehr wiedersehen. Leb wohl!«
Sie küßte ihn noch einmal, und dann war sie verschwunden. Der Prinz klagte und rief nach ihr, doch er sah die Brunnenfrau nicht wieder. Seit diesem Tag ging er immer traurig im Schloß umher.
Inzwischen aber nahte der Tag, an dem die Hochzeit mit der Prinzessin stattfinden sollte, die ihm seine Eltern ausgesucht. Traurig saß der Prinz neben der Braut an der Tafel. Die Spielleute und Gäste bemühten sich vergeblich, ihn aufzuheitern. Der Prinz wußte, was damals die Brunnenfrau zu ihm gesprochen. Da klirrte es plötzlich an der Decke des Saales. Erschrocken schauten die Gäste nach oben: Und siehe, da drang ein schneeweißer Fuß durch das Gebälk. Der Prinz wurde totenblaß. »Ich komme!« rief er.
Aber da war der Fuß schon verschwunden, und nicht die kleinste Schramme war in der Decke zu sehen. Man ließ einen Priester holen, und ehe eine Stunde vorübergegangen, war der Prinz eine Leiche. So war alles in Erfüllung gegangen, was die Brunnenfrau vorausgesagt.

[Märchen aus Lothringen]

Henri und Henriette

Im Vaucluse-Gebirge lebte einst ein armer Bauer, dem war seine Frau gestorben. Er hatte zwei Kinder, einen Sohn und eine Tochter, Henri und Henriette mit Namen. Die beiden waren Zwillinge, und sie liebten einander von Herzen.

Eines Tages geschah es, daß gar kein Geld mehr im Hause war. Da beschloß der Vater, in die große Stadt auf den Jahrmarkt zu reiten, um dort sein Glück zu versuchen.

Als er sich von seinen Kindern verabschiedete, sprach er zu ihnen: »Ich werde nun eine weite Reise machen. Haltet mir das Häuschen in Ordnung und versorgt alles wohl. Sollte das Glück mir hold sein und ich einen guten Verkauf machen kann, so will ich euch beiden mitbringen, was ihr euch wünscht.«

Da wünschte sich der Knabe ein edles weißes Roß, das Mädchen aber einen Rosenstock mit roten Rosen. Der Bauer versprach, wenn irgend möglich, das Gewünschte mitzubringen, befahl sich Gott und zog von dannen.

Allein, es wollte ihm in der Stadt das Geschäft nicht glükken, und er hatte nur wenige Münzen erworben, kaum daß es reichte, das täglich Brot dafür zu kaufen.

Traurig ließ er den Kopf hängen und ritt heimwärts. Da stand auf einmal ein steinaltes Weiblein vor ihm, und die bat ihn mit zitternder Stimme um ein Almosen. Da ergriff ihn Mitleid mit der Alten, und er gab ihr seine letzten Münzen hin.

Da sprach sie zu ihm: »Ich sehe, du hast ein gutes Herz, und deine Großmut soll dir nicht zum Schaden sein. Sage

mir doch, was bedrückt dich so sehr, denn ich merke wohl, daß ein großer Kummer dich plagt.«
»Ach«, antwortete der Bauer, »es geht mir kaum besser als dir, denn auf der Welt ist mir nicht viel geblieben als meine beiden Kinder, und nun muß ich auch sie betrüben.«
Und er erzählte ihr all sein Ungemach.
»Wenn es weiter nichts ist, so kann ich dir wohl helfen«, sprach die Alte.
Sie führte ihn in ein einsames Waldhäuschen. Dort wuchs neben der Türe ein wunderschöner Rosenstock, so schön, wie der Bauer noch nie einen gesehen hatte. Drei Rosen blühten daran in unsagbarer Pracht, und es waren da noch unzählige Knospen. Ein herrlicher Duft ging von dem Rosenstock aus.
»Nimm diesen Rosenstock mit dir«, sprach die Alte. »Er soll deiner Tochter Segen bringen. Aber wisse, dies ist kein gewöhnlicher Rosenstock. Er besitzt nämlich die Gabe, gute und böse Tage zu verkünden. Geschieht deiner Tochter ein Unglück, so werden die Rosen ihre schöne rote Farbe verlieren und welk und blaß werden. Stirbt sie gar, so werden sie fahl und fallen ab. Ist deine Tochter aber am Leben und erfreut sie sich guter Gesundheit, so wird der Rosenstock gedeihen und prächtige Blüten hervorbringen.«
Dann trat sie in den Stall hinter dem Häuschen und führte einen herrlichen Schimmel heraus. Der Bauer konnte sich nicht satt sehen an seiner Schönheit.
»Dieser Schimmel möge deinem Sohne zum Glück gereichen. Nimm ihn mit dir, er wird Henri einst Rettung bringen in großer Not. Wenn du aber den Kindern die Gaben bringst, so denke dabei auch an mich.«
Der Bauer wußte nicht, wie er der Alten danken konnte, versprach, immer an sie zu denken, und ritt frohen Herzens heim.
Als Henri und Henriette den Vater und noch dazu den

Schimmel und den Rosenstock sahen, konnten sie sich nicht lassen vor Freude. Der Bauer aber gedachte wohl der Worte der Alten und erzählte auch, was es mit dem Rosenstock und dem Schimmel auf sich hatte.

So lebten sie lange Jahre in Frieden und Eintracht. Wenn sie auch keine Reichtümer besaßen, hatten sie doch ihr Auskommen. Aus Henri war ein stattlicher Jüngling geworden, Henriette aber war die schönste Jungfrau weit und breit.

Eines Tages ging Henriette hinaus in den Wald, um Beeren zu suchen. Je tiefer sie in den Wald eindrang, desto mehr Beeren fand sie, und in ihrem Eifer kam sie ganz vom Wege ab. Das Unglück wollte es, daß sie in den verzauberten Wald geriet, in dem ein scheußlicher Drache herrschte. Schon kam der Drache geflogen, und Feuer und Flammen sprühten aus seinen sieben Mäulern. Er ergriff Henriette und brachte sie in seinen Palast, wo er schon viele Jungfrauen und Jünglinge gefangenhielt, die ihm alle als Knechte und Mägde dienen mußten.

Als Henriette nun nicht wiederkehrte, weder am ersten noch am zweiten, noch am dritten Tage, da weinten der Vater und der Bruder bittere Tränen um sie. Sie sahen wohl, daß Henriette ein Unglück zugestoßen war, denn die Rosen hatten ihre rote Farbe verloren und waren welk und blaß geworden.

»Meine Schwester lebt immerhin«, sprach Henri zu seinem Vater, »denn noch sind die Rosenblätter nicht abgefallen. Laß mich hinausziehen in die weite Welt. Vielleicht kann ich meine Schwester finden und sie erretten. Ich halte es hier nicht länger aus, ich will und muß gehen und ihr helfen.«

»Ach, soll ich auch dich verlieren, mein einziges Kind!« klagte der Vater.

Schweren Herzens willigte er ein, segnete Henri und sah zu, wie er auf dem herrlichen Schimmel davonsprengte.

Henri aber ritt und ritt. Er geriet in einen tiefen, dunklen Wald. Das Gestrüpp legte sich wie Fallen um die Fesseln seines Schimmels, und das Tier begann zu zittern. Immer unheimlicher wurde es in dem Wald, denn es war der Drachenwald. Henri aber war jung, stark und kühn, und er ritt unverdrossen weiter. Auf einmal bäumte das Roß sich auf und schlug mit den Vorderhufen kräftig gegen den Stamm einer uralten Korkeiche und wieherte laut dabei. Da öffnete sich der Baumstamm, und es trat die alte Frau, die Henris Vater einst Schimmel und Rosenstock gegeben, hervor.

Sie war aber jung und schön wie der lichte Tag und sprach zu ihm: »Lange schon warte ich auf mein Roß und auf dich. Wisse, schöner Jüngling, ich bin die Alte, der dein Vater einst begegnete. Folge meinem Rat, dann wird es dir und mir wohl ergehen. Reite nur immerzu geradeaus, so wirst du, bevor es Nacht sein wird, das Ende dieses Waldes erreicht haben. Vor dir wird ein weites grünes Tal liegen und mitten darin ein prächtiger Palast, der von einer hohen Mauer umgeben ist. Geh nur geradezu und unverdrossen hinein. Alle, die dort wohnen, sind stumm. Bringe die Nacht in dem Palast zu. Des Morgens aber gehe hinaus in den Garten. Du wirst eine Stelle finden, wo die Erde aufgewühlt ist, als sei ein Pflug darübergefahren. Hier hast du einen Stab. Schlage damit dreimal, so stark du kannst, auf jene Stelle, und dann eile zum Palast zurück. Wenn du tust, wie ich dir geraten, wirst du Henriette und all die anderen Jungfrauen und Jünglinge retten, die in der Gewalt eines scheußlichen Drachen sind. Nun aber eile und spute dich, denn vor Einbruch der Dämmerung mußt du dort sein.«

Henri tat, wie ihm geheißen. Er gab dem Roß die Sporen und ritt mutig dahin. Endlich lichtete sich der unheimliche Wald, und Henri gewahrte das grüne Tal und den prächtigen Palast. Fast war es schon dunkel geworden. Zwei steinerne Löwen bewachten das Portal. Als er darauf zuritt, sprang die Pforte mit Donnern von alleine auf. Henri gelangte in einen großen Hof, in dessen Mitte ein steinerner Brunnen stand. Henri tränkte seinen Schimmel und betrat den Palast. Er kam durch herrliche Säle und konnte sich kaum satt sehen an all den Kostbarkeiten. Endlich kam er in ein Zimmer, in dem ein Tisch mit drei Gedecken stand. Er ließ sich an dem Tische nieder. Da öffnete sich die Tür, und es traten zwei ganz in Schwarz gekleidete Frauen herein. Sie sprachen kein Wort. Schweigend speiste Henri mit ihnen. Lange Zeit tafelten sie, denn die Diener trugen viele Schüsseln der köstlichsten Gerichte auf, dazu besten Wein aus der Provence. Nach dem Mahle führte ein Diener ihn in ein Schlafgemach. Henri legte sich müde in das frisch gedeckte Bett und schlief sogleich ein.

Als aber die Uhr zwölf schlug, gab es ein gewaltiges Brausen und Krachen, daß Henri davon erwachte. Der Palast bebte, und das Bett schwankte hin und her wie ein Schiff in größtem Sturm, so sehr, daß Henri hinausgeworfen wurde und sich auf dem Fußboden wiederfand.

Danach aber war alles ruhig, so als sei nichts geschehen. Da legte sich Henri wieder in das Bett und schlief bis zum Morgen. Als die ersten Sonnenstrahlen sein Gemach beschienen, begab er sich in den Garten. Er fand bald die aufgewühlte Stelle, nahm den Stab und schlug damit dreimal, so kräftig er nur konnte, darauf. Der Stab wurde in seiner Hand schwerer und schwerer. Aber er nahm alle Kraft zusammen. Nach dem dritten Schlage bebte die Erde, Donner und Blitz erfüllten die Luft, und Rauch und Feuer stiegen zum Himmel. Henri eilte in den Palast zurück.

Der Zauberstab hatte den Drachen in tausend Stücke zerrissen, die wie Hagelkörner niederprasselten.

Drinnen fand Henri seine geliebte Schwester, und sie umarmten und küßten sich. Dann traten all die anderen Jungfrauen und Jünglinge hinzu und priesen Henri als ihren Retter. Glücklich kehrten sie alle miteinander heim. Der alte Bauer konnte sich vor Freude nicht lassen, als er seine beiden Kinder wiederhatte.

Die wunderschöne Jungfrau aber, die einst die Alte gewesen, die nahm Henri zum Manne. Henriette aber vermählte sich mit einem Königssohn, der auch in die Gewalt des Drachen geraten war. Und so lebten sie alle noch lange glücklich und zufrieden in dem Palaste des Drachen.

Auch ich war auf ihrem Jubelfeste und habe mich dort ordentlich übergessen.

[Märchen aus Südfrankreich]

Der Falke Helfinist

In einem Zarenreich in irgendeinem Reich, da lebten einmal ein alter Mann und eine alte Frau, und die hatten drei Töchter. Davon waren die beiden älteren eitel und putzsüchtig. Die jüngste aber, die war gut und liebreich. Und sie war so schön, daß die jungen Männer auf der Straße stehenblieben, wenn sie vorüberging. Eines Morgens fuhr der Vater zur Stadt zum Jahrmarkt. Und da fragte er seine drei Töchter, was er ihnen mitbringen solle. Da wünschten sich die beiden ältesten Stoff für einen neuen Sarafan. Die jüngste aber sprach: »Bring mir die Purpurblume, Väterchen.«
Der Vater fuhr zur Stadt, und den Stoff für den Sarafan, den hatte er bald gekauft, aber nirgends fand er die Purpurblume, und so setzte er sich traurig in seine Telega und fuhr nach Hause.
Und die jüngste tröstete ihn und sprach: »War es diesmal nichts, Väterchen, wird es das nächste Mal sein.«
Wieder fuhr der Vater zur Stadt, und da wünschten sich die beiden ältesten neue seidene Tücher, und die jüngste wünschte sich wiederum die Purpurblume. Und dem Vater erging es wie das erste Mal.
Und zum dritten Mal fuhr der Vater in die Stadt. Da wünschten sich die beiden ältesten neue goldene Ohrgehänge, und die jüngste wünschte sich wiederum die Purpurblume. Und der Vater, obwohl er den Jahrmarkt von vorn nach hinten und von hinten nach vorn durchsuchte, die goldenen Ohrgehänge hatte er bald gekauft, aber nirgends fand er die Purpurblume. Und so setzte er sich trau-

rig in seine Telega und fuhr zur Stadt hinaus. Und da sah er beim Schlagbaum einen unbekannten Greis stehen, und der hielt die Purpurblume in der Hand. Erfreut ging der Vater auf den Alten zu und wollte ihm die Purpurblume abhandeln, aber der Alte sprach: »Verkäuflich ist das Blümchen nicht, aber wenn deine jüngste Tochter verspricht, meinem Sohn, dem Falken Helfinist, in die Ehe zu folgen, dann soll sie die Blume haben.«
Der Vater überlegte und dachte: »Was tun? Ihr die Purpurblume nicht bringen, heißt sie betrügen. Nimmt sie die Purpurblume, nimmt sie vielleicht auch den Falken zum Mann, und man darf alles noch einmal überlegen.« So sagte er zu, nahm die Purpurblume und fuhr nach Hause.
Und die Jüngste, die fiel ihm um den Hals, als sie die Purpurblume in des Vaters Händen sah. Aber der Vater sprach zu ihr: »Ach Töchterchen, nicht geheuer ist das Blümchen. Es gehörte einem unbekannten Greis, und er gab es mir nur unter der Bedingung, daß du seinem Sohn, dem Falken Helfinist, in die Ehe folgst.«
»Ich kenne den Falken Helfinist«, sprach die jüngste, »ich sehe ihn oft am Himmel fliegen, und seine Federn, sie gleichen dem Regenbogen. Wenn er den Boden berührt hat, dann ist er ein schöner Jüngling. Ich sah ihn beim letzten Osterfest, beim heiligen Mittagsmahl in der Kirche.«
Ernst schaute der Vater sie an, dann schlug er über sie das Zeichen des Kreuzes und sprach: »Geh hinauf in dein Giebelstübchen, mein Töchterchen, ich muß es mir bis zum nächsten Morgen überlegen, ehe ich meinen Segen gebe, denn der Morgen ist weiser denn der Abend.«
Und das schöne Mädchen ging hinauf in ihr Giebelstübchen, und sie stellte die Purpurblume in das Fenster. Plötzlich kam der Falke Helfinist hereingeflogen, und als er den Boden berührte, da war er ein schöner Jüngling, und er umarmte und küßte das erschrockene Mädchen und blieb bei ihr die ganze Nacht.

Als aber der Morgen graute, da schlüpfte der Falke wiederum in sein Flügelkleid und sprach zu dem schönen Mädchen: »Immer, wenn du die Purpurblume in das Fenster stellst, werde ich zu dir kommen. Nun nimm dir eine Feder aus meinem Kleid, und wenn du sie nach der rechten Seite schwenken wirst, dann werden dir deine Wünsche erfüllt.« Und damit entflog er.

Von nun an stellte das schöne Mädchen jeden Abend die Purpurblume in das Fenster, und jeden Abend kam der Falke geflogen und blieb bei ihr.

So kam das Osterfest heran. Da schmückten sich die beiden älteren mit dem neuen Sarafan, den neuen seidenen Tüchern, den neuen goldenen Ohrgehängen, und sie spotteten über die jüngste und sprachen: »Du Dummkopf! Das hast du nun mit deinem Wunsch um die Purpurblume! Nun kannst du in deinen alten Kleidern zur Kirche gehen.«

»Geht allein, meine Schwestern, geht allein«, sprach die jüngste. »Ich werde zu Hause meine Andacht verrichten«, und sie sah zu, wie das gläubige Volk zur Kirche strömte. Als sie aber allein war, ging sie zur Treppe, und sie schwenkte die Feder nach der rechten Seite. Und da stand vor ihr eine Kutsche, bespannt mit edlen Pferden, und die Diener des Falken, die schmückten sie mit Gold und Silber, und sie fuhr zur Kirche, und niemand erkannte sie, und alle sprachen: »Es muß eine fremde Schönheit aus einem fernen Zarenreich sein.« Als aber die heilige Handlung zu Ende war, da stieg sie flugs in die Kutsche und fuhr hinweg, und ehe das Volk noch gaffen konnte, war nichts mehr zu sehen. Und zu Hause, da schwenkte sie die Feder zur linken Seite, und die Diener des Falken nahmen alles hinweg. Als die Schwestern nach Hause kamen, war nichts mehr zu sehen, und die jüngste schaute ruhig aus dem Giebelfenster. Die Schwestern sprachen: »Ach, daß du nicht in der Kirche warst! Dort war eine fremde Schönheit, aus

einem fernen Zarenreich. Die war so schön, so schön, daß man es nicht einmal in einem Märchen erzählen kann.«
»Ich glaube es euch, meine Schwestern, ich glaube es euch«, sprach die jüngste.
Und so kam das zweite Osterfest, und so kam das dritte Osterfest. Beim dritten Osterfest aber, da vergaßen die Diener des Falken, ihr eine Diamantnadel aus dem Haar zu nehmen. Und als die Schwestern nach Hause kamen, da erkannten sie an der Diamantnadel, daß die fremde Schönheit in der Kirche ihre eigene Schwester gewesen war. Und da sie beide neidisch und böse von Herzen waren, lauerten sie in der folgenden Nacht, und sie hörten, wie der Falke geflogen kam und bei ihrer Schwester blieb. Am nächsten Morgen, da stellten sie heimlich zwei Messer kreuzweise in das Fenster. Und das schöne Mädchen, das von nichts wußte, stellte die Purpurblume in das Fenster, und als am Abend der Falke geflogen kam, da zerschnitt er sich die Schwingen an den Messern, und er rief zum Fenster hinein: »Leb wohl, meine Schöne, ich muß nun von dir. Suche mich hinter dreimal neun Reichen, im dreimal zehnten Zarenreich, aber du mußt drei Paar eiserne Schuhe durchlaufen, drei eherne Wanderstäbe zerbrechen, und du mußt drei steinharte Opferbrote verspeisen, ehe du mich wiederfindest.«
Und das schöne Mädchen konnte sich erst am Morgen vom Lager erheben, und da sah sie das Blut, das noch von den Messern tropfte, und obwohl sie die Feder nach der rechten wie nach der linken Seite schwenkte, sie hatte alle Zauberkraft verloren. Weder zeigte sich der Falke, noch zeigten sich seine Diener.
Da ließ sie sich drei Paar eiserne Schuhe schmieden und drei eherne Wanderstäbe, buk sich drei steinharte Opferbrote, ging zu ihrem Vater, bat um seinen Segen und sprach: »Ich werde nun gehen, wohin meine Augen schauen.« Und sie machte sich auf in die Richtung, in die der Falke immer geflogen war. Die Welt um sie her, die

wurde dunkler und dunkler. Und als das erste Paar eiserne Schuhe durchlaufen, der erste eherne Wanderstab zerbrochen und das erste steinharte Opferbrot verspeist war, da befand sie sich vor einem Hüttchen, das auf Hühnerfüßen stand und sich drehte. Und das schöne Mädchen sprach den Spruch: »Dreh dich, mein Hüttchen, dreh dich zu mir«, und die Hütte blieb stehen, mit dem Eingang zu ihr. Sie kletterte hinein und fand drinnen die Baba-Jaga. Diese erhob sich und rief: »Früher hätten meine Augen den russischen Geist nicht sehen und meine Nase den russischen Geist nicht riechen können, und heute wandert der russische Geist durch die freie Welt. Sag, kommst du freiwillig oder kommst du unfreiwillig?«
»Freiwillig komme ich, Großmütterchen, denn ich suche ja meinen Liebsten, den Falken Helfinist, den Falken mit den Regenbogenfedern, denn meine Schwestern, sie taten ihm Böses.«
»Ach, mein armes Mädchen, er ist ja hinter dreimal neun Reichen, im dreimal zehnten Herrenreich, und er muß dort die fremde Zarentochter heiraten. Aber geh zu Bett, der Morgen ist weiser denn der Abend«, und sie brachte das schöne Mädchen zu Bett.
Als aber der Morgen graute, da weckte die Baba-Jaga das schöne Mädchen, und sie gab ihr eine goldene Spindel und sprach: »Wenn du nun in das Zarenreich deines Falken kommen wirst, dann setze dich nieder am Meeresufer, nimm die goldene Spindel in deine Hand, und sie wird von selbst einen silbernen Faden spinnen. Und die fremde Zarentochter, die dein Falke heiraten muß, die wird kommen, und sie wird dir die Spindel abhandeln wollen. Aber verkaufe sie ihr nicht, schenke sie ihr unter der Bedingung, daß sie dich den Falken schauen läßt.« Und dann nahm Baba-Jaga ein Knäuel Garn, warf es vor dem Mädchen her und sprach: »Folge dem Knäuel, es führt dich zu meiner mittleren Schwester, und die rät dir weiter.«

Und das Mädchen folgte immer dem Knäuel, und dunkler und dunkler wurde die Welt. Und als das zweite Paar eiserne Schuhe durchlaufen, der zweite eherne Wanderstab zerbrochen und das zweite steinharte Opferbrot verspeist war, da befand sie sich wiederum vor einem Hüttchen, das sich drehte, und wiederum sprach sie den Spruch: »Dreh dich, mein Hüttchen, dreh dich zu mir.« Und die Hütte blieb stehen, mit dem Eingang zu ihr. Und sie kletterte hinein und fand drinnen die Baba-Jaga. Und die mittlere Baba-Jaga erhob sich und rief: »Früher hätten meine Augen den russischen Geist nicht sehen und meine Nase den russischen Geist nicht riechen können, und heute wandert der russische Geist durch die freie Welt. Sag, kommst du freiwillig oder kommst du unfreiwillig?«
»Freiwillig komme ich, Großmütterchen, denn ich suche ja meinen Liebsten, den Falken Helfinist, den Falken mit den Regenbogenfedern, denn meine Schwestern, sie taten ihm Böses.«
»Ach, mein armes Mädchen, er ist ja hinter dreimal neun Ländern, im dreimal zehnten Herrenreich, und er muß dort die fremde Zarentochter heiraten. Und schon ist der Brautführer bei ihm. Aber geh zu Bett, der Morgen ist weiser denn der Abend«, und sie brachte das schöne Mädchen zu Bett.
Als aber die Sterne am Horizont verblaßten, da weckte die Baba-Jaga das schöne Mädchen, und sie gab ihr einen goldenen Webrahmen und sprach: »Wenn du nun in das Zarenreich deines Falken kommen wirst, dann setze dich nieder am Meeresufer. Nimm den goldenen Webrahmen in deine Hand, und du wirst sehen, er wird von selbst ein silbernes Gewebe weben. Und die fremde Zarentochter, die dein Falke heiraten muß, die wird kommen, und sie wird dir dann den Webrahmen abhandeln wollen. Aber verkaufe ihn ihr nicht, schenke ihn ihr unter der Bedingung, daß sie dich den Falken schauen läßt.« Und die

Baba-Jaga nahm ein Knäuel Garn, warf es vor dem Mädchen her und sprach: »Folge dem Knäuel, es führt dich zu unserer ältesten Schwester, und die rät dir weiter.«
Und das Mädchen folgte immer dem Knäuel, und dunkler und dunkler wurde die Welt. Und als es so dunkel war, daß sie die Hand nicht mehr vor Augen sehen konnte, da war das dritte Paar eiserne Schuhe durchlaufen, der dritte eherne Wanderstab zerbrochen und das dritte steinharte Opferbrot verspeist. Und abermals befand sie sich vor einem Hüttchen, das auf Hühnerfüßen stand und sich drehte. Und abermals sprach sie den Spruch: »Dreh dich, mein Hüttchen, dreh dich zu mir.« Und die Hütte blieb stehen, mit dem Eingang zu ihr. Und sie kletterte hinein und fand drinnen die älteste Baba-Jaga. Und diese erhob sich und rief: »Früher hätten meine Augen den russischen Geist nicht sehen und meine Nase den russischen Geist nicht riechen können, und heute wandert der russische Geist durch die freie Welt. Sag, kommst du freiwillig oder kommst du unfreiwillig?«
»Freiwillig komme ich, Großmütterchen, denn ich suche ja meinen Liebsten, den Falken Helfinist, den Falken mit den Regenbogenfedern, denn meine Schwestern, sie taten ihm Böses.«
»Ach, mein armes Mädchen, er ist ja hinter dreimal neun Ländern, im dreimal zehnten Herrenreich, und er muß dort die fremde Zarentochter heiraten. Und schon ist der Pope bei ihm. Aber geh zu Bett, der Morgen ist weiser denn der Abend«, und sie brachte das Mädchen zu Bett.
Als aber die Sonne am Horizont emporstieg, da weckte die Baba-Jaga das schöne Mädchen, und sie gab ihr einen goldenen Stickrahmen und sprach: »Wenn du nun in das Zarenreich deines Falken kommen wirst, dann setze dich nieder am Meeresufer. Nimm den goldenen Stickrahmen in deine Hand, und du wirst sehen, er wird von selbst in Silber sticken. Und die fremde Zarentochter, die dein Falke

heiraten muß, die wird kommen, und sie wird dir den Stickrahmen abhandeln wollen. Aber verkaufe ihn ihr nicht, schenke ihn ihr unter der Bedingung, daß sie dich den Falken noch einmal schauen läßt. Und nun geh.«
Und das Mädchen wanderte immer gen Osten. Und heller und heller wurde die Welt. Und plötzlich war vor ihr ausgebreitet das blaue Meer. Und sie sah einen Marmorpalast, dessen Dach vor Gold glänzte und sie sprach: »Dies muß das Zarenreich meines Falken sein.« Sie setzte sich nieder am Meeresufer und nahm die goldene Spindel in ihre Hand. Und siehe, die goldene Spindel spann von selbst einen silbernen Faden. Da kam die fremde Zarentochter aus ihrem Palast. Sie war umringt von ihren Ammen und Wärterinnen. Als sie die goldene Spindel sah, da faßte sie ein Verlangen danach, und sie wollte sie unbedingt besitzen. Und sie wollte sie dem Mädchen abhandeln, aber das Mädchen sprach: »Verkäuflich ist mir die Spindel nicht. Laß mich den Falken schauen, und ich schenke sie dir.«
»Dann folge mir zum Palast«, sprach die Zarentochter, und sie ging eilends vornweg, und sie steckte dem Falken eine Zaubernadel in den Rocksaum, und da schlief dieser tief ein. Dann führte sie das schöne Mädchen in die Kammer des Falken und ließ sie mit ihm allein. Das Mädchen weinte und klagte und sprach: »Bis an das Ende der Welt bin ich um dich gewandert und habe dich gesucht. Ich habe drei Paar eiserne Schuhe durchlaufen, drei eherne Wanderstäbe zerbrochen, und ich habe drei steinharte Opferbrote um dich verspeist, und nun bin ich hier, und du kennst und du siehst mich nicht, und du schläfest nur.«
Und sie weinte und klagte die ganze Nacht.
Als der Morgen graute, da kam die fremde Zarentochter und jagte sie hinaus. Dann zog sie dem Falken die Nadel hervor. Und der Falke erwachte und sprach: »Es war ein Weinen und ein Klagen die ganze Nacht in meiner Kammer.«

»Es war ja niemand hier, und du hast nur geträumt«, sprach die Zarentochter.

Das schöne Mädchen aber setzte sich wieder nieder am Meeresufer, und sie nahm den goldenen Webrahmen in ihre Hand. Und siehe, der Webrahmen webte von selbst ein silbern Gewebe. Und heraus aus ihrem Palast kam die fremde Zarentochter. Sie war begleitet von all ihren Ammen und Wärterinnen. Als sie den goldenen Webrahmen sah, da faßte sie ein Verlangen danach, und sie wollte ihn unbedingt besitzen. Und sie wollte ihn dem Mädchen abhandeln, aber das Mädchen sprach: »Verkäuflich ist mir der Webrahmen nicht. Aber laß mich den Falken schauen, und ich schenke ihn dir.«

»Dann folge mir zum Palast«, sprach die Zarentochter, und sie ging eilends vornweg, und sie steckte dem Falken eine Zaubernadel in den Rocksaum, und da schlief dieser tief ein. Dann führte sie das Mädchen in die Kammer des Falken und ließ sie mit ihm allein. Das Mädchen weinte und klagte und sprach: »Bis an das Ende der Welt bin ich um dich gewandert und habe dich gesucht. Ich habe drei paar eiserne Schuhe durchlaufen, drei eherne Wanderstäbe zerbrochen, und ich habe drei steinharte Opferbrote um dich verspeist, und nun bin ich hier, und du kennst und du siehst mich nicht, und du schläfest nur.« Und sie weinte und klagte die ganze Nacht.

Als aber der Morgen graute, da kam die Zarentochter und jagte sie hinaus. Dann zog sie dem Falken die Nadel hervor. Und der Falke erwachte und sprach: »Es war ein Weinen und ein Klagen die ganze Nacht in meiner Kammer.«

»Es war ja niemand hier, und du hast nur geträumt«, sprach die Zarentochter.

Das schöne Mädchen aber setzte sich noch einmal nieder am Meeresufer, und sie nahm den goldenen Stickrahmen in ihre Hand. Und siehe, der Stickrahmen stickte von selbst in Silber. Und heraus aus ihrem Palaste kam die fremde Zarentochter. Sie war begleitet von all ihren Ammen und Wärterinnen, und sie war umringt von ihren Dienerinnen. Als sie den goldenen Stickrahmen sah, da faßte sie ein Verlangen danach, und sie wollte ihn unbedingt besitzen. Und sie wollte ihn dem Mädchen abhandeln, aber das Mädchen sprach: »Verkäuflich ist mir der Stickrahmen nicht. Aber laß mich noch einmal den Falken schauen, und ich schenke ihn dir.«

»Dann folge mir zum Palast«, sprach die Zarentochter, und sie ging eilends vornweg, und sie steckte dem Falken eine Zaubernadel in das Haar, und dann schlief dieser tief ein. Dann führte sie das Mädchen in die Kammer des Falken und ließ sie mit ihm allein. Das Mädchen weinte und klagte und sprach: »Bis an das Ende der Welt bin ich um dich gewandert und habe dich gesucht. Ich habe drei Paar eiserne Schuhe durchlaufen, drei eherne Wanderstäbe zerbrochen, und ich habe drei steinharte Opferbrote um dich verspeist, und nun bin ich hier, und du kennst und du siehst mich nicht, und du schläfest nur.« Und sie weinte und klagte, und da nahm sie noch einmal das Antlitz des Falken in ihre Hände und küßte es. Und sie strich ihm noch einmal über die Haare, und da fühlte sie die Zaubernadel, und sie nahm sie und zog sie heraus.

Da erwachte der Falke und öffnete die Augen, und er erkannte das schöne Mädchen, das einmal seine Braut gewesen, und er umarmte und küßte sie. Da erzählte sie ihm alles. Sie erzählte ihm, wie ihre Schwestern ihm Böses getan, ohne daß sie davon gewußt. Sie erzählte, wie sie um ihn gewandert und ihn gesucht habe, und sie erzählte von dem Handel, den die Zarentochter mit ihr gemacht. Da ließ der Falke Helfinist alle Bojaren und alle Würdenträger seines Reiches kommen, und er erzählte ihnen die ganze Geschichte. Dann sprach er: »Nun richtet! Welches ist die rechte? Die, die mich gezeigt hat für Gold und für

Silber oder die, die mich gesucht hat am Ende der Welt?«
Da riefen die Bojaren und Würdenträger: »Die, die dich gesucht hat am Ende der Welt, die ist die rechte, die behalte bei dir.«
Und da wurde die Hochzeitskrone über sie gehalten, und sie feierten ein Fest, sieben Tage und sieben Nächte lang.

[Russisches Märchen]

Der Schneider und die Sintflut

Als vor langer Zeit die große Flut über die Welt hereinbrach und alles, was auf Erden lebte, jämmerlich hätte umkommen müssen, nahm sich Gott aus Mitleid seiner Geschöpfe an und bedachte, wie er wenigstens ein kleines Häuflein vor dem Tode des Ertrinkens retten könnte.
Er ließ einen kunstreichen Zimmermann zu sich rufen und sprach: »Baue ein großes Schiff, teile es klug in viele Stockwerke und Räume und bringe darin von allen Tieren der Erde, der Luft und des Wassers je ein Paar unter. Auch einem jungen und fleißigen Bauernpaar gib Herberge in der Arche, und nimm auch dazu von jedem Handwerk einen Meister und eine rechtschaffene Meisterin. Nur keinen Schneider! Hörst du? Ja keinen Schneider! Diese Besserwisser und Siebenmalklugen, die den ganzen Tag auf ihrem Tisch hocken, meckern und tüfteln und spintisieren und selbst mir, dem Herrgott, ins Handwerk pfuschen, die will ich allesamt im Meer ersaufen lassen! Hast du mich verstanden?«
»Glaub's wohl, Herr!« antwortete der Zimmermann und ging alsbald an die Arbeit.
Nach kurzer Zeit war die Arche fertig. Pferd und Kuh, Ziege und Schwein, Katze und Hund, Hase, Fuchs und Reh, Vögel und Schmetterlinge, Bienen, Hummeln, Mücken und Käfer, Frösche, Kröten und Fische waren in den großen Kasten eingezogen. Auch Bauer, Wagner, Schreiner, Maurer, Schlosser und Schmied, Müller, Bäcker und Schuhmacher waren samt Weib und Handwerkszeug in den vielen Kammern und Stuben untergekommen.

Ohne daß es aber der Zimmermann merkte, hatte sich in dem Gewusel und Gedränge auch ein fadendünner Schneider eingeschlichen und unterm Bett der Frau Zimmermeisterin versteckt. Da saß er nun Tag und Nacht hungrig und durstig in der dunklen Ecke und durfte kaum schnaufen und sich regen, wenn er nicht entdeckt und ohne Erbarmen ins tiefe Wasser geworfen werden wollte. Darüber wurde er immer ärgerlicher, sann auf Rache und heckte in sieben Tagen einen böswilligen Streich aus: Er fing Flöhe, Wanzen, Bienen, Hummeln und Wespen, zwickte einen Haufen Stecknadeln ab und setzte sie ihnen als spitze Stacheln ins Hinterteil ein.
Voller Schadenfreude ließ er sie hüpfen und davonfliegen, kicherte tückisch vor sich hin und sagte: »So, nun könnt ihr ans Werk gehen! Jetzt wird's bald was zu jucken und zu zucken geben in dieser langweiligen Kiste!«
Und wahrhaftig, über eine kleine Weile ging es an allen Ecken und Enden des Schiffes zu, als ob der leibhaftige Teufel losgelassen wäre. Der erste Floh stach die Frau des Zimmermanns so gewaltig in den Schenkel, daß sie ein Wehgeschrei ausstieß, als ob sie am Messer steckte. Der zweite zwickte den Meister selbst in die Wade, und die Wespen und Bienen quälten die Tiere, daß sie wie toll umherrannten und sich nicht zu helfen wußten. In der Nacht aber ließen die Wanzen keinen Menschen zur Ruhe kommen.
»Wer hat diesen Viechern die Nadeln eingesetzt?« riefen Müllerin und Bäckersfrau.
»Das kann niemand anders gewesen sein als ein Schneider!« meinte der Schuhmacher.
»Ist ja gar keiner da!« brummte der Zimmermann.
»Einen Schneider durfte ich ja auf des Herrgotts ausdrücklichen Befehl gar nicht hereinlassen!«
»Eben drum! Dann hat sich halt einer eingeschlichen, durchs Schlüsselloch wahrscheinlich!« sagte lachend der Bauer.

Also durchsuchten sie miteinander das ganze Schiff und fanden den Schneider endlich unterm Bett der Frau Zimmermeisterin, wo er sich in der dunkelsten Ecke hinter einem Spinngewebe verborgen hatte.

»Hinaus mit ihm! Hinaus mit ihm!« riefen alle, die schon von den Flöhen und Wanzen gezwickt oder von den Wespen und Bienen gestochen worden waren.

Und dann warfen sie den Sünder Hals über Kopf ins Wasser. O weh, wie der arme Schneider schrie und zappelte und schnappte! Er hätte elendiglich ersaufen müssen, wenn nicht zu seinem Glück eine langbeinige Wasserspinne gerade in der Nähe gewesen wäre.

»Du kommst wie gerufen!« sagte das Schneiderlein, schwang sich flink auf ihren Rücken und ritt nun auf ihr so lange auf dem Meer herum, bis die große Flut sich verlaufen hatte und die Erde wieder trocken geworden war.

Wäre der arme Schneider damals nicht gerettet worden, so müßten wir noch heutigen Tags ohne Kleider umhergehen. [Märchen aus Schwaben]

Hans Bohnenstange

Es war einmal eine arme Witwe. Mit ihrem einzigen Sohn, der Jack gerufen wurde, wohnte sie in einer Hütte. Jack war stark, gutmütig und geschickt, aber er ging nicht aus, um seinen Lebensunterhalt zu verdienen, sondern er blieb daheim und half seiner Mutter im Haus und im Garten. Er hackte Holz zum Anfeuern, grub das kleine Stück Acker um und molk die einzige Kuh, die sie besaßen. Die Witwe kochte, putzte und flickte die Kleider. Und obwohl sie arm waren, lebten sie doch zufrieden und hatten genug zu essen und zu trinken.
Einmal folgte auf einen kalten Frühling ein trockener Sommer. Das Gras auf den Wiesen wurde nicht grün, sondern verdorrte, und die Kuh gab keine Milch mehr. Jack und seine Mutter bekamen nun weder Milch noch Butter. Es wuchs auch kein Gemüse. Sie waren gezwungen, an ihre Ersparnisse zu gehen, und mit denen war's nicht weit her. »Jack«, sprach die Mutter eines Tages, »ich glaube, es ist besser, wenn wir die Kuh verkaufen. Sie geht ein, wenn sie kein frisches Gras mehr zu fressen bekommt, und wir brauchen Geld, damit wir uns etwas zu essen und zu trinken kaufen können.«
»Schon recht«, sprach Jack, »ich treibe sie auf den Markt und mit dem Geld, das ich für sie erlöse, werde ich Waren kaufen. Wir machen dann ein Geschäft auf. Wir können Teller, Krüge, Bänder, Zwirn und all die anderen Kleinigkeiten führen, die die Leute in der Nachbarschaft brauchen. Morgen ist Markttag. Gleich in der Frühe mache ich mich auf den Weg.«

»Schade, daß wir die Kuh hergeben müssen«, seufzte die Witwe, »aber es muß wohl sein. Versuche einen guten Preis für sie herauszuholen. Mindestens zehn oder zwölf Pfund sollten sie dir geben.«
»Auf keinen Fall weniger als fünfzehn«, sagte Jack, »und wundere dich nicht, wenn ich mit zwanzig zurückkomme.«
Am nächsten Morgen, nachdem er das Wenige an Frühstück gegessen hatte, das ihm die Mutter auftischen konnte, trieb Jack die Kuh über die Straße, die gewöhnlich voller Pfützen und Schlamm war, die nun aber so trocken und hart wie ein altgewordenes Biskuit war. Er brach sich an einer Hecke eine Gerte ab, und mit der versetzte er der Kuh ab und zu einen Hieb, um sie in Trab zu halten. Nach einer Weile kam er auf die Chaussee, und der folgte er in Richtung zum Marktflecken.
Er war noch nicht lange unterwegs, als er einen Mann traf, der gebückt ging und humpelte. Der schaute auf, als Jack mit der Kuh vorbeikam. Jack sah, daß der Mann helle, funkelnde Augen hatte.
»Guten Tag«, grüßte Jack, denn er war immer freundlich und höflich.
»Guten Tag, junger Mann«, antwortete der Wanderer. »Wo soll's denn hingehen an einem so schönen Tag?«
»Ich will auf den Markt und dort meine Kuh verkaufen«, sagte Jack.
»Ach, wirklich«, sagte der hinkende Mann, »da fragt es sich, was für ein Geschäft du dort machen wirst. Wollen sehen, ob du klüger bist, als du ausschaust. Kannst du mir sagen, wie es auf fünf Bohnen kommt?«
»Nun, das ist nicht schwer«, lachte Jack, der meinte, der Mann sei etwas einfältig. »Auf fünf Bohnen kommt es, wenn du zwei in deiner rechten Hand, zwei in deiner linken Hand und eine in deinem Mund hast.«
»Das stimmt. Und nun komm einmal her, mein Junge.«

Jack trat näher an den helläugigen Mann heran. Der griff in seine Jackentasche und zog fünf Bohnen hervor.
»Da wären sie«, sagte er. »Willst du sie im Tausch gegen die Kuh haben?«
»Was?« rief der Junge. »Fünf schäbige Bohnen für meine Kuh? Das wäre wirklich ein schlechtes Geschäft!«
»Sag das nicht«, antwortete der alte Mann, »das sind nämlich keine gewöhnlichen Bohnen. Steck sie in den Boden, und du wirst erleben, daß sie bis zum Himmel wachsen. Du siehst mir so aus, als würdest du gern das große Wunder sehen und Abenteuer erleben. Nun, daß die Bohnen bis in den Himmel wachsen... das ist doch ein Wunder, oder nicht?«
»Wie soll ich wissen«, fragte Jack, »ob es auch wirklich Zauberbohnen sind?«
»Ich mache dir einen Vorschlag«, sprach der Mann, »du nimmst die Bohnen und gibst mir die Kuh, und wenn die Bohnen nicht halten, was ich dir versprochen habe, kommst du morgen um dieselbe Zeit hier an diese Stelle, dann gebe ich dir deine Kuh zurück, und du gibst mir die Bohnen wieder. So kann dir doch gar nichts passieren.«
Jack hielt das für ein ehrliches Angebot, und ohne ein weiteres Wort nahm er die Bohnen und gab die Kuh dem Mann mit den hellen Augen. An die fünfzehn oder zwanzig Pfund, die er der Mutter heimzubringen versprochen hatte, dachte er überhaupt nicht mehr. Er hatte nur noch die wundervollen Bohnen im Sinn, die in den Himmel wachsen. Also zog der alte Mann mit der Kuh ab, und Jack ging mit den fünf Bohnen in der Hosentasche nach Hause.
Jacks Mutter war nicht wenig erstaunt, als sie ihren Sohn schon so rasch vom Markt zurückkommen sah.
»Nun«, rief sie aus, »Gott steh mir bei, wie ich sehe, hast du die Kuh verkauft und einen guten Preis scheinst du auch dafür bekommen zu haben, sonst wärest du wohl

nicht so schnell wieder da. Wieviel haben sie dir gegeben? Zehn? Fünfzehn? Oder gar zwanzig Pfund? Es war eine gute Kuh. Etwas mager vielleicht, aber...«
»Mutter«, unterbrach sie Jack, »ich habe für die Kuh überhaupt kein Geld bekommen. Überlegen wir einmal, Mutter: Geld kann für eine Kuh jeder kriegen. Das ist keine Kunst. Aber warte nur, bis du siehst, was ich für die Kuh eingetauscht habe. Da wirst du staunen.«
»Kein Geld«, rief die Witwe, »kein Geld! Du dummer Junge hast die Kuh für nichts und wieder nichts hergegeben!«
»Ach was«, sagte Jack, »schau her. Das habe ich dafür bekommen.«
Er griff in die Tasche und drückte der Mutter die fünf Bohnen in die Hand.
»Ist das alles?« kreischte sie und wollte ihren Augen nicht trauen. »Bohnen...! Du treibst eine Kuh auf den Markt und heim kommst du mit ein paar elenden, vertrockneten Bohnen!«
»Es sind keine gewöhnlichen Bohnen, Mutter«, sagte Jack, »es sind Zauberbohnen!«
Jacks Mutter war eine gutmütige Frau, aber jetzt wurde sie doch wütend.
»Was?« rief sie. »Du Tölpel, man hat dich übers Ohr gehauen, du armer Narr. Jetzt sind wir völlig ruiniert. Ich werde diese Schande nicht überleben! Diese Bohnen taugen nicht einmal dazu, daß man eine Suppe daraus kocht. Scher dich ins Bett, du Dummkopf. Strafe muß sein. Heute gibt es kein Essen.«
Und ohne daß Jack noch Gelegenheit gehabt hätte, ihr zu antworten, warf sie die Bohnen aus dem Fenster, stieß den Jungen die Treppe hinauf in die Schlafkammer und schlug die Tür zu.
Am Morgen war Jack erstaunt, als er sah, daß das Zimmer von einem blaßgrünen Licht erfüllt war. Zuerst glaubte er

zu träumen. Dann hörte er einen wohlbekannten Laut. Des Nachbars Hahn krähte, und der alte Hirtenhund auf dem Bauernhof gegenüber bellte. Jack schaute zum Fenster und sah, daß es draußen von dichtem grünen Blattwerk überwuchert war. Er schaute genauer hin und tatsächlich: es waren Bohnenblätter. Die Zauberbohnen! Was war mit ihnen geschehen?
Jack sprang aus dem Bett und rannte zum Fenster. Natürlich, seine Mutter hatte sie am Abend in den Garten geworfen. Über Nacht mußten sie gekeimt und aufgewachsen sein. Er stieß das Fenster auf. Vom Boden her stieg die Pflanze in Windungen wie eine Wendeltreppe nach oben. Und tatsächlich – die Bohnenpflanze wucherte hinauf bis in den Himmel. Ihre Spitze verlor sich in den Wolken.
Ohne weiter nachzudenken, stieg Jack auf das Fensterbrett und kletterte von dort auf den Bohnenbaum. Am Stamm klomm er höher und höher, bis die Hütte seiner Mutter winzig klein unter ihm lag. Der blaue Rauch kräuselte sich träge aus dem Schornstein hervor, und über der Gartenhecke lagen ein paar Wäschestücke zum Trocknen. Das war das letzte, was Jack von der Welt der Menschen sah, denn nun tauchte er ein in die Wolken.
Über den Wolken war herrlichster Sonnenschein. So weit Jack schauen konnte, verlief da eine breite weiße Straße. Er stieg von der Bohnenleiter und begann, die Straße entlangzuwandern. Kein Mensch, kein Tier, kein Haus waren zu sehen. Hin und wieder flog ein seltsamer Vogel vorbei. Sonst gab es keinerlei Anzeichen von Leben. Gerade, als es Jack durch den Sinn ging, die Straße habe wohl nirgends ein Ende, erkannte er in einiger Entfernung ein großes Haus, und als er näher kam, trat eine sehr große Frau vor die Tür mit einem Eimer in der Hand. Jack lief zu ihr hin und fragte sie geradeheraus, ob sie ihm etwas zum Frühstück geben könne.
»Mach, daß du fortkommst«, sagte die Frau zu ihm, »hier

wirst du kaum zu einem Frühstück kommen, sondern weit eher gefrühstückt werden. Mein Mann ist ein Ungeheuer, wild wie zehn Tiger, und er frißt nichts so gern wie kleine Jungen gegrillt auf Toast und mit einem Klacks Butter obendrauf.«
»Nun, gute Frau, das mag ja so sein«, sagte Jack, »aber ich sterbe vor Hunger, und daheim gibt's nichts für mich. Wenn Ihr für mich auch nur einen Bissen zum Frühstück habt, soll es mir nichts ausmachen, wenn ich hinterher selbst dran glauben muß.«
Die Frau des Ungeheuers war gar nicht so übel, wenn man bedenkt, wie sehr es eine Frau verbittern muß, solch ein Ungeheuer zum Manne zu haben.
Sie schaute hierhin und dorthin, um festzustellen, ob das Ungeheuer gerade komme. Dann stieß sie Jack ins Haus und gab ihm etwas Brot, Käse und einen Krug Milch. Kaum hatte Jack sein Frühstück verzehrt, da gab es einen schrecklichen Lärm, und das ganze Haus fing an zu wakkeln. Tup, tup, tap.
Das Ungeheuer war heimgekommen.
»Rasch!« rief die Frau Jack zu. »In die Backröhre mit dir. Dort wird er dich nicht suchen. Wenn er dich sieht, zerfetzt er dich zu zwei Handvoll oder höchstens zu drei.«
Also sprang Jack in den großen Ofen, und die Frau des Ungeheuers schlug die Tür hinter ihm zu. Das Ungeheuer kam in die Küche. Es trug drei tote Kälber am Gürtel, warf sie auf den Tisch und befahl seiner Frau, sie ihm zum Frühstück zu kochen. Jack hörte die Stimme des Ungeheuers durch die Backofentüre hindurch, obwohl diese aus Gußeisen war – und mit Griffen aus solidem Messing. Dies aber war es, was das Ungeheuer brüllte.

Fi, fa, fumm.
Jetzt wird's mir doch zu dumm.
Ich wittre Blut von einem Briten.

Sein Fleisch, das wird sogleich zerschnitten.
Die Knochen will ich ihm zerhacken,
Um frisches Brot daraus zu backen.

Ungeheuer haben eine feine Witterung, und so hatte es Jack tatsächlich erschnüffelt.
Aber die Frau sprach: »Dummes Zeug. Das ist noch der Geruch des letzten Knaben… der, den du gestern zum Abendessen verspeist hast. Setz dich hin und zieh deine schmutzigen Schuhe aus. Dein Frühstück habe ich mir nichts dir nichts fertig.«
Nun, das Ungeheuer zog also die Schuhe aus, und seine Frau kochte ihm die drei Kälber zum Frühstück, und nachdem es sich gestärkt hatte, trat das Ungeheuer an die mit Eisen beschlagene Kiste, die an der Wand stand, und holte drei Beutel voll Gold heraus. Es leerte sie auf dem Tisch aus und machte sich daran, die Goldstücke zu zählen. Aber das Ungeheuer hatte zuviel gegessen. Also wurde es schläfrig, und es fielen ihm die Augen zu.
Nach einer Weile begann es zu schnarchen, und Jack hörte das Geräusch durch die Backofentüre hindurch, obwohl sie aus Gußeisen war – und mit Griffen aus solidem Messing. Das Ungeheuer schnarchte wie zehn Gewitter im Gebirge an einem heißen Tag im August, wenn die Erde ausgedörrt ist und die Bachbetten voller Staub liegen. Da öffnete die Frau des Ungeheuers die Backofentüre und ließ Jack heraus.
»Am besten, du machst rasch, daß du weiterkommst«, flüsterte sie, »jetzt schläft er, aber der Himmel sei dir gnädig, wenn er aufwacht, ehe du fort bist.«
Jack sah die drei Beutel voller Goldstücke auf dem Tisch liegen, und als die Frau sich umwandte, griff er sie sich und rannte zur Tür hinaus, so schnell er konnte.
Mit den Beuteln in der Hand lief er über die breite weiße Straße, bis er zum Stamm des Bohnenbaumes kam. Er

drehte sich um. Niemand folgte ihm. So rasch er konnte, kletterte er am Baum abwärts. Und während er so kletterte, fielen ihm die Beutel mit den Goldstücken aus der Hand, und das Gold regnete genau in den Garten seiner Mutter.
»Gott steh mir bei«, rief sie aus, als sie all die Goldstücke auf dem kleinen Acker liegen sah, »ich bin doch nun schon eine ganze Weile auf der Welt, aber an einen Sommermorgen, an dem es Goldstücke regnet, kann ich mich nicht erinnern. Und junge Burschen regnet es auch...!« fügte sie hinzu, denn eben da sprang Jack vom Bohnenbaum.
»Nun, Mutter«, rief er, nahm sie in die Arme und tanzte mit ihr über das Zwiebelbeet, »was sagst du jetzt zu deinem Nichtsnutz von Sohn? Ich hoffe, die Goldstücke, die ich vom Himmel geholt habe, werden uns dazu verhelfen, daß Armut und Hunger nie wieder an unsere Tür klopfen.«
Die alte Frau mußte zugeben, daß ihr Junge doch klüger war, als sie gedacht hatte, obwohl sie ja eigentlich immer schon gesagt hatte, er sei weit klüger als die Söhne der meisten anderen Leute. Das Geschäft mit den Bohnen war nicht so übel gewesen. Wenngleich: hätte sie sie nicht aus dem Fenster geworfen und wären sie nicht auf ein Stück gute Erde gefallen, dann wären sie gewiß auch nicht bis in den Himmel gewachsen.
Sie lief jetzt rasch in die Stadt und kaufte für sich ein schwarzes Kleid, eine große Portion Schinken, ein Pony und eine Kutsche, vor die man das Pony spannen konnte, neues Geschirr, eine funkelnagelneue Axt, ein Taschenmesser und einige andere Dinge mehr, von denen sie sich sicher war, daß auch Jack sich darüber freuen würde.
Für einige Zeit lebten Mutter und Sohn nun glücklich und zufrieden von den Goldstücken, die Jack aus dem Haus des Ungeheuers mitgebracht hatte. Nie fehlte es an Fleisch oder an Wein, und viel Zeit verging damit, all die schönen

neuen Dinge, die sie sich so lange gewünscht hatten und die sie sich nun kaufen konnten, auch auszuprobieren und zu benutzen.

Aber auch drei Beutel voller Goldstücke reichen nicht ewig, und die Zeit kam, als Jack und seine Mutter wieder keinen Penny besaßen.

Jack wollte das Pony und die Kutsche nicht verkaufen. Statt dessen entschloß er sich, dem Haus des Ungeheuers einen zweiten Besuch abzustatten und zu schauen, ob dort nicht noch mehr zu holen wäre. Freilich war das nicht ungefährlich, denn höchstwahrscheinlich erinnerte sich die Frau des Ungeheuers noch an seinen ersten Besuch und an die Goldstücke, die er hatte mitgehen lassen. Aber Jack war keiner, den Gefahren abhalten konnten. Im Gegenteil, er liebte Gefahren und Abenteuer über alles, und in der Hütte seiner Mutter waren keine großen Abenteuer zu erleben.

Also stieg er eines schönen Morgens wiederum vom Fensterbrett auf den Bohnenbaum und kletterte aufwärts, bis er die breite weiße Straße erreichte. Und dort schritt er kräftig aus und kam vor dem Haus des Ungeheuers gerade an, als die Frau den Besen vor der Tür ausschüttelte.

»Einen guten Morgen, meine liebe Frau«, sagte Jack, »wie geht es Euch heute früh?«

»Es ging mir ganz gut, bis ich dich Nichtsnutz kommen sah«, sprach die Frau des Ungeheuers.

»Nun, wie wäre es mit einem Bissen zum Frühstück?«

»Als ich dir das letzte Mal einen Bissen zum Frühstück gab«, erwiderte sie, »sind danach drei Beutel voller Goldstücke unter meiner Nase verschwunden.«

»Was Ihr nicht sagt«, rief Jack im Tonfall größten Erstaunens. »Wie ist das nur passiert?«

»Darüber weißt du wohl mehr als ich«, sagte die Frau des Ungeheuers.

»Das kann schon sein«, erwiderte Jack, »gebt mir erst etwas zu essen, dann will ich Euch erzählen, was ich weiß.«

Die Frau des Ungeheuers war sehr neugierig, was aus den Beuteln voller Goldstücken geworden sei. Also war sie bereit, Jack ein Frühstück zu geben, und führte ihn in die Küche. Dort stellte sie Brot, Käse und einen Krug voller Milch vor ihn hin.

Als Jack mit der Mahlzeit fertig war, gab es einen fürchterlichen Lärm, und das ganze Haus fing an zu wackeln. Tup, tup, tap. Es war das Ungeheuer, das zum Frühstück heimkam.

»In die Backröhre mit dir«, rief die Frau des Ungeheuers, packte Jack am Kragen, schob ihn in das Versteck und schlug die Tür hinter ihm zu.

Da kam auch schon das Ungeheuer in die Küche. Zwei Ochsen hingen an seinem Gürtel.

»Hier, Weib«, rief es und warf das Fleisch auf den Tisch, »koch mir das zum Frühstück. Aber was riech ich denn da:

>Fi, fo, fumm.
Jetzt wird's mir doch zu dumm.
Ich witt're Blut von einem Briten.
Sein Fleisch, das wird sogleich zerschnitten.
Die Knochen will ich ihm zerhacken,
Um frisches Brot daraus zu backen.<

»Dummes Zeug«, sagte sein Weib, »es riecht noch nach dem Essen von gestern abend. Da hab ich dir zwei fette Knaben auf Toast serviert. Setz dich und ruh dich aus, und ich werde dir dein Frühstück richten.«

Nach dem Frühstück sagte das Ungeheuer zu seiner Frau: »Bring mir die Henne, die goldene Eier legt.«

Die Frau ging hinaus und kam mit einer schönen, grauweiß gesprenkelten Henne wieder. Das Ungeheuer hob die Henne auf den Tisch und befahl dem Tier: »Los, leg ein Ei!«

Augenblicklich legte die Henne ein Ei aus purem Gold, das das Ungeheuer in die Tasche steckte.
Danach wurde es wieder schläfrig. Sein Kopf sank auf die Platte des Küchentisches, und bald hörte man es laut schnarchen. Das Geräusch war lauter als das von zwanzig Gewittern und ängstigte Jack sehr, obwohl er ja immer noch in der Backröhre saß.
Sobald ihr Mann eingeschlafen war, ließ die Frau Jack heraus, denn sie wollte in Erfahrung bringen, was mit den Beuteln voller Goldstücke geworden sei.
Jack sah die Henne auf dem Tisch stehen und daneben lagen noch weitere goldene Eier, die sie inzwischen gelegt hatte. Da dachte er, es wäre nicht übel, ein solches Tier zu besitzen. Also sprach er zu dem Weib des Ungeheuers: »Seid so gut und holt mir einen Krug mit frischem Wasser vom Brunnen im Hof. Die Luft in der Backröhre war so trocken. Ich bin durstig geworden. Ich muß mir erst einmal die Kehle anfeuchten, ehe ich Euch die Geschichte von den drei Beuteln voll Goldstücken erzählen kann.«
Kaum aber war sie aus der Küche in den Hof gegangen, da packte Jack das Huhn und rannte auf die Straße hinaus. Das Huhn gackerte. Davon erwachte das Ungeheuer, griff sich seine große Keule und machte sich daran, Jack zu verfolgen.
Die Frau des Ungeheuers war im Hinterhof, und als sie wieder ins Haus kam, waren ihr Mann und Jack verschwunden.
Jack rannte auf der Straße dahin... so schnell wie der Wind. Aber das Ungeheuer hatte längere Beine. Es war aber gerade erst aufgewacht, und das reichliche Frühstück lag ihm noch schwer im Magen.
Das Ungeheuer schwang seine Keule und verfluchte Jack in allen Sprachen, aber gerade das ließ Jack noch schneller rennen.
Das Ungeheuer holte auf. Es war nur noch ein paar

Schritte hinter Jack. Die fürchterliche Keule sauste um Haaresbreite an Jacks Kopf vorbei. Da geschah etwas, was Jack das Leben rettete. Eine große Wolke, größer als all die anderen, rollte heran und hüllte die Straße in dichten Nebel. Jack stolperte. Er stürzte in den Straßengraben, und dort blieb er liegen, während das Ungeheuer fluchend weiterhastete.

Ein paar Minuten später kam es wieder zurück, aber Jack hörte, wie es nun zu sich selbst sagte, jetzt habe es lange genug gesucht, jetzt gehe es heim.

Sobald das Ungeheuer fort war, rappelte sich Jack auf. In wenigen Minuten war er am Bohnenbaum und kletterte, die Henne unter dem Arm, abwärts.

Immer weiter stieg er hinab, bis er aus den Wolken herauskam und seine Mutter unten im Garten erkennen konnte, die gerade dabei war, Unkraut zu jäten.

»Hier«, rief er, als er noch ganz außer Atem, die Henne unter dem Arm, geradewegs vor ihren Füßen landete, »was sagst du dazu?«

»Der Herr erbarme sich«, sagte die Mutter, »was schleppt der Junge diesmal wieder an!«

Sie folgte Jack in die Hütte. Er schloß die Tür zu, um sicher zu sein, daß ihm die Henne nicht entkommen könne. Dann befahl er dem Tier Eier zu legen. Die Henne hockte sich hin, gackerte und im Augenblick legte sie ein goldenes Ei. Die Witwe war abermals sehr erstaunt über ihren schlauen Sohn. Sie sperrte die Henne in den Hühnerstall, band sich ein Tuch um den Kopf und war schon unterwegs in die Stadt, um das goldene Ei gegen Geld einzutauschen und dann alles zu kaufen, wonach ihr Herz begehrte.

Reich waren sie nun auf ewige Zeiten, denn mit dem Huhn, das goldene Eier legt, verhält es sich so, daß es nie in den Kochtopf wandern muß.

Nach einiger Zeit aber gelüstete es Jack nach einem neuen Abenteuer. Er beschloß, noch einmal das Haus des Unge-

heuers zu besuchen. Angst hatte er keine mehr. Er wußte wohl, daß es gefährlich werden konnte, aber irgendwie würde er schon wieder seinen Kopf aus der Schlinge ziehen.
Also kletterte er am Bohnenbaum höher und höher und lief dann auf der breiten weißen Straße dahin. Die Sonne schien, und er fühlte sich lustig und leicht. Natürlich stand die Frau des Ungeheuers wieder vor der Tür, aber diesmal wartete Jack, bis sie verschwunden war. Er schlich sich zur Tür, schaute vorsichtig ins Haus. Niemand war zu sehen. Die Frau mußte wohl gerade auf dem Hinterhof etwas zu tun haben.
Jack schlüpfte in die Küche und sah sich nach einem Versteck um. In der Backröhre war es zu heiß. Da konnte er nicht hinein. Er hob den Deckel eines Kupferkessels hoch. Dort war genug Platz. Schwupp, stieg er hinein und zog den Deckel hinter sich zu. Eben in diesem Augenblick betrat die Frau die Küche, und nach ein paar Minuten, tramp, tramp, tramp, stiefelte das Ungeheuer selbst ins Haus und verlangte nach seinem Frühstück:

>Fi, fo, fumm.
>Das ist mir doch zu dumm...,
begann es in drohendem Tonfall zu brüllen:
>Ich witt're Blut von einem Briten.
>Sein Fleisch, das wird sogleich zerschnitten.
>Die Knochen will ich ihm zerhacken,
>Um frisches Brot daraus zu backen.

Diesmal sagte die Frau nicht »Unsinn!« Sie sagte: »Vielleicht hast du recht, mein lieber Mann, ich meine auch so etwas zu riechen!«
Sofort ging sie zur Backröhre und öffnete sie. Drinnen brutzelten drei ganze Schafe, die als Frühstück für das Ungeheuer bestimmt waren, aber Jack war da nicht. Sie nahm die Schafe heraus und stellte sie auf den Tisch, und das

Ungeheuer begann zu essen. Dann schaute sie sich weiter um. Unter die Stühle schaute sie, in den Küchenschrank, sogar in die große Truhe, wo das Ungeheuer seine Geldbeutel aufbewahrte.

»Ich rieche einen Knaben«, sagte das Ungeheuer, »mmhm... zartes Fleisch!«

»Wenn ich nur wüßte«, sagte die Frau, »ob es dieser Teufelsbraten von Junge war, der uns das Huhn gestohlen hat. Würde ich ihn erwischen, ich drehte ihm mit eigener Hand den Hals um.«

Sie fuhren fort zu suchen, aber in den Kupferkessel schauten sie nicht.

»Nirgends zu finden«, sagte schließlich die Frau des Ungeheuers.

»Ich könnte schwören, daß er hier ist«, sagte das Ungeheuer.

Es war nun mit seinem Frühstück fertig und fühlte sich schläfrig. Also setzte es sich in den Schaukelstuhl und rief nach seiner Zauberharfe. Die Frau brachte sie ihm.

»Sing, Harfe, sing«, befahl das Ungeheuer, und sofort fing die Harfe von selbst an, die seltsamsten und schönsten Lieder zu spielen – bis das Ungeheuer endlich einschlief und Jack in seinem Kessel das Donnern seines Schnarchens hörte. Er schaute hervor und sah, daß die Frau des Ungeheuers aus der Küche gegangen war. Da sprang er aus dem Kessel, griff sich die Zauberharfe und rannte aus dem Haus.

Als er das Instrument aber berührte, gab es einen hellen Ton von sich. Davon wachte das Ungeheuer auf, griff sich seine Keule und stürzte dem Jungen hinterdrein.

Glücklicherweise stolperte es auf der Türschwelle und fiel hin. Es fluchte, rieb sich seine Knie, nahm die Keule wieder auf, die ihm aus der Hand gefallen war, und rannte Jack nach.

Diesmal kam kein Nebel zu Hilfe. Jedesmal, wenn er sich

umschaute, war das Ungeheuer etwas näher herangekommen.

Gerade noch rechtzeitig erreichte Jack den Bohnenbaum. Sofort begann er abwärts zu klettern. Er hatte jetzt schon Übung darin, und so ging es ganz rasch. Als er aber die Hälfte des Weges zurückgelegt hatte, schwankte plötzlich der Bohnenbaum. Jack wußte, was das zu bedeuten hatte. Das Ungeheuer verfolgte ihn auf dem Baum abwärts.

Als sich Jack nun dem Boden näherte, rief er seiner Mutter zu: »Rasch. Hol mir eine Axt!«

Gerade als er vom Geäst des Bohnenbaumes herabsprang, kam die Mutter mit der Axt aus der Hütte. Plötzlich fiel ein großer Schatten über den ganzen Garten. Jack schwang die Axt und hieb damit auf den Stamm ein, um den Baum zu fällen. Sicher und genau trafen die Schläge. Der mächtige Bohnenbaum neigte sich zur Seite. Er ächzte und krachte. Noch ein Axthieb, und Jack hatte den Stamm knapp über dem Boden durchgeschlagen.

Donnernd stürzte der Baum nieder und mit ihm das Ungeheuer. Es brach sich das Genick und war auf der Stelle tot. Dort aber, wo es herabgestürzt war, war ein großes Loch im Boden entstanden. Drei Tage brauchte Jack, bis er es zugeschaufelt hatte.

Das war das Ende des Bohnenbaumes und das Ende des Ungeheuers. Was dessen Weib und das große Haus betraf, so hat man seither nichts mehr davon gehört. Aber man kann sicher sein, daß das Haus noch am Ende der breiten weißen Straße über den Wolken steht. Wenn jemand dort hinkommt, kann er ja einmal nachsehen.

Immer, wenn nun der Wind blies, sagte Jack zu seiner Mutter, das sei wohl die Frau des Ungeheuers, die um ihren Mann klagt. Aber das muß man nicht glauben. Die Wahrheit ist vielmehr: Frauen von Ungeheuern verlieren nach deren Tod nicht viel Zeit, sich einen neuen Ehemann zu suchen.

Jack und seine Mutter aber lebten glücklich in ihrer Hütte. Wann immer sie Geld brauchten, befahlen sie der Henne, goldene Eier zu legen. Und wenn es ihnen zu langweilig wurde, sagten sie zu der Zauberharfe, sie solle ihnen etwas vorspielen. Das Instrument aber spielte dann so schöne und seltsame Lieder, daß Gäste von nah und fern kamen, um zuzuhören, und jeder der Gäste soll von Jack zum Abschied ein goldenes Ei geschenkt bekommen haben. Aber um zu wissen, ob das wahr ist oder nicht, müßte man selbst in seiner Hütte gewesen sein, aber das war ich nicht. Und wär' ich's gewesen, so stünde ich gewiß jetzt nicht hier vor euch und müßte mir mein Geld mit Märchenerzählen verdienen.

[Englisches Märchen]

Die Geschichte von Caterina und ihrem Schicksal

Es war einmal ein Kaufmann, der war über alle Maßen reich und hatte solche Schätze, wie sie nicht einmal der König hatte. In seinem Zimmer, wo er Audienz gab, standen drei wunderschöne Stühle, der eine war von Silber, der zweite von Gold, der dritte von Diamanten. Dieser Kaufmann hatte eine einzige Tochter, die hieß Caterina und war schöner als die Sonne.
Eines Tages saß Caterina in ihrem Zimmer. Auf einmal sprang die Türe ganz von selbst auf, und es trat eine schöne, hohe Frau herein, die hielt in ihren Händen ein Rad. »Caterina«, sprach sie, »wann willst du lieber dein Leben genießen, in der Jugend oder im Alter?« Caterina schaute sie ganz verwundert an, und wußte sich nicht zu fassen, und die schöne Frau frug noch einmal: »Caterina, wann willst du lieber dein Leben genießen, in der Jugend oder im Alter?« Da dachte Caterina: Wenn ich sage, in der Jugend, so werde ich dafür im Alter leiden müssen. Deshalb will ich lieber im Alter mein Leben genießen, und in der Jugend gehe es mir nach dem Willen Gottes. Also antwortete sie: »Im Alter!«
»Dir geschehe, wie du gewünscht hast«, sprach die schöne Frau, drehte einmal ihr Rad, und verschwand. Diese hohe, schöne Frau aber war das Schicksal der armen Caterina.
Nach einigen Tagen bekam ihr Vater plötzlich die Nachricht, einige von seinen Schiffen seien in einem Sturme gescheitert; wieder nach einigen Tagen erfuhr er, noch mehrere von seinen Schiffen seien untergegangen, und um es kurz zu fassen, es war kaum ein Monat verflossen, so sah

er sich aller seiner Reichtümer beraubt. Er mußte alles verkaufen, was er hatte, aber auch das verlor er, bis er endlich ganz arm und elend blieb. Aus Kummer darüber erkrankte er und starb.
So blieb denn die arme Caterina ganz allein in der Welt zurück, ohne einen Grano, ohne jemanden zu haben, der sie hätte zu sich nehmen wollen. Da dachte sie: »Ich will in eine andere Stadt gehen und mir dort einen Dienst suchen.« Sie machte sich auf und wanderte, bis sie in eine andere Stadt kam. Wie sie durch die Straßen ging, stand eben eine vornehme Frau am Fenster, die frug sie: »Wohin gehest du so allein, du schönes Mädchen?«
»Ach, edle Frau, ich bin ein armes Mädchen und möchte gern in Dienst treten, um mir mein Brot zu verdienen. Könnet Ihr mich nicht brauchen?« Da nahm die vornehme Frau sie zu sich, und Caterina diente ihr treu.
Nach einigen Tagen sprach eines Abends die Frau: »Caterina, ich muß einen Ausgang machen und werde die Haustür zuschließen.«
»Gut«, sprach Caterina, und als ihre Herrin fort war, nahm sie ihre Arbeit, setzte sich hin und nähte. Plötzlich ging die Türe auf, und ihr Schicksal trat herein. »So?« rief dasselbe, »hier bist du, Caterina? Und meinst nun wohl, ich solle dich in Ruhe lassen?« Mit diesen Worten lief das Schicksal an alle Schränke, riß die Wäsche und die Kleider von Caterinas Herrin heraus und riß alles in tausend Stücke. Caterina aber dachte: »Ach, weh mir, wenn meine Herrin wiederkommt und alles in diesem Zustand findet, so bringt sie mich gewiß um.« Und in ihrer Angst brach sie die Türe auf und entfloh. Das Schicksal aber sammelte alle die zerrissenen und zerstörten Sachen, machte sie ganz und legte alles an seinen Platz. Als nun die Herrin nach Hause kam, rief sie nach Caterina, aber Caterina war nirgends zu sehen: »Sollte sie mich wohl bestohlen haben?« dachte sie, aber als sie nachsah, fehlte von ihren Sachen nichts. Sie verwunderte sich sehr,

aber Caterina kam nicht zurück, sondern lief immer weiter, bis sie endlich in eine andere Stadt kam.

Als sie nun durch die Straßen ging, stand wieder eine Frau am Fenster und frug sie: »Wohin gehest du so allein, du schönes Mädchen?«

»Ach, edle Frau, ich bin ein armes Mädchen und möchte gern einen Dienst annehmen, um mein Brot zu verdienen, könnet Ihr mich nicht brauchen?« Da nahm sie die Frau in ihren Dienst, und Caterina diente ihr und meinte nun, in Ruhe bleiben zu können. Es währte aber nur einige Tage; als eines Abends ihre Herrin ausgegangen war, erschien das Schicksal wieder und fuhr sie mit harten Worten an: »So, hier bist du jetzt? Und meinst du wohl, du könnest mir entgehen?« Damit zerriß und zerstörte das Schicksal alles, was es fand, so daß die arme Caterina in ihrer Herzensangst wieder entfloh.

Um es kurz zu sagen, dieses schreckliche Leben führte die arme Caterina sieben Jahre lang, lief aus einer Stadt in die andere und versuchte es überall, einen Dienst anzunehmen. Nach wenigen Tagen aber erschien immer das Schicksal, zerriß und zerstörte die Sachen ihrer Herrschaft, und das arme Mädchen mußte fliehen. Wenn sie jedoch das Haus verlassen hatte, machte das Schicksal alles wieder ganz und legte es an seinen Platz.

Nach sieben Jahren endlich schien das Schicksal müde zu werden, die unglückliche Caterina immer zu verfolgen. Eines Tages kam Caterina wieder in eine Stadt und sah eine Frau am Fenster, die frug sie: »Wohin gehest du so allein, du schönes Mädchen?«

»Ach, edle Frau, ich bin ein armes Mädchen und möchte gerne einen Dienst annehmen, um mein Brot zu verdienen. Könnet Ihr mich nicht brauchen?« Da antwortete die Frau: »Ich will dich gern zu mir nehmen, du mußt mir aber täglich einen Dienst leisten, und ich weiß nicht, ob du die Kraft dazu hast.«

»Sagt mir, was es ist«, sprach Caterina, »und wenn ich es kann, will ich es tun.«
»Siehst du jenen hohen Berg?« sprach die Frau. »Auf den mußt du jeden Morgen ein großes Brett mit frischgebackenem Brot tragen und mußt oben mit lauter Stimme rufen: ›O Schicksal meiner Herrin! O Schicksal meiner Herrin! O Schicksal meiner Herrin!‹ Dreimal! Dann wird mein Schicksal erscheinen und das Brot in Empfang nehmen.«
»Das will ich gerne tun«, sprach Caterina, und die Frau nahm sie zu sich.
Nun blieb Caterina lange Jahre bei dieser Frau, und jeden Morgen nahm sie ein Tragbrett mit frischgebackenem Brot und trug es den Berg hinauf, und wenn sie dreimal gerufen hatte: »O Schicksal meiner Herrin!« erschien eine schöne, hohe Frau und nahm das Brot in Empfang. Caterina aber weinte oft, wenn sie dachte, daß sie, die so reich gewesen war, nun wie eine arme Magd dienen mußte.
Da sprach eines Tages ihre Herrin zu ihr: »Caterina, warum weinst du soviel?« Da erzählte Caterina, wie schlecht es ihr ergangen sei, und ihre Herrin sprach: »Weißt du was, Caterina? Wenn du morgen das Brot auf den Berg trägst, so bitte mein Schicksal, daß es dein Schicksal zu bewegen suche, dich nun in Ruhe zu lassen. Vielleicht hilft das.« Dieser Rat gefiel der armen Caterina, und am nächsten Morgen, als sie dem Schicksal ihrer Herrin das Brot gebracht hatte, klagte sie demselben ihre Not und sprach: »O Schicksal meiner Herrin! Bittet doch mein Schicksal, daß es mich nun nicht mehr verfolge.« Da antwortete des Schicksal: »Ach, du armes Mädchen, dein Schicksal ist eben mit sieben Decken bedeckt, deshalb kann es dich nicht hören. Wenn du aber morgen kommst, so will ich dich zu ihm hinführen.« Als nun Caterina nach Hause gegangen war, ging das Schicksal ihrer Herrin zu dem Schicksal des Mädchens und sprach: »Liebe Schwester, warum wirst du nicht müde, die arme Caterina leiden

zu lassen? Lasse sie nun auch wieder glückliche Tage sehen.« Da antwortete das Schicksal: »Führe sie morgen zu mir, so will ich ihr etwas schenken, das soll ihr aus aller Not helfen.«
Als nun Caterina am nächsten Morgen das Brot brachte, führte das Schicksal ihrer Herrin sie zu ihrem eigenen Schicksal, das war mit sieben Decken bedeckt. Das Schicksal aber gab ihr ein Stränglein Seide und sprach zu ihr: »Verwahre es wohl, es wird dir nützen.« Da ging Caterina nach Hause, und sprach zu ihrer Herrin: »Da hat mir mein Schicksal ein Stränglein Seide geschenkt, was ich wohl damit tun soll? Es ist ja keine drei Grani wert.«
»Nun«, sagte die Herrin, »verwahre es nur, wer weiß wozu es nützen kann.«
Nun begab es sich nach einiger Zeit, daß der junge König heiraten sollte und sich deshalb königliche Kleider anfertigen ließ. Als der Schneider nun ein schönes Gewand nähen sollte, war nirgends Seide von derselben Farbe zu finden. Da ließ der König im ganzen Land verkünden, wer solche Seide habe, solle sie an den Hof bringen, sie werde ihm gut bezahlt werden. »Caterina«, sprach die Herrin, »dein Stränglein Seide ist ja von dieser Farbe; bringe es doch zum König, daß er dir ein schönes Geschenk mache.« Da legte Caterina ihre besten Kleider an und ging an den Hof, und als sie vor den König trat, war sie so schön, daß er seine Augen nicht von ihr wenden konnte. »Königliche Majestät«, sprach sie, »ich habe Euch ein Stränglein Seide gebracht, von jener Farbe, die Ihr nicht finden konntet.«
»Wißt Ihr was, Königliche Majestät«, rief einer der Minister, »wir wollen dem Mädchen die Seide mit Gold aufwiegen.« Der König war es zufrieden, und es wurde eine Waage gebracht; auf die eine Seite legte der König die Seide, auf die andere ein Goldstück. Nun denkt euch aber, was geschah; so viele Goldstücke der König auch auf die Waage legen mochte, die Seide war doch immer schwerer.

Da ließ der König eine größere Waage holen, und alle seine Schätze auf die eine Schale legen, aber die Seide wog immer noch schwerer. Da nahm der König endlich seine goldene Krone vom Haupt und legte sie zu all den anderen Schätzen, und siehe da, nun ging die Waagschale mit dem Golde hinunter und wog genau ebensoviel wie die Seide.
»Woher hast du diese Seide?« frug der König.
»Königliche Majestät, ich habe sie von meiner Herrin geschenkt bekommen«, antwortete Caterina.
»Nein, das ist nicht möglich«, rief der König, »und wenn du mir nicht die Wahrheit sagst, so lasse ich dir den Kopf abschneiden.« Da erzählte Caterina alles, wie es ihr ergangen, seit der Zeit, da sie ein reiches Mädchen gewesen war. Am Hofe aber lebte eine weise Frau, die sprach: »Caterina, du hast viel gelitten, doch nun wirst du auch glückliche Zeiten sehen, und daß erst die goldene Krone die Waage ins Gleichgewicht brachte, ist ein Zeichen, daß du eine Königin sein wirst.«
»Soll sie eine Königin sein«, rief der König, »so will ich sie dazu machen, denn Caterina und keine andere soll meine Gemahlin sein.«
Und so geschah es auch; der König ließ seiner Braut sagen, nun wolle er sie nicht mehr und heiratete die schöne Caterina. Und nachdem Caterina in ihrer Jugend soviel gelitten hatte, genoß sie nun ihr Alter in lauter Glückseligkeit, und blieb glücklich und zufrieden, wir aber haben das Nachsehen.

[Sizilianisches Märchen]

Der Huldrekönig auf Selö

Eines Sommers waren einige Leute, wie sie zu tun pflegten, zum Fischen auf Selö im Reydarfjord. Und es traf sich, als der getrocknete Fisch ans Land gebracht wurde, daß ein großer Teil der Fische des Pfarrers von Holme in der Fischbude zurückblieb. Das Wetter verschlechterte sich in dem Maße, daß man an die Fische nicht herankonnte, bis im Herbst wieder gutes Seewetter wurde. Da zogen sie hinaus, um sie zu holen und begannen sofort, die Fische aus der Hütte ins Boot zu tragen. Die Bootsleute sagten, sie würden gern nach der anderen Seite der Insel gehen, um nachzusehen, ob etwas ans Land getrieben sei. Einer von ihnen erklärte sich bereit zu gehen, während die anderen die Fische hinuntertrugen. Er ging also, und die anderen trugen die Beute in das Boot. Plötzlich stieg das Wasser so gewaltig, daß es ihnen nur mit knapper Not gelang, die Fische in das Boot zu schleppen. Sie schifften sich alle ein und warteten eine Weile auf den Abwesenden; als er aber kam, war es der Brandung wegen unmöglich, ihn ins Boot zu ziehen; da riefen sie ihm zu, daß er nun dableiben müsse, sie würden ihn aber am nächsten Tag holen, wenn Seewetter wäre. Sie glaubten wohl, daß es am besten sei, an ihr eigenes Leben zu denken, und steuerten dem Lande zu; er aber blieb hilflos zurück.
Es stellten sich Tauschnee und Windstille ein, und der Mann ging deshalb nach der Fischerhütte, ohne einen Ausweg zu wissen, und dort blieb er bis zum Abend. Da begann er zu verzweifeln und dachte, es läge ihm näher, sich das Leben zu nehmen, als dort Hungers zu sterben,

und er lief aus der Hütte hinaus. Da entdeckte er einen freundlichen Stern; er glaubte aber, daß es in dieser wolkenschwarzen Nacht kein Himmelsstern sein könnte, und als er anfing, genauer hinzusehen, schien er ihm einem Licht in einem Fenster zu ähneln. Er lief eine kleine Weile, bis er an ein Haus kam, das so prächtig war, daß es einer Königshalle glich. Er hörte, wie drinnen gesagt wurde: »Ja, Mädchen, kein andrer als der unglückliche Mensch, der heute auf der Insel zurückgelassen worden ist, ist an das Haus gekommen; gehe hinaus und hole ihn; denn ich will nicht, daß er vor meiner Tür stirbt.«
In demselben Augenblick trat ein junges Mädchen zu ihm; sie führte ihn hinein und sagte ihm, daß er seine Schneekleider ablegen solle. Dann führte sie ihn eine sehr hohe Treppe hinauf, in einen sehr schönen Saal, der mit Gold und Edelgestein geschmückt war. Da sah er viele Frauen, und eine unter ihnen war die schönste von allen. Er begrüßte sie mit Anstand, und sie erwiderten seinen Gruß. Da erhob sich die schöne Jungfrau und geleitete ihn in eine kleine, aber hübsche Kammer, setzte ihm Wein und Nahrung vor und ging dann wieder fort. Es wird nicht erzählt, wo ihm abends sein Schlaflager angewiesen wurde. Die Nacht verging also; aber am nächsten Morgen kam die Jungfrau zu ihm und sagte, daß sie nicht zu seinem Vergnügen dort bleiben dürfe, gab ihm aber sonst alles, was zu seinem Zeitvertreib dienen konnte.
So verging der Winter bis Weihnachten. Am Heiligabend kam die schöne Jungfrau zu ihm und sagte, wenn er glaube, daß sie ihm etwas Gutes erwiesen hätte, dann müßte er ihr eine Bitte gewähren und sie ihr nicht abschlagen, nämlich daß er, wenn am nächsten Tage eine Tanzbelustigung abgehalten würde und ihr Vater sie rufen ließe, um sich das Spiel anzusehen, nicht neugierig sein und zum Fenster hinaussehen dürfe; denn sie würde ihm genug bringen, damit er sich hier drin zerstreuen könne. Er ver-

sprach ihr, daß er nicht neugierig sein würde. Am ersten Feiertag morgens brachte sie ihm Wein und was sonst zu seiner Nahrung dienen konnte, bot ihm Lebewohl und ging ihres Weges.
Aber gleich darauf hörte er Gesang und Saitenspiel. Da dachte er bei sich, was für eine große Freude dort wohl herrsche, und daß es gewiß nichts schaden könnte, wenn er einen Augenblick hinauslugte; es brauchte ja niemand zu sehen.
Da kletterte er in die Höhe, um den Tanz sehen zu können, und als er hinausblickte, sah er eine große Menge Menschen; einige tanzten, andere führten allerlei Saitenspiel aus, und mitten im Gedränge sah er einen königlichen Mann sitzen, eine Krone auf dem Haupt und eine Frau zu jeder Seite. Er dachte, das müßten die Königin und die Tochter des Königs sein; diese aber erkannte er wieder. Er wagte nun nicht länger hinauszusehen und ging vom Fenster fort. Der Tanz dauerte bis zum Abend.
Als die Jungfrau aber dann zu ihm hereinkam, war sie wider ihre Gewohnheit schweigsam; jedoch sagte sie ihm, daß er sein Versprechen, nicht hinauszusehen, schlecht gehalten habe, obgleich sie es so habe einrichten können, daß ihr Vater es diesmal nicht gemerkt habe.
Es ging nun auf Neujahr, ohne daß etwas geschah.
In der Silvesternacht kam die Jungfrau zu ihm und sagte, daß sie am nächsten Tag mit ihrem Vater hinginge, um sich den Tanz anzusehen, und daß er ihr gegenüber sein Wort besser halten müßte, als er es zu Weihnachten getan habe, und nicht neugierig sein dürfe. Er versprach nun bei allem, was ihm heilig war, daß er diesmal nicht hinausblicken würde. Sie brachte ihm wieder Wein und Nahrung und allerlei Zeitvertreib und ging fort.
Als es aber Morgen geworden war, hörte er noch mehr Lärm und Freude draußen als zu Weihnachten. Da sagte er sich, daß er jetzt nicht hinaussehen wolle, denn es wäre ja

dasselbe wie zu Weihnachten, und viel verstrich vom Tage, während er ruhig dasaß. Da begann ihn aber die Neugierde zu quälen – so gar nichts von der großen Freude zu erfahren, und er spähte hinaus und sah, daß der Tanz viel reizvoller als das vorige Mal war, denn es tanzten viele strahlende Ritter vor der Königin und dem König. Da zog er sich eiligst vom Fenster zurück, sah aber, daß niemand das Auge nach seinem Fenster wandte, und so ging es bis zum Abend. Als die Jungfrau aber am Abend zu ihm kam, war sie aufgebracht und machte ihm Vorwürfe, daß er sie abermals getäuscht hätte. Trotzdem trübte dies das Verhältnis zwischen ihnen nicht; denn sie war ihm genau so gut wie vordem.

Der Winter verstrich, und so ging es auf Ostern. Am Osterheiligabend kam die Jungfrau zu ihm, sprach ihn freundlich an und bat ihn, am nächsten Tag ja nicht neugierig zu sein, auch wenn er hören sollte, daß die Freude groß wäre; denn wenn ihr Vater merke, daß sie ein männliches Wesen bei sich hätte, dann würde es sie das Leben kosten. Am Ostermorgen kam sie zu ihm und brachte ihm alles, was er sich nur hätte wünschen können, bot ihm Lebewohl und verließ ihn dann. Die Belustigung begann wieder wie zuvor. Aber als der Tag verging, begann die Einsamkeit ihn zu langweilen, und er ging aus seiner Kammer in die danebenliegende hinein; denn er dachte, die Jungfrau würde es nicht merken, wenn er von dort aus hinauslugte. Einen Augenblick spähte er hinaus und sah dasselbe wie zu Neujahr. Dann ging er in seine Kammer und blieb dort, bis die Jungfrau abends hereinkam. Da war sie unwillig gegen ihn und sagte, daß er sie heute im Stich gelassen hätte wie das vorige Mal; sie wüßte nicht, ob ihr Vater Wind von seinem Aufenthalt bekommen hätte, aber kühler wäre er gegen sie gewesen, als er zu sein pflegte; sie hätte nicht erwartet, daß er ihr so untreu sein würde, und er werde es wohl später in anderen Dingen auch sein.

Der Frühling näherte sich, und am letzten Winterabend kam die Jungfrau zu ihm und sagte, daß morgen der erste Sommertag wäre, und daß dann Leute vom Festland kämen, um ihn zu holen, weshalb er in der Frühe nach der Fischerhütte gehen sollte; aber um eins wollte sie ihn bitten, wenn er Wert darauf lege, daß sie ihm das Leben während des Winters erhalten hätte; und das sei, daß er das Kind anerkennen solle, das sie jetzt durch ihn erwarte; denn es gälte ihr Leben, und wenn sie den Vater nicht angeben könne, dann würde ihr Vater sie töten. Aber wenn sie den Vater nennen könne, dann würde er sie nicht töten, und sie bitte ihn nun um weiter nichts, als daß er sich ihr gegenüber in dieser Angelegenheit treu erweisen solle. Das versprach er ihr, und er sagte, es werde nie geschehen, daß er leugne, der Vater des Kindes zu sein. Es koste ihn ja nichts, da er keine Ungelegenheit davon hätte.
Er sagte ihr dann Lebewohl und dankte ihr für alle ihre Wohltaten gegen ihn während des Winters, und früh am nächsten Morgen machte er sich auf den Weg, und als er ein kleines Stück gegangen war, wollte er sich nach der Halle umsehen, aber er sah weiter nichts als steinige Hügel und Felsen am südlichen Teil der Insel; dann ging er nach der Fischerhütte.
An diesem Tag war mildes Wetter und die See ruhig, und als der Tag etwas verstrichen war, sah er ein Boot vom Lande herkommen; als die Bootsleute aber an die Insel gekommen waren, ging er ihnen entgegen. Als sie ihn erblickten, fürchteten sie sich, denn er war sehr dick und fett, und sie glaubten deshalb, daß es sein Geist sei; denn sie dachten nicht anders, als daß er im Winter gestorben wäre; und niemand wagte, ihn anzusprechen, viel weniger, zu ihm ans Land zu kommen. Schließlich aber stieg der Bootsführer doch ans Land und fragte ihn, ob er ein lebendiger Mensch sei oder ein Geist, oder ob er derselbe sei, der im Herbst auf der Insel zurückgeblieben wäre. Er

sagte, daß er derselbe Mann wie im Herbst sei, als sie ihn dort zurückgelassen hätten. Der andere aber sagte, daß er nicht verstehen könne, wie er so lange ohne Nahrung hätte leben können. Der Inselmann sagte, daß der Seetang auf Selö keine schlechtere Nahrung sei als die Wassergrütze auf Holme. Mehr wollte er ihnen nicht erzählen; er stieg aber zu ihnen in das Boot, und sie ruderten ihn zurück nach Holme. Die meisten verwunderten sich, ihn lebendig zurückkommen zu sehen, und viele Fragen wurden ihm gestellt, wie er den Winter über hätte überleben können, niemand aber bekam mehr von ihm zu wissen, als jene auf der Insel von ihm erfahren hatten.

Spät im Sommer war es eines Sonntags schönes Wetter, und es kamen viele Leute zur Kirche, und an diesem Tage wollte auch der Knecht dorthin. Als aber der Pfarrer und die ganze Gemeinde in die Kirche gekommen waren, stand eine Kinderwiege neben dem Altar, ehe man es sich versah, und eine golddurchwirkte Decke war über das Kind gebreitet, aber kein Mensch war zu sehen, nur sah man, daß eine schöne Frauenhand auf dem Rand der Wiege ruhte; alle wunderten sich hierüber und sahen sich an; der Pfarrer aber nahm das Wort und sagte, daß dies Kind getauft werden wolle, und daß es wohl nicht irrig wäre, daß irgend jemand in der Kirche in Beziehung zu ihm stehe, und am ehesten glaubte er von seinem Knecht, daß er es im Frühjahr auf Selö zurückgelassen habe; der Knecht aber bestritt, etwas davon zu wissen. Da sagte der Pfarrer, er wolle es mit dem Namen des Knechts taufen, der aber leugnete wieder und sagte, daß er nichts mit der Sache zu tun hätte. Der Pfarrer erwiderte, daß er doch nicht ohne Menschenhilfe auf der Insel hätte leben können; der Knecht aber sagte, daß er das Kind nie anerkennen würde und verbot dem Pfarrer, es mit seinem Namen zu taufen.

Da wurde die Wiege fortgerissen und verschwand in demselben Augenblick, und zugleich ertönte heftiges Weinen, das sich allmählich aus der Kirche verlor. Der Pfarrer und die anderen gingen ihm aus der Kirche nach. Da hörten sie das Weinen und das Schluchzen in der Richtung nach dem See verschwinden, die Decke aber lag auf dem Boden der Kirche und wurde auf Holme noch lange nach dieser Zeit benutzt.

Alle wunderten sich über das Geschehen, am tiefsten jedoch war der Pfarrer davon ergriffen. Der Knecht aber verfiel später in Tiefsinn. Der Pfarrer fragte ihn, wie das denn käme, und dann erzählte er ihm alles, daß er den Winter über bei einem König und seiner Tochter gewohnt hätte, und daß es ihn sein Leben lang gereuen würde, daß er das Kind nicht anerkannt habe.

Der Knecht war von diesem Tage an nicht mehr derselbe, und hiermit endet die Erzählung von dem Huldrekönig auf Selö.

[Märchen aus Island]

Der Krug der alten Frau

Einst lebte in einem Schloß ein böser Graf. Tagsüber tötete er die Hirsche in den Wäldern. Des Nachts schlief er erst ein, wenn er sich zuvor die Gefangenen in seinem Kerker angeschaut hatte. Ihre Seufzer und ihre Gebete machten ihm Vergnügen. Traf er auf seinen Ausritten auf ein Tier, so schlug er es. Stieß er auf einen Wanderer, so mißhandelte er ihn. Wenn er sich von weitem einem Dorfe näherte, so flohen alle Menschen in ihre Häuser. Mütter brachten ihre kleinen Kinder eilends vor ihm in Sicherheit.
An einem trüben und nebligen Herbsttag ritt er allein zwischen den zur Hälfte entlaubten Bäumen hindurch, die den Weg säumten, auf seinem hohen, schwarzen Roß. Er kam an eine Quelle. Dort sah er, wie eine alte Frau vergeblich versuchte, einen gefüllten Krug mit sich zu schleppen. Sie war sehr arm, denn sie war in Lumpen gehüllt, und sie war sehr schwach, denn ihre mageren Hände hielten zitternd den Henkel umklammert. Sie sah mitleiderregend aus. Auf ihrem verwelkten Gesicht kreuzten sich die Falten, Spuren von Alter, Kummer und Elend. Sie richtete ihre fast erblindeten Augen zu ihm auf und flehte ihn mit schwacher Stimme an: »Habt Erbarmen, Herr. Helft mir!«
Er aber lachte nur höhnisch, und weil sie sich auf seinem Grund und Boden aufhielt, gab er ihr mit dem Stiefel einen solchen Stoß vor die Brust, daß die Ärmste mit einem Schrei in die Scherben des Kruges stürzte und das Wasser sich mit ihrem Blut vermischt über den Boden ergoß. Aber

o Wunder. Plötzlich hing der Krug am Hals des Bösewichts, und eine donnernde Stimme dröhnte ihm ins Ohr: »Unseliger, erst dann wirst du zur Ruhe kommen, wenn dieser Krug voll sein wird!«
Da hob ein schreckliches Pfeifen und Tosen an. Die Bäume krümmten sich, und die Raben krächzten schaurig. Das Pferd wieherte rasend und erhob sich mit der Mähne im Wind. Es galoppierte dem Horizont entgegen. Und das war ein Ritt ohne Ziel und Ende, ohne Rast und Ruh. Er konnte tun und machen, was er wollte: Kein Regen und kein Wolkenbruch, kein Bach und kein Fluß, kein Teich und kein See und auch kein Meer konnten den Krug füllen. Er blieb immer trocken und leer. Da ergab sich der unglückselige Reiter in sein Schicksal. Wochen, Monate und Jahre verstrichen auf diese Weise.
An den Augen des Reiters zogen Ebenen, Berge und Täler vorbei. Die Sonne brannte ihm aufs Haupt, der Regen prasselte ihm ins Gesicht, Schnee und Wind peitschten ihn. Vor ihm breitete sich die weite Welt aus.
Er sah, wie sich das arme Volk abmühte, sah die Leute die Ackerfurchen bearbeiten, das Leinen weben, das Holz hacken, das Ruder führen, die Kelle heben und den Hammer schwingen. Er sah die Adeligen mit glänzenden stählernen Rüstungen und bunten Bannern spazierenreiten. Er sah Hochzeiten, wo gesungen, und Begräbnisse, wo geweint wurde. Dicht an Kirchen kam er vorbei, aus denen Musik ertönte, an summenden Städten gleich Bienenkörben, an friedlichen Dörfern, wo der Rauch aus den Strohhütten stieg, an Bäumen, die im Frühling blühten und im Herbst wie im Gold dastanden. An der Steilküste ritt er entlang, von wo aus er Schiffe auf dem herrlichen Meer sah, und am Fuße hoher Berge, die mit einem Diadem aus Gletschereis gekrönt waren. Und langsam, nach und nach rührte die Vielfalt und Schönheit dieser Welt auch an die Seele dieses Rohlings.

Aber er erkannte auch, daß es die Bosheit des Menschen war, die das Werk des Schöpfers zerstörte. Er sah, wie Kriegsheere die Ernten vernichteten und das klare Wasser der Flüsse rot färbten mit Blut. Er sah herrliche Kirchen zusammenstürzen, sah die Verwüstung blühender Städte mit fleißigen Bewohnern, sah freundliche Ortschaften brennen. Er sah, wie der Starke den Schwachen niederschlug, sah, wie die Schwachen hilflos ihre tränenerfüllten Augen zum Himmel hoben. Dicht vor ihm schrien alte Männer um Hilfe, Frauen streckten verzweifelt ihre Arme aus, Kinder weinten mitten in dem Entsetzen. Als sein Herz mit der Zeit immer weicher geworden war, da hätte er gerne sein Schwert gezogen, um die Leidenden zu schützen und ihre Peiniger zu vertreiben. Aber das schwarze Roß galoppierte unaufhaltsam weiter.
Eines Tages kam er an einen von Bäumen gesäumten Weg. Die Bäume waren schon halb entlaubt, da bald der Winter nahte. Bei einer Quelle versuchte eine alte Frau einen Krug Wasser mit sich zu schleppen, aber es gelang ihr nicht. Der Krug war zu schwer. Sie war in Lumpen gehüllt, zerbrechlich und zittrig, mitleiderregend anzusehen.
Als sie das schwarze Pferd gewahr wurde, flehte sie den Reiter mit ihren halbblinden Augen und schwacher Stimme an: »Habt Erbarmen, Herr! Helft mir!«
Da wollte er gerne helfen. Sie war so traurig, so alt und so zerbrechlich. Mit all seiner Kraft drückte er seine Knie in die Weichen des Rappen, um ihn zum Stehen zu bringen, er straffte gewaltig die Zügel, um dem wilden Galopp Einhalt zu gebieten. Er redete auf das Tier ein, er bat es inständig. Nichts von alledem half. Da senkte der Unglückliche hilflos und verzweifelt das Haupt. Aus seinen Augen liefen Tränen, die ersten, die er je in seinem Leben vergossen hatte, und sie alle fielen in den Krug, der an seinem Halse hing. Und siehe, das Pferd blieb stehen. Der Krug war voll.

[Märchen aus Südfrankreich]

Wie eine Königstochter sieben Jahre geschlafen

Einmal war eines großen Königs Tochter plötzlich gestorben, und Trauer und Wehklagen erfüllte das ganze Land. An dem Tage, wo die Tote eingesargt werden sollte, kam aus fernen Landen ein weiser Mann in die trauernde Königsstadt. Er schloß aus der allgemeinen Bekümmernis, daß hier etwas Besonderes vorgefallen sein müsse und fragte, was denn die Bewohner so sehr drücke. Als er Auskunft erhalten hatte, begab er sich in den königlichen Palast, nannte sich einen weisen Arzt und bat um Zutritt zum König. Schon auf der Schwelle rief er mit starker Stimme: »Die Jungfrau ist nicht tot, sondern nur müde, laßt sie eine Zeitlang ruhen.« Als der König diesen Ausspruch gehört hatte, befahl er dem Fremden, näher zu treten. Der Zauberer aber sagte: »Die Jungfrau darf nicht zu Grabe gebracht werden. Ich werde einen Glaskasten machen, darin wollen wir sie betten und ruhig schlafen lassen, bis die Zeit des Erwachens herankommt.«

Der König war höchlich erfreut über diese Rede und versprach dem Zauberer reichen Lohn, wenn seine Verheißung sich erfüllen würde. Dieser machte darauf einen großen Glaskasten, legte seidene Kissen hinein, bettete die Königstochter darauf, schloß den Deckel und ließ den Kasten in ein großes Gemach tragen, jedoch Wachen vor die Tür stellen, damit niemand die Schlafende wecke.

Nachdem dies geschehen war, sagte der Zauberer zum König: »Sendet jetzt überall hin und lasset allen Glasvorrat aufkaufen, dann werde ich einen Ofen bauen, der größer sein wird als eure Königsstadt, und in welchem wir

unser Glas zu einem Berg zusammenschmelzen wollen. Wenn sechs Jahre verstrichen sind, und der Lerchensang den siebenten Sommer ankündigt, dann sendet Boten nach allen Richtungen hin, und lasset bekanntmachen, daß es jedem jungen Mann erlaubt sei, sich als Bewerber um Eure Tochter einzufinden. Wer von den Freiern dann, sei es zu Pferde, oder auf seinen eigenen Füßen, des Glasberges Gipfel erklimmt, der muß Euer Schwiegersohn werden. Wenn nämlich der auserkorene Mann kommt, was binnen sieben Jahren und sieben Tagen geschehen wird, dann wird Eure Tochter aus dem Schlafe erwachen und dem Jüngling einen goldenen Ring geben. Wer Euch diesen Ring bringt, und wäre es der geringste Eurer Untertanen, ja auch eines Tagelöhners Sohn, dem müßt ihr Eure Tochter zur Gemahlin geben, sonst wird sie in ewigen Schlaf versinken.«
Der König versprach, sich in allen Stücken nach dieser Vorschrift zu richten, und gab sofort Befehl, in allen angrenzenden Ländern den Glasvorrat anzukaufen. Als das sechste Jahr ablief, war so viel Glas beisammen, daß es eine Fläche von einer Meile sieben Klafter hoch bedeckte.
Inzwischen hatte der Zauberer seinen Schmelzofen fertig, der so hoch war, daß er fast an die unterste Wolkenschicht reichte. Der König stellte ihm zweitausend Arbeiter zur Verfügung, welche das Glas in den Ofen taten. Hier schmolz es, und die Hitze wurde so stark, daß Sümpfe, Flüsse und kleine Seen austrockneten, ja selbst in Quellen und tiefen Brunnen eine Abnahme des Wassers zu bemerken war.
Nicht weit von der Stadt stand nun eine Bauernhütte, in der ein alter Vater mit seinen drei Söhnen wohnte. Die beiden älteren Brüder waren gescheite Burschen, der jüngste aber etwas einfältig. Als der Vater erkrankte und sein Ende herannahen fühlte, ließ er seine Söhne vor sein Lager treten und sprach: »Ich fühle, daß mein Heimgang herannaht, deshalb will ich euch meinen letzten Willen kundtun. Ihr,

meine lieben älteren Söhne, sollt gemeinschaftlich Haus und Acker bestellen, solange ihr nicht beide heiratet. Die Herrschaft zweier Herdköniginnen würde einen Riß ins Hauswesen bringen. Denn ein altes wahres Wort sagt: ›Wo sieben unbeweibte Brüder friedlich beieinander leben, da wird es zwei Frauen zu eng; sie müssen sich zausen.‹ Tritt aber dieser Fall ein, so sollt ihr Haus und Felder untereinander teilen. Euer jüngster Bruder aber, der weder zum Wirt noch zum Knecht taugt, soll bei euch Obdach und Nahrung finden, solange er lebt. Zu diesem Behufe vermache ich euch beiden meinen Geldkasten. Euer jüngster Bruder ist zwar etwas kurz von Verstande, aber er hat ein gutes Herz und wird euch ebenso willig gehorchen, wie er mir immer gehorcht hat.« Die älteren Brüder versprachen mit trockenem Auge und geläufiger Zunge, des Vaters Willen zu erfüllen, der jüngste sprach kein Wort und weinte bitterlich. »Noch eins will ich sagen«, fuhr der Vater fort, »wenn ich tot bin und ihr mich begraben habt, so erweiset mir als letzten kleinen Liebesdienst, daß jeder von euch eine Nacht an meinem Grabe wacht.« Beide älteren Brüder versprachen mit trockenem Auge und geläufiger Zunge, des Vaters Willen zu erfüllen, der jüngste sagte kein Wort und weinte bitterlich. Bald nach dieser Unterredung hatte der Vater seine Augen auf immer geschlossen.

Die beiden älteren Brüder richteten ein großes Gastmahl an und luden viele Gäste ein, damit der tote Vater mit allen Ehren bestattet werde. Sie selbst waren guter Dinge und aßen und tranken wie auf einer Hochzeit, während ihr dritter Bruder still weinend am Sarge des Vaters stand; als der Sarg dann weggetragen und ins Grab gesenkt wurde, da war dem jüngsten Sohne zu Mute, als wären nun alle Freuden abgestorben und mit dem Vater begraben.

Spät am Abend, als die letzten Gäste fortgegangen waren, fragte der jüngste Bruder, wer die erste Nacht am Grabe des Vaters wachen würde. Die andern sagten: »Wir sind müde von der Besorgung des Begräbnisses, wir können heute nacht nicht wachen, aber du hast nichts Besseres zu tun, also geh du und halte Wache.«

Der jüngste Bruder ging ohne ein Wort zu sagen zum Grabe des Vaters, wo alles still war und nur die Grille zirpte. Um nicht einzuschlafen, ging er leisen Schrittes auf und ab. Es mochte um Mitternacht sein, als es wie von einer klagenden Stimme aus dem Grabe tönte:

>»Wessen Schritt ist's, der da schüttet
>Groben Kiessand auf die Augen,
>Schwarze Erde auf die Brauen?«

Der Sohn verstand die Frage und antwortete:

>»Das ist ja dein jüngster Knabe,
>Dessen Schritt ist's, der da schüttet
>Groben Kiessand auf die Augen,
>Schwarze Erde auf die Brauen.«

Die Stimme fragte weiter, warum die älteren Brüder nicht zuerst zur Wacht gekommen seien, worauf der jüngste sie entschuldigte, sie hätten, ermüdet von der Beerdigung, heute nicht kommen können.

Wieder hob des Vaters Stimme an: »Jeder Arbeiter ist seines Lohnes wert, darum will ich dir auch deinen Lohn nicht vorenthalten. Es wird bald eine Zeit kommen, wo du dir bessere Kleider wünschen wirst, um in die Gesellschaft vornehmer Leute kommen zu können. Dann tritt an mein Grab, stampfe mit deiner linken Ferse dreimal auf den Grabhügel und sprich: ›Lieber Vater, ich bitte um meinen Lohn für die erste nächtliche Wacht.‹ Dann wirst du einen Anzug und ein Pferd erhalten. Aber sage deinen Brüdern nichts davon.«

Mit Tagesanbruch ging der Grabeswächter heim, frühstückte etwas, um sich zu stärken, und legte sich dann nieder, um zu ruhen.

Als am Abend die Zeit herankam, fragte er bei den Brüdern an, wer von ihnen die Nacht am Grabe des Vaters wachen würde. Die Brüder antworteten spöttisch: »Nun, es wird wohl niemand kommen, um den Vater aus dem Grabe zu stehlen. Wenn du aber Lust hast, so kannst du ja auch diese Nacht dort wachen. Aber mit all deinem Wachen wirst du den Vater nicht wieder ins Leben zurückrufen.« Der jüngste Bruder wurde über diese lieblose Rede noch betrübter und verließ mit Tränen in den Augen das Gemach.

Auf dem Grabe des Vaters war alles ruhig, wie gestern nacht, nur die Grille zirpte im Grase. Damit er nicht einschliefe, ging er leisen Schrittes auf und ab. Es mochte wohl Mitternacht sein, die Hähne hatten schon zweimal gekräht, als eine klagende Stimme aus dem Grabe sich vernehmen ließ:

»Wessen Schritt ist's, der da schüttet
Groben Kiessand auf die Augen,
Schwarze Erde auf die Brauen?«

Der Sohn verstand die Frage und erwiderte:

»Das ist ja dein jüngster Knabe,
Dessen Schritt ist's, der da schüttet
Groben Kiessand auf die Augen,
Schwarze Erde auf die Brauen.«

Die Stimme fragte weiter, warum keiner der älteren Brüder gekommen sei, und der jüngste entschuldigte sie, sie seien von dem Tagewerk zu ermüdet, um zu wachen.

Wieder hob des Vaters Stimme an: »Jeder Arbeiter ist seines Lohnes wert, darum werde ich dir auch deinen Lohn nicht vorenthalten. Bald wird eine Zeit kommen, wo du dir einen noch besseren Anzug wünschen wirst, als den, welchen du dir gestern verdient hast. Dann tritt nur dreist an mein Grab, stampfe mit deiner linken Ferse dreimal auf den Grabhügel und sprich: ›Lieber Vater, ich bitte um meinen Lohn für die zweite nächtliche Wacht!‹ Sofort wirst du einen prächtigeren Anzug und ein schöneres Pferd erhalten, so daß die Leute ihre Augen nicht von dir wegwenden mögen. Aber sage deinen Brüdern nichts davon.«

Mit Tagesanbruch ging er von der Grabeswacht nach Hause, fand die beiden älteren Brüder noch schlafend, frühstückte etwas, um sich zu stärken, streckte sich dann auf die Ofenbank hin und schlief, bis die Sonne schon etwas über Mittag stand.

Als am Abend die Zeit wieder herannahte, fragte er die Brüder, wer von ihnen die Nacht am Grabe des Vaters wachen würde? Sie lachten und antworteten spöttisch: »Wer die wohlfeile Arbeit zwei Nächte getan hat, der kann sie auch die dritte Nacht tun. Der Vater wird aus seinem Grabe nicht davonlaufen, und noch weniger werden die Leute kommen, ihn zu stehlen. Wäre er noch bei vollem Verstande gewesen, so hätte er einen Wunsch dieser Art gar nicht geäußert.« Der jüngste Bruder war sehr betrübt über ihre lieblose Rede und ging wieder mit tränenden Augen davon.

Auf dem Grabe des Vaters war alles still, wie die beiden Nächte zuvor, nur die Grille zirpte im Grase, und die Schnepfe meckerte unter hohem Himmel. Um nicht einzuschlafen, ging der Grabeswächter leisen Schrittes auf und ab. Es mochte Mitternacht sein, die Hähne hatten schon zweimal gekräht, da rief wieder die klagende Stimme aus dem Grabe:

»Wessen Schritt ist's, der da schüttet
Groben Kiessand auf die Augen,
Schwarze Erde auf die Brauen?«

Der Sohn verstand die Frage und erwiderte:

»Das ist ja dein jüngster Knabe,
Dessen Schritt ist's, der da schüttet
Groben Kiessand auf die Augen,
Schwarze Erde auf die Brauen.«

Die Stimme fragte wieder, weswegen die älteren Brüder nicht gekommen seien, und erhielt dieselbe Antwort wie gestern.

Aber des Vaters Stimme hob wieder an: »Jeder Arbeiter ist seines Lohnes wert, ich will dir den deinigen nicht vorenthalten. Bald wird eine Zeit kommen, wo du an dir selbst erfahren wirst, daß der Mensch, je mehr er hat, desto mehr begehrt. Einem guten Sohne aber, der seinem Vater auch nach dem Tode noch Liebe erwies, müssen alle Wünsche erfüllt werden. Anfangs wollte ich meine verborgenen Schätze unter deine Brüder teilen, jetzt bist du mein einziger Erbe. Wenn dir deine prächtigen Kleider und Pferde, die ich dir für die erste und zweite nächtliche Wacht zum Lohne versprach, nicht mehr gefallen, so tritt dreist an mein Grab, stampfe mit deiner linken Ferse dreimal auf den Grabhügel und sprich: ›Lieber Vater, ich bitte um meinen Lohn für die dritte nächtliche Wacht!‹, und augenblicklich wirst du die allerprächtigsten Kleider und die allerkostbarsten Pferde erhalten. Alle Welt wird mit Bewunderung auf dich blicken, deine älteren Brüder werden dich beneiden und ein großer König wird dich zum Schwiegersohn wählen. Aber sage deinen Brüdern nichts davon.«

Mit Tagesanbruch ging der Grabeswächter nach Hause und dachte bei sich selbst: »So eine Zeit wird für mich Armen wohl niemals kommen.« Als er dann ein wenig gefrühstückt hatte, um sich zu stärken, streckte er sich auf die Ofenbank, schlief ein und erwachte erst, als die Sonne schon in den Wipfeln des Waldes stand.

Während er schlief, sprachen die älteren Brüder untereinander: »Dieser Nachtwacher und Tagschläfer wird uns nie

zu was nützen, wozu füttern wir ihn? Wir täten besser, das Futter einem Schweine zu geben, das wir zur Weihnacht schlachten können.« Der älteste Bruder setzte hinzu: »Werfen wir ihn aus dem Hause, er kann vor fremder Leute Türen sein Brot betteln.« Da meinte aber der andere, das würde doch nicht gut angehen und würde ihnen selber Schande bringen, wenn sie, als wohlhabende Leute, den Bruder betteln gehen ließen. »Lieber wollen wir ihm die Brosamen von unserm Tisch hinwerfen, satt soll er nicht dabei werden, aber auch nicht Hungers sterben.«
Inzwischen hatte der Zauberer sein Glasberg fertig geschmolzen, und der König hatte überall bekanntmachen lassen, daß jeder junge Mann kommen dürfe, sich um seine Tochter zu bewerben, daß aber nur demjenigen die Jungfrau ihre Hand reichen würde, der zu Pferde oder auf eigenen Füßen den Gipfel des Glasberges erklimmen würde.
Der König ließ nun ein großes Gelage anrichten für alle die Gäste, die sich einfinden würden. Das Gelage solle drei Tage währen; für jeden Tag wurden hundert Ochsen und siebenhundert Schweine geschlachtet und fünfhundert Fässer Bier gebraut. Die aufgestapelten Würste ragten gleich Wänden, die Hefenbrote und Kuchen bildeten Haufen, so hoch wie die größten Heuschober.
Die schlafende Königstochter wurde in ihrem Glaskasten auf den Gipfel des Glasberges getragen. Von allen Seiten strömten Fremde herbei, teils um das Wagestück zu versuchen, teils um das Wunder mit anzusehen. Der glänzende Berg strahlte wie eine zweite Sonne, so daß man ihn schon viele Meilen weit aus der Ferne erblickte.
Die beiden älteren Brüder hatten sich Festkleider machen lassen und gingen auch zum Gastmahl. Der jüngste mußte zu Hause bleiben, damit er in seinem elenden Aufzuge den schmucken Brüdern keine Schande mache. Aber kaum hatten sich die älteren Brüder auf den Weg gemacht, so

ging der jüngste an des Vaters Grab, tat, wie die Stimme ihn gelehrt hatte, und sprach: »Lieber Vater, ich bitte um meinen Lohn für die erste nächtliche Wacht!« – In dem nämlichen Augenblicke, wo die Bitte über seine Lippen kam, stand ein ehernes Roß da mit ehernem Zaum, und auf dem Sattel lag die schönste glänzende Rüstung, vollständig vom Scheitel bis zur Sohle, und alles paßte so gut, als wäre es auf seinen Leib gemacht.

Um Mittag kam der eherne Mann auf seinem ehernen Pferde an den Glasberg, wo Hunderte und Tausende standen, aber kein Einziger war imstande, auch nur einige Schritte den glatten Berg hinaufzukommen. Der eherne Reiter drängte sich durch die Menge, ritt ein Drittel des Berges hinauf, als wäre es geschwendetes Land, kehrte dann um, grüßte den König und verschwand wieder. Manche Zuschauer wollten bemerkt haben, daß die schlafende Königstochter ihre Hand regte, als der eherne Mann hinaufritt.

Beide Brüder konnten am Abend nicht genug von der wunderbaren Tat des ehernen Mannes und seines ehernen Pferdes erzählen. Der jüngste Bruder hörte ihre Reden schweigend an, ließ sich aber nicht merken, daß er selber der Mann gewesen war.

Am andern Morgen gingen die Brüder mit Sonnenaufgang wieder fort, um die Gasterei nicht zu versäumen. Die Sonne stand in Südost, als der jüngste Bruder an das Grab des Vaters kam; er tat nach der Vorschrift und sagte: »Lieber Vater, ich bitte um den Lohn für die zweite nächtliche Wacht!« In dem nämlichen Augenblicke, wo die Bitte über seine Lippen kam, stand ein silbernes Pferd da mit silbernem Zaum und Sattel, und auf dem Sattel lag die prächtigste, glänzendste silberne Rüstung, vollständig vom Scheitel bis zur Sohle, und alles paßte so gut, als wäre es auf seinen Leib gemacht.

Am Mittag kam der silberne Mann mit seinem Silberpferde an den Glasberg, wo Hunderte und Tausende standen; aber kein einziger war imstande, auch nur einige Schritte auf den glatten Berg hinaufzukommen. Der silberne Reiter drängte sich durch die Menge, ritt ein gut Stück über die Hälfte den Glasberg hinauf, der für die Hufe seines Pferdes wie geschwendetes Land zu sein schien, kehrte um, grüßte den König und war gleich darauf wieder verschwunden. Heute hatten die Leute deutlich gesehen, daß die schlafende Königstochter bei der Annäherung des silbernen Mannes ihren Kopf bewegt hatte.

Die Brüder waren am Abend nach Hause gekommen, und konnten nicht genug Rühmens machen von des silbernen Mannes und seines Silberpferdes wunderbarer Tat, meinten aber doch zuletzt, es könne kein wirklicher Mensch sein, sondern alles sei nur ein Zauberblendwerk. Der jüngste Bruder hörte ihren Reden still zu, ließ sich aber nichts davon merken, daß er selbst der Mann gewesen war.

Am andern Morgen waren beide älteren Brüder mit Tagesanbruch wieder fortgegangen, weil heute die sieben Jahre und sieben Tage um waren, nach deren Ablauf die Königstochter aus ihrem langen Schlaf erwachen sollte. Die Sonne stand schon ziemlich hoch, als der jüngste Bruder an des Vaters Grab ging. Er tat nach der Vorschrift und sprach: »Lieber Vater, ich bitte um meinen Lohn für die dritte nächtliche Wacht.« In demselben Augenblicke, wo diese Bitte über seine Lippen kam, stand ein goldenes Pferd da mit goldenem Zaum und Sattel, und auf dem Sattel lag die schönste goldene Rüstung, vollständig vom Scheitel bis zur Sohle, und alles paßte so gut, als wäre es auf seinen Leib gemacht.

Um Mittag kam der goldene Mann mit seinem Goldpferde an den Glasberg, wo Hunderte und Tausende standen, doch kein Einziger war imstande, auch nur einige Schritte den glatten Berg hinaufzukommen. Weder der eherne Rei-

ter noch der silberne hatten Spuren auf dem Berge zurückgelassen, der glatt geblieben war wie zuvor. Der goldene Reiter drängte sich durch die Menge, ritt den Berg hinauf bis zum Gipfel, und der Berg schien für die Hufe seines Pferdes wie geschwendetes Land zu sein. Als er oben angekommen war, sprang der Deckel des Kastens von selbst auf, die schlafende Königstochter richtete sich empor, zog einen goldenen Ring von ihrem Finger und gab ihn dem goldenen Reiter. Dieser aber hob die Jungfrau auf sein Goldpferd und ritt mit ihr langsam den Berg hinunter. Dann legte er sie in des Königs Arme, grüßte anmutig und war im nächsten Augenblick verschwunden.
Des Königs Freude könnt ihr euch leicht vorstellen. Am andern Tage hatte er, dem Rate des weisen Mannes zufolge, überall bekanntmachen lassen, daß der, welcher der Prinzessin goldenen Ring zurückbringen würde, sein Schwiegersohn werden sollte. Von den Gästen waren die meisten zur Nacht dageblieben, um zu sehen, wie die Sache ablaufen werde. Auch unsere alten Freunde, die älteren Brüder, waren darunter und ließen sich die Bewirtung trefflich munden. Aber ihr Erstaunen war nicht gering, als sie sahen, wie ein schlecht gekleideter Mann, in dem sie bald ihren verschmähten Bruder erkannten, an den König herantrat. Dieser Bettler trug in der Tat den Ring der Königstochter an seiner Hand. Da bereute der König seine Zusage, denn so etwas hatte er nicht ahnen können.
Aber der Zauberer sagte zum König: »Der Jüngling, den Ihr seines schlechten Aufzuges wegen für einen Bettler haltet, ist der Sohn eines mächtigen Königs, dessen Land weit entfernt liegt. Er wurde drei Tage nach seiner Geburt von einer bösen Frau des Rõugutaja mit einem Bauernsohn vertauscht; dieser starb jedoch schon im ersten Monat, während der gestohlene Königssohn in einer Bauernhütte aufwuchs und seinem vermeintlichen Vater immer gehorsam war.«

Der König war durch diese Auskunft zufriedengestellt und ließ einen großen Hochzeitsschmaus anrichten, der vier Wochen dauerte. Später vererbte er alle seine Reiche auf seinen Schwiegersohn. Sobald dieser nur die Bauernkleider abgelegt hatte, benahm er sich gar nicht mehr einfältig, sondern seinem Stande gemäß und als kluger Herr. Seine Einfalt war ihm ja nicht angeboren, sondern das böse Weib hatte sie ihm angetan. Sonntags zeigte er sich dem Volke in seiner Goldrüstung auf seinem goldenen Roß. Seine vermeintlichen Brüder waren vor Neid und Wut gestorben.

[Märchen aus Estland]

Die undankbare Schildkröte

Vor langer Zeit gab der König der Tiere ein großes Fest, zu dem alle Tiere eingeladen worden waren. Da die Schildkröte schon lange mit der Ziege befreundet war, ging sie gemeinsam mit ihr zu dem großen Festplatz.
Der Löwe hatte für seine Untertanen ein großes Festmahl zubereiten lassen; da gab es Fleisch in Hülle und Fülle und köstliche Suppen. Und als gerade aufgetragen werden sollte, merkten die Ziege und die Schildkröte, daß sie ihre Teller, die alle Tiere mitbringen sollten, zu Hause vergessen hatten.
»Wie sind wir doch dumm und vergeßlich«, stöhnte die Schildkröte beim Anblick der herrlichen Speisen. »Nun hatten wir uns schon so auf das Festessen gefreut, und jetzt müssen wir hungern.«
»Mach dir keine Sorgen, Schildkröte«, erwiderte die Ziege. »Ich laufe schnell nach Hause und hole uns zwei Teller und zwei Löffel!«
Mit diesen Worten verschwand die Ziege von der Festtafel und lief auf dem schnellsten Weg nach Hause.
Beim Anblick der fröhlich schmatzenden Tiere wurde die Schildkröte so gierig, daß sie dachte: »Wenn ich auf die Rückkehr meiner Freundin warte, bekomme ich bestimmt keine Suppe mehr zu essen. Ich will versuchen, mir einen Teller auszuborgen.«
Sie ging deshalb von einem Tier zum andern und fragte jedes, ob es ihr nicht für einen Augenblick seinen Teller ausleihen könnte. Da jedoch auch die Tiere noch großen Hunger hatten, wollte niemand der hungrigen Schildkröte

aushelfen. Nur der Hase, der schon viele Jahre mit der Schildkröte befreundet war, war bereit, seinen Teller mit seiner Freundin zu teilen. Gierig verschlang die Schildkröte drei Teller köstlicher Suppe und wartete ungeduldig auf die weiteren Gänge des Festmahls. Die freßgierige Schildkröte hatte die arme Ziege, die in der Zwischenzeit zu Hause angelangt war, vollkommen vergessen. Ihr einziger Gedanke war, möglichst viel von dem guten Essen in ihren Bauch zu bekommen. Als die Ziege endlich keuchend an die Festtafel zurückkehrte, fand sie nur noch leere Teller und Schüsseln. »Jetzt habe ich mich umsonst so beeilt«, jammerte sie und ließ sich auf einen Baumstumpf nieder.

»Auch mir tut es sehr leid, daß du nichts von dem herrlichen Mahl abbekommen hast«, erwiderte die Schildkröte teilnahmsvoll lächelnd. »Dafür hatte ich ein wenig mehr Glück! Der Hase war so freundlich, seinen Teller mit mir zu teilen.«

»Da hättest du mir aber ein wenig Fleisch und Suppe aufheben können«, sagte daraufhin die Ziege und warf ihrer Freundin einen vorwurfsvollen Blick zu.

»Das war unmöglich«, log die Schildkröte. »Das Essen war so knapp, daß ich selbst kaum satt geworden bin!«

Die feinfühlige Ziege merkte sofort, daß ihre Freundin nicht die Wahrheit sagte. Da sie jedoch vor den anderen Tieren keinen Streit beginnen wollte, schwieg sie schweren Herzens.

Als der Wein aufgetragen wurde, fiel ihr mit Schrecken ein, daß sie und die Schildkröte auch ihre Gläser vergessen hatten.

»Was sind wir doch für Dummköpfe«, klagte die Ziege beim Anblick des köstlichen Palmweins. »Noch nicht einmal an die Gläser haben wir gedacht!«

»O je«, jammerte auch die Schildkröte, »nun müssen wir auch noch verdursten.«

Da die Ziege von dem langen Marsch sehr durstig geworden war, beschloß sie, sich noch einmal aufzumachen und von zu Hause zwei Gläser zu holen. Die Schildkröte versprach ihrer davonhastenden Freundin, daß sie streng darauf achten wolle, daß von dem Wein ein wenig für sie aufgehoben werde.
Als der Löwe den feurigen Palmwein auftragen ließ, hatte die Schildkröte ihr eben erst gegebenes Versprechen schon längst wieder vergessen. Sie ging von einem Tier zum andern und bettelte überall so lange, bis ihr erlaubt wurde, einen kräftigen Schluck zu trinken. Und weil die meisten Tiere schon lange Zeit keinen Palmwein mehr getrunken hatten, fielen sie so gierig über das köstliche Getränk her, daß nach kurzer Zeit alle Gläser und Krüge bis auf den letzten Tropfen geleert waren.
Als die Ziege endlich wieder den Festplatz erreichte, sah sie sehr bald, daß ihre Freundin ihr Versprechen wiederum nicht eingehalten hatte. Obwohl die Schildkröte sich lange und umständlich entschuldigte, beschloß die Ziege, kein Wort mehr mit ihr zu reden. Aus Ärger über die Treulosigkeit ihrer Freundin wollte sie den Festplatz verlassen. Da ergriff der König der Tiere das Wort und rief der versammelten Menge zu: »Ich habe euch heute aus einem ganz besonderen Grunde hier zusammenkommen lassen, meine Freunde! Ich möchte prüfen, welche Tiere unter uns die stärksten sind. Nachdem wir uns alle gestärkt haben, wollen wir nun miteinander kämpfen. Die einzige Kampfbedingung lautet: jedes besiegte Tier gehört seinem Sieger und hat ihm zu dienen. Laßt uns den Kampf beginnen, Freunde!«
Da die Ziege den Ärger über die treulose Freundin noch nicht überwunden hatte, fühlte sie sich in der richtigen Kampfesstimmung. Mit einem für sie ungewöhnlichen Mut stürzte sie sich in die Menge und hatte bereits nach kurzer Zeit eine große Zahl von Tieren besiegt.

Die Schildkröte aber, die vom vielen Palmwein, den sie getrunken hatte, noch ganz benommen war, verlor bereits ihren ersten Kampf, den sie mit der Hyäne auszufechten hatte.
»Ach, liebe Ziege«, jammerte sie, »du bist doch meine Freundin. Kannst du mich nicht aus der Gewalt der Hyäne befreien?«
»Du hast mir heute auch nicht geholfen«, antwortete die Ziege, »du kannst nun von mir nicht verlangen, daß ich dir aus der Not helfe. Unsere Freundschaft ist beendet!«
Die listige Schildkröte gab sich jedoch noch nicht geschlagen. Sie wußte, daß ihre Freundin ein gutes Herz hatte und ein zugefügtes Leid immer schnell wieder vergaß. Deshalb bettelte sie so lange, bis die gutherzige Ziege der Hyäne einen Tausch vorschlug. Nach kurzem Zögern erklärte sich die Hyäne bereit, für die Schildkröte den Hasen einzutauschen, den die Ziege im Kampf besiegt hatte.
Die Schildkröte war glücklich, der Gewalt der von allen gefürchteten Hyäne entronnen zu sein. Sie dankte der Ziege für ihre großmütige Tat und versprach, ihr treu zu dienen.
Als der Kampf beendet war, wollte die Ziege mit ihren besiegten Untertanen auf dem kürzesten Wege in ihr Haus zurückkehren.
»Laß uns doch bei meinen Eltern vorbeigehen«, bat die Schildkröte ihre neue Herrin. »Meine Eltern werden dich gut bewirten und dir jeden Wunsch erfüllen. Wenn ich ihnen erzähle, daß du mich aus der Gewalt der Hyäne befreit hast, werden sie dich reich beschenken.«
Nach langem Zögern gab die Ziege den Bitten ihrer untreuen Freundin nach und machte sich mit ihren Dienern auf den Weg zum Schildkrötendorf. Da sich die Tiere nach der nur schwerfällig vorankommenden Schildkröte richten mußten, erreichten sie erst am nächsten Morgen ihr Ziel. Im Schildkrötendorf übernahm die listige Schild-

kröte die Führung und führte die kleine Schar geradewegs zum elterlichen Haus. Als sie ihre in der Sonne dösenden Eltern erblickte, begann sie plötzlich herzzerreißend zu weinen und laut zu rufen: »Ihr müßt mir helfen, liebe Eltern! Alle Tiere, die ihr hier seht, habe ich gestern im Kampf besiegt. Auf dem Heimweg hat mir die böse Ziege jedoch alle Tiere fortgenommen!«
»Beruhige dich nur, mein Kind«, erwiderte der Schildkrötenvater. »Wir werden der räuberischen Ziege schon zeigen, daß im Dorf der Schildkröten Zucht und Ordnung herrscht. Wir werden mit ihr auf der Stelle zu unserem König gehen und ihm die ganze Geschichte vortragen!«
Die Ziege wollte protestieren und dem Schildkrötenvater erklären, daß sie es in Wirklichkeit war, die die Tiere im Kampf besiegt hatte. Die Schildkröteneltern ließen sie jedoch gar nicht erst zu Wort kommen, sondern führten sie mit großem Geschrei zum König.
»Hier bringen wir dir einen hinterlistigen Räuber«, sagte der Schildkrötenvater und verbeugte sich tief vor seinem Herrn. »Diese Ziege hat meiner Tochter alle Tiere gestohlen, die sie gestern im Kampf auf dem großen Fest des Löwen besiegt hat.«
»Hat dein Vater die Wahrheit gesagt?« fragte darauf der König.
»Jedes Wort meines Vaters entspricht der Wahrheit«, erwiderte die falsche Schildkröte.
»Kein Wort ist wahr«, rief die Ziege zornig dazwischen. »Die kleine Schildkröte ist in Wahrheit eine ganz gemeine Lügnerin! Ich habe die Tiere besiegt und...«
»Du bist nicht gefragt worden«, zischte der König. »Du scheinst nicht zu wissen, daß Schildkröten immer die Wahrheit sagen. Du hast uns alle beleidigt! Schon für diese Beleidigung hast du den Tod verdient, du erbärmliche Ziege! Ich befehle dir, sofort unser Dorf zu verlassen;

wenn du nicht gehorchst, werde ich dir den Kopf abschlagen lassen.«
Die Ziege sah ein, daß jeder Widerstand zwecklos war. Ohne ein Wort zu sagen, verließ sie den Palast des Königs und ging traurig und niedergeschlagen nach Hause. Sie schwor sich, das Schildkrötendorf, in dem ihr so viel Ungerechtigkeit und Undank widerfahren war, niemals wieder zu betreten.
Die junge Schildkröte zog indessen mit den von der Ziege besiegten Tieren in die Welt hinaus und gründete mit ihnen ein neues Dorf, in dem sie als Königin bis zu ihrem Tod hart und grausam regierte.

[Märchen aus Nigeria]

Der Drachenkönig und der Bambusflötenspieler

Vor langer, langer Zeit lebte am Fuß des Fünffingerberges ein Mann, der mit großer Fertigkeit und Schönheit auf der Bambusflöte spielen konnte. Die Musik, die er machte, war noch melodiöser als der Gesang der Goldamsel, die Triller waren klarer als die der Drossel, und die Tonfolgen waren überschwenglicher als die der Lerche, die in die Lüfte steigt bei ihrem Jubelkonzert.
Wenn das Flötenspiel ertönte, flogen die Vögel nicht mehr, sondern setzten sich auf Zweige und Zäune, um zu lauschen, und die Bauern ruhten aus von ihrer Feldarbeit. Beim Klang seiner Musik lächelten die alten Männer und erinnerten sich wieder ihrer Jugendzeit, während die Kinder vor Freude tanzten und tollten.
Wegen des Zaubers seiner Musik glaubten die Leute, er habe etwas Überirdisches an sich und nannten ihn den Himmlischen Flötenspieler.
Eines Tages gab der Drachenkönig des Südlichen Sees ein Festessen, zu dem er eine große Anzahl Unsterbliche einlud.
Der König war mit dem Drachengewand bekleidet und trug Jadegürtel, die Gäste waren ebenfalls in auserlesene und kostbare Gewänder gehüllt. So saßen sie fröhlich zusammen und feierten.
Es traf sich, daß gerade zu dieser Zeit der Himmlische Flötenspieler das Ufer des Sees erreichte, nachdem er zehn Tage und Nächte gewandert war.
Er warf sein Fischnetz in den stillen See, setzte sich auf das Steinufer und begann, auf seiner Bambusflöte zu spielen.

Gerade als der Drachenkönig seinen Becher hob, um den Unsterblichen zuzutrinken, hörte er die Töne dieser bezaubernden Musik. Die Gäste waren dadurch so verzückt, daß die Jadebecher ihren Fingern entglitten und zu Boden fielen. Die ganze Festlichkeit verblaßte vor diesem wundersamen Spiel. Der Himmlische Flötenspieler wußte nicht, daß Unsterbliche ihm lauschten. Die Unsterblichen waren ihrerseits überzeugt, daß der Flötenspieler einer der ihren sei, der vom Himmel herabgestiegen sein mußte.

Der Drachenkönig selbst war so entzückt von der schönen Musik, daß er den Flötenspieler einladen wollte, seinen Sohn zu unterrichten. Er spürte die Quelle der Musik bald auf und fand schließlich den Mann am Ufer. Der Himmlische Flötenspieler stimmte zu, seinen Sohn zu unterrichten; er zog sein Netz ein, steckte die Bambusflöte in seinen Gürtel und ging mit dem Drachenkönig zu dessen Palast. Bald bekam er Heimweh. Die Zeit schien stillzustehen, ein Tag war für ihn wie ein Jahr. Am Ende von drei Jahren hatte der Sohn des Drachenkönigs endlich gelernt, die Flöte zu spielen, und der Himmlische Flötenspieler bat den König, ihn heimkehren zu lassen. Der Drachenkönig war sehr erfreut, daß sein Sohn das Flötenspiel erlernt hatte und entschied, den Lehrer mit einem ansehnlichen Geschenk zu belohnen. Er befahl seinem Sohn, seinen Lehrer in die Schatzkammer zu führen, damit er sich zwei wertvolle Stücke auswählen könne.

Der Himmlische Flötenspieler und sein Schüler betraten das große, weitläufige Gebäude, in dem all die Schätze des Königs aufbewahrt wurden. Die Kostbarkeiten gingen in die Hunderte, ja in die Tausende.

Auf einem Bord glitzerten in blendendem Gefunkel erlesene, schwere Edelsteine: rote, grüne, gelbe, blaue und violette.

Auf einem anderen Bord blitzten gewichtige Goldbarren. Bambuskörbe in allen Größen hingen an den Wänden,

und in einem Schrank lagen Schilf-Regenmäntel in verschiedenen Längen. Der Himmlische Flötenspieler ging überall umher und machte schließlich vor den Bambuskörben halt. Er überlegte: wenn ich einen davon nehme, dann habe ich etwas, indem ich die gefangenen Fische und Garnelen tragen kann. So nahm er einen mittelgroßen Bambuskorb von der Wand und befestigte ihn an seinem Gürtel.
Dann schritt er etwas weiter und hielt inne bei einem Schrank mit Regenumhängen. Er dachte, wenn ich einen von diesen nehme, dann kann ich auch bei Regen fischen gehen. Mit diesem Gedanken nahm er einen mittelgroßen Schilf-Regenumhang aus dem Schrank und warf ihn über die Schulter. Nachdem er seine Wahl getroffen hatte, führte ihn der Sohn des Drachenkönigs aus der Schatzkammer.
»Warum wählst du solch alltägliche Dinge, und nicht kostbare Steine, Gold oder Silber?« fragte der Junge.
»Gold und Silber sind nicht die nützlichsten Dinge«, erwiderte der Himmlische Flötenspieler mit einem Lächeln, »nach einer gewissen Zeit würden einem auch diese Dinge einmal durch Tausch oder Verkauf aus den Händen gleiten und nicht mehr gehören. Aber jetzt, da ich diesen Korb und diesen Umhang habe, kann ich jeden Tag fischen gehen und werde nie verhungern.«
Als er zu Hause ankam, machte der Himmlische Flötenspieler eine Entdeckung. Zu seiner großen Überraschung waren der Korb und der Umhang keine gewöhnlichen Dinge, sondern wirkliche Schätze. Kam er hungrig und ohne Erfolg vom Fischfang zurück, so fand er stets köstliche Speisen in seinem Korb vor. So hatte er immer eine reichliche, köstlich duftende Mahlzeit auf dem Tisch.
Ging er zum Fischen an den Südlichen See, oder zum Garnelenfang an den Östlichen See, so breitete sich der Schilf-Regenmantel wie ein paar Schwingen aus und trug ihn hin.

Nach vielen Jahren flog der Himmlische Flötenspieler einmal auf die Spitze des Fünffingerberges. Auf dem Rücken trug er seinen Bambuskorb, und um seine Schultern wehte der wundersame Schilf-Regenmantel.
Auf dem Berge begann er auf seiner Flöte zu spielen, und die bezaubernden Töne erklangen im Wolkenmeer.
Seit jenen Zeiten brachte seine Musik stets Freude und Glück zu allen Menschen.

[Chinesisches Märchen]

Amor und Psyche

Es lebten einmal in einer Stadt ein König und eine Königin, die drei wunderschöne Töchter hatten. Die beiden älteren waren von großer Anmut, doch glaubte man allgemein, daß Worte sie hinreichend rühmen könnten. Die jüngste Schwester aber war von so einzigartiger Schönheit und Anmut, daß die menschliche Sprache nicht ausreiche, ihre göttergleiche Erscheinung zu preisen.
So waren also viele Einwohner der Stadt und auch zahlreiche Fremde, die von dieser Schönheit hörten und herbeigeeilt waren, sie zu sehen, starr vor Staunen. Sie berührten mit ihrer rechten Hand den Mund und verehrten sie damit wie eine Göttin, wie Venus, mit ehrfürchtigem Gebet. Schon ging das Gerücht in die nahe liegenden Städte und Gebiete, die Göttin Venus selbst, die in der Tiefe des blauen Meeres geboren wurde und die der Schaum der Wogen genährt hatte, wandle nun selbst unter den Menschen und gewähre diesen ihren herrlichen Anblick. Oder man glaubte wenigstens, daß nun die Erde, so wie früher das Meer, eine zweite Venus in herrlicher jungfräulicher Blüte hervorgebracht habe.
Täglich verbreiteten sich solche Gerüchte immer mehr und gelangten schon zu den nahe liegenden Inseln, ja fast alle Gegenden des Festlandes wurden davon erfaßt. So strömte denn das Volk auf weiten Reisen zu Wasser und zu Lande herbei, um dieses gefeierte Wunder des Jahrhunderts zu erblicken und es zu grüßen. Niemand reiste mehr zu den bekannten Tempeln der Liebesgöttin Venus nach Paphos oder nach Knidos, ja selbst ihr berühmtes Heilig-

tum auf der Insel Kythera mied man. Da verfielen ihre Heiligtümer, vernachlässigt von den abgefallenen Gläubigen. Man kümmerte sich nicht mehr um die heiligen Bräuche, ohne Kränze blieben die Bildnisse der Göttin, die Asche auf den Altären blieb kalt und schändete so das Heiligtum. Zu der Königstochter wendet man nun seine Aufmerksamkeit, und in ihrem menschlichen Antlitz huldigt man der Majestät der großen Göttin. Wenn die Jungfrau morgens aus dem Haus tritt, strömt schon das Volk herbei, ruft sie an und versucht durch Opfer, die Person der Venus gnädig zu stimmen. Wenn sie durch die Straßen schreitet, wirft man Blumen und Kränze zu ihren Füßen.
Wegen dieser Übertragung göttlicher Ehren auf ein menschliches Mädchen war die Göttin Venus in wildem Zorn entbrannt. Unwillig schüttelte sie ihr schönes Haupt und sprach bei sich: »Ich, die heilige Mutter aller Kreatur, der Ursprung aller Elemente, ich, die Liebesgöttin des ganzen Erdkreises, ich muß mit einer sterblichen Jungfrau die göttliche Ehre, die nur mir allein zusteht, teilen. Mein Name, der im Himmel aufgeschrieben ist, soll durch irdischen Staub entweiht werden? Soll ich es dulden, geteilte Huldigungen zu empfangen, und soll ein irdisches Ebenbild von mir ungestraft auf der Erde wandeln? Dann hätte Paris ja umsonst mir als der Schönsten den Apfel gegeben. Sei es, wie es wolle! Nicht lange mehr soll dieses Weib Freude an ihrer Verehrung haben. Bereuen soll sie die unerlaubte Schönheit.«
Sprach's und rief schnell ihren Knaben herbei, den geflügelten Amor, der leichtsinnig und beschwingt sich über alle Sitten hinwegsetzt und, mit seinen Pfeilen bewaffnet, nachts in fremde Häuser eindringt, die Banden der Ehe stört, der nur Unheil, aber nichts Gutes stiftet.
Sie stachelte ihren Sohn, der ohnehin schon ausgelassen und frech ist, noch weiter an, führte ihn zu jener Stadt und

zeigte ihm Psyche, so hieß nämlich die Königstochter. Venus erzählte ihm die ganze Geschichte, wie die Jungfrau mit ihr in den Wettstreit getreten war. »Bei den Banden der mütterlichen Liebe«, rief sie aus, »bei den lieblichen Wunden, die deine Pfeile schlagen, bei den süßen Bränden deiner Flammen, räche das Unrecht, das man deiner Mutter getan hat, und bestrafe die freche Schönheit dieser Irdischen. Um eines bitte ich dich besonders: Mach, daß dieses Mädchen in heftiger Liebe zu dem niedrigsten und abscheulichsten Menschen erglüht, zu jemandem, den das Schicksal um Ehre, Vermögen und Gesundheit gebracht hat und der so niedrig steht, daß er auf dem ganzen Erdkreis seinesgleichen suchen muß.«
So hatte sie gesprochen und gab ihrem Sohn heftige Küsse. Dann strebte sie dem nahen Ufer des brausenden Meeres zu; und kaum hatten ihre rosigen Sohlen den Schaum der Wellen berührt, da ruhte auch schon die Tiefe des Meeres, und alle Meeresgottheiten kamen herauf als ihr Gefolge. Es kamen die Töchter des Nereus und sangen im Chor, Palämon, der auf einem Delphin reitet, und Scharen von Tritonen, die auf ihren tönenden Muscheln ein liebliches Lied bliesen oder ihrer Herrin einen Spiegel vorantrugen oder unter dem Wagen der Liebesgöttin umherschwammen. Ein ganzes Heer von Gefolge begleitete Venus, als sie zum Ozean zurückeilte.
Psyche aber war unterdessen trotz all ihrer Schönheit nicht glücklich geworden. Obwohl sie von allen bestaunt und gefeiert wurde, kam kein König, kein Prinz, nicht einmal aus dem Volk kam ein Mann, der um ihre Hand angehalten hätte. Man bestaunte ihr wunderbares göttliches Aussehen, aber so wie man ein kunstvolles Bildnis bewundert, das doch ohne Leben ist. Schon längst hatten ihre beiden Schwestern, über deren Schönheit nicht geredet wurde, Könige geheiratet. Psyche aber blieb allein und unverheiratet im Hause der Eltern.

In ihrer Einsamkeit weinte sie bitterlich und wurde krank an Leib und Seele. Schon begann sie, ihre so gepriesene Schönheit zu hassen. Der Vater Psyches aber deutete aus dem Schicksal seiner schönen Tochter den Zorn der Götter. So befragte er denn das Orakel des Apollon und erbat von ihm durch Opfer einen Bräutigam für seine Tochter. Apollon aber antwortete ihm: »Schmücke deine Tochter zur Hochzeit und stelle sie dann auf den Gipfel des Berges, doch erhoffe dir nicht, daß der Auserwählte aus sterblichem Geschlecht entstammt. Ein wildes Ungetüm ist es, tückisch und grausam. Auf Flügeln durchmißt es den Äther und bezwingt alles mit Feuer und Eisen. Ja, Jupiter selbst fürchtet sich vor ihm.«
Als der Vater das vernommen hatte, kehrte er tief betrübt und traurig nach Hause zurück und erzählte seiner Gattin den unheilvollen Spruch des Orakels. Nichts als Weinen und Jammern hörte man da tage- und nächtelang im Palast.
Doch schon nahte der Tag, an dem der Unheilsspruch des Orakels in Erfüllung gehen mußte. Man schmückte mit allem Prunk die Braut für ihre grausige Hochzeit. Vor Ruß und Asche wurden die Brautfackeln düster, die lieblichen Töne der Hochzeitsflöte wurden zu Klagen, und an ihrem Hochzeitsschleier trocknete die Braut ihre Tränen. Die ganze Stadt seufzte und nahm innigen Anteil am verhängnisvollen Los der Königstochter. Doch man muß den Worten eines Gottes gehorchen. Als man die Hochzeitsfeier im Hause tief betrübt durchgeführt hatte, da folgte das ganze Volk dem Hochzeitszug, der aber eher einem Leichenzug glich.
Von tiefem Leid erschüttert, versuchen die Eltern, das grausige Geschick noch hinauszuschieben. Doch da spricht ihre liebliche Tochter unter Tränen ihnen Trost zu: »Warum martert ihr eure alten Tage noch mit Jammern und Wehklagen? Was klagt und seufzt ihr dauernd und

rauft euch das Haar? Über euer Gesicht, das mir so lieb ist, rinnen ständig Tränen. Ist das der Lohn, den meine Schönheit euch bringt? Jetzt erst merkt ihr, daß der entsetzliche Neid euch getroffen hat. Ihr hättet weinen und klagen sollen, als alle Länder und Völker mir göttliche Ehre brachten und mich als zweite Venus verehrten. Da hättet ihr mich als tot beklagen sollen. Ich fühle es ganz deutlich, daß mich dieser Name Venus zugrunde richtet. Führt mich nun ruhig weiter und stellt mich auf den steilen Felsen, den mir das Schicksal bestimmt hat. Ich verlange sehnlichst nach meiner Hochzeit und nach meinem edlen Bräutigam. Warum sollte ich es aufschieben, warum ablehnen, da er doch zum Verderben der ganzen Welt geboren ist?«
Nachdem Psyche so gesprochen hatte, mischt sie sich schnellen Schrittes unter das Volk, das sie begleitet, und man gelangt schließlich auf den Gipfel des Berges. Dann verlassen alle Psyche und lassen sie ganz allein da droben stehen. Die Eltern kehren, krank vor Gram, in ihren Palast zurück; nichts kann sie mehr erfreuen. Sie verschließen sich, um das Licht der Sonne nicht mehr sehen zu müssen.
Psyche stand unterdessen auf dem Gipfel des Berges und weinte und betete. Da plötzlich erhob sich ein sanfter Lufthauch über ihr und spielte mit ihrem Gewand. Der säuselnde Zephirwind hob sie empor und trug sie sanft den Berg hinab über die steilen Abgründe und setzte sie dann sachte unten in einem Tal ab, auf einen Rasen voller duftender Blumen. Sanft lehnte sich Psyche im weichen Rasen zurück und fiel sogleich in einen süßen Schlummer.
Als sie sich wieder vom Schlaf gestärkt erhebt, da sieht sie sich in einem schattigen Hain, in dem uralte Bäume wachsen. Hell wie ein Kristall fließt eine Quelle mitten hindurch. Nahe an der sprudelnden Quelle erblickt sie einen Palast, der so herrlich erstrahlt, daß er nicht von Men-

schenhand, sondern von Götterhand erbaut sein mußte. Schon gleich, als sie über die Schwelle des Palastes tritt, erkennt sie, daß dies das liebliche Heim eines Gottes ist. Goldene Säulen tragen die prächtige Decke, die in Felder von Elfenbein und Citrusholz aufgeteilt ist. Getriebenes Silber prangt an den Wänden und stellt wilde Tiere dar. Kostbares Gestein bildet kleingehauen den Fußboden, mannigfaltige Bilder sind darin zu sehen. Auch alle anderen Räume des Palastes sind ebenso prächtig ausgestattet, überall erglänzt an den Wänden gediegenes Gold; selbst die Türen erstrahlen im gleichen Prunk. Ja, dies muß die Wohnung eines Gottes sein; man hätte glauben können, Jupiter selbst habe diesen Palast für sein Beisammensein mit Menschen erbauen lassen.

Entzückt über die Schönheit solch prächtiger Räume, tritt Psyche näher und geht durch eine herrliche Pforte ins Innere. Alle Einzelheiten sieht sie sich genau an und erblickt auch die Schatzkammern, die prall mit allen denkbaren Kostbarkeiten gefüllt sind.

Wie erstaunt war sie aber, als sie kein Schloß und keinen Riegel erblickte, der die Schätze sicherte. Und als sie voller Staunen all dies betrachtete, da ertönte plötzlich eine weibliche Stimme, ohne daß man eine Person wahrnehmen konnte, die sprach: »Was staunst du, Herrin, über all diese Pracht? Es gehört ja alles dir. Geh also ruhig ins Schlafgemach, leg dich zur Ruhe aufs Lager und nimm ein Bad, wenn du willst. Wir, deren Stimmen du hörst, sind deine dienstbaren Geister und warten nur auf deine Befehle.« Jetzt merkte Psyche, daß sie in der Obhut eines Gottes war, und legte sich aufs Lager zur Ruhe. Nachdem sie ein Bad genommen hatte, wie ihre Dienerinnen ihr vorgeschlagen hatten, setzte sie sich an eine festliche Tafel. Und sogleich wurden ihr die herrlichsten Weine und die köstlichsten Speisen aufgetischt. Sie standen plötzlich auf dem Tisch, und Psyche konnte nicht sehen, wer sie aufgetragen hatte, nur die Stimmen konnte sie vernehmen. Als sie das Mahl zu sich genommen hatte, da erschien plötzlich ein unsichtbarer Sänger, der von einem ebenso unsichtbaren Zitherspieler begleitet wurde, und beide gaben der schönen Königstochter ein Konzert; himmlisch klangen die Töne in ihren Ohren. Als die Nacht gekommen war, legte sich Psyche zur Ruhe, und bald umfing sie ein tiefer Schlaf.

Mitten in der Nacht aber klang ein sanfter Ton an das Ohr Psyches, und sie wurde aus dem Schlaf geweckt. Angstvoll saß sie auf ihrem Lager, fürchtete sie doch um ihre mädchenhafte Unschuld in dieser Verlassenheit des Palastes. Es kam der Gatte, den das Orakel verkündet hatte, und er bestieg ihr Lager und machte sie zu seiner Gemahlin. Und noch bevor es Morgen wurde, erhob er sich von der Lagerstatt und entschwand, von Psyche noch ungesehen. So ging es jeden Abend und jeden Morgen. Und wie es oft geschieht, hatte das völlig Neue in Psyches Leben in ihr Freude hervorgerufen, und auch die Stimmen ihrer unsichtbaren Dienerinnen gaben ihr Trost und halfen ihr über die Einsamkeit ihres Daseins am Tage hinweg; denn nachts erschien immer der Gatte, und die Zeit verging dann wie im Fluge.

Die Eltern Psyches verzehrten sich inzwischen im Gram über das Schicksal ihrer Tochter. Auch die beiden Schwestern Psyches hatten von der Hochzeit mit dem Ungetüm gehört und kehrten deshalb ins elterliche Heim zurück, um ihren Eltern Trost zuzusprechen und um Näheres zu erfahren.

In derselben Nacht, in der die beiden Schwestern im Heim der Eltern angekommen waren, da sprach in seinem Palast der Gemahl zu Psyche: »Geliebte Psyche, eine unheilvolle Gefahr droht dir vom Schicksal; sei auf der Hut! Deine Schwestern glauben, du seist tot, und bald werden sie auf der Spitze des Berges oben erscheinen, um dich zu suchen.

Wenn du dann ihr klagendes Rufen hörst, antworte ihnen nicht, sonst wird dir tiefer Schmerz und unsägliches Unheil widerfahren.« Psyche hörte diese mahnenden Worte ihres Gemahls, den sie noch nie von Angesicht gesehen hatte, und versprach ihm, so zu verfahren, wie er sie geheißen hatte. Doch als er bei Morgengrauen ihr Lager verlassen hatte, da wurde sie erst recht von Einsamkeit ergriffen. In Weinen und Wehklagen brach sie den ganzen Tag aus. Ganz und gar verlassen kam sie sich vor, da nicht einmal ihre Schwestern sie trösten durften, in einen goldenen Käfig wähnte sie sich eingeschlossen, von der menschlichen Gesellschaft gänzlich getrennt. An diesem Tag nahm sie weder Speise noch Trank zu sich und begab sich abends todunglücklich und tränenüberströmt in ihr Schlafgemach.

In dieser Nacht kam ihr unbekannter Gemahl früher als üblich, doch Psyche hörte nicht auf mit dem Weinen. So sprach er vorwurfsvoll zu ihr: »Folgt so meine geliebte Psyche meinen Mahnungen, daß sie Tag und Nacht Tränen vergießt? Mach es, wie du möchtest, nur denk an meine Worte, wenn die Reue zu spät kommt.« Doch diese Rede konnte Psyche nicht trösten, und ihr Tränenstrom versiegte nicht. So wurde schließlich ihr liebender Gemahl gerührt und er erlaubte ihr, die Schwestern zu sehen, mit ihnen zu sprechen und ihnen sogar kostbare Schätze des Palastes zu schenken. »Aber«, sprach er, »wenn sie dich nach meiner Gestalt fragen, so enthülle ihnen nichts, sonst verlierst du dein gegenwärtiges Glück, und ich werde dich nicht mehr besuchen.« Überglücklich bedankte sich Psyche bei ihrem Gemahl auf zärtlichste Weise. Hundertmal wollte sie lieber sterben, als ihren geliebten Gemahl zu verlieren. Schließlich erreichte sie es noch, daß der Gemahl es ihr zusagte, daß der sanfte Zephirwind auch die Schwestern den Berg hinab ins Tal bringen dürfe. Als der Morgen graute, erhob der unbekannte Gatte sich wieder vom Lager und entschwand wie immer.

Inzwischen waren schon die beiden Schwestern auf dem Gipfel des Berges angekommen, und laut ertönte ihr Wehgeschrei in den Felsen. Als sie nun auch noch den Namen der totgeglaubten Schwester riefen, lief Psyche schnell aus ihrem Palast und bat sie, doch mit Weinen und Jammern aufzuhören, sie sei ja noch am Leben, die Schwestern könnten zu ihr kommen, um sie in die Arme zu schließen. Und es kam der Wind Zephir und trug die Schwestern sanft hinab ins Tal zu Psyche. Stürmisch umarmten und küßten sie sich da alle, und Psyche führte die Schwestern dann hinein in den Palast und zeigte ihnen die ganze Pracht. Nachdem sie sich durch ein erfrischendes Bad gestärkt hatten, setzten sie sich an die Tafel, und sogleich trugen unsichtbar die Dienerinnen ein reichliches Festmahl auf.

Die Schwestern aber waren in ihrem Neid auf Psyches Glück neugierig geworden und fragten, wer denn eigentlich der Herr dieses Palastes und wer ihr Gemahl sei und wie er aussehe. Psyche aber erinnerte sich der Warnungen ihres Gatten und log den Schwestern vor, ihr Gatte sei ein schöner Jüngling, dem der erste Bartflaum die Wangen bedecke. Hauptsächlich widme er sich der Jagd in den Bergen und Fluren. Doch hatte sie Angst, doch den neugierigen Fragen der Schwestern zu erliegen. So rief sie den Zephir und hieß ihn, die Schwestern wieder auf den Berg zurückzubringen. Zuvor aber beschenkte sie sie noch reichlich mit kostbaren Schmuckstücken aus Gold und Edelsteinen.

Als die beiden Schwestern zu ihren Eltern zurückkehrten, da stieg erneut abscheulicher Neid in ihren Herzen auf. »Wie ungerecht ist doch das Schicksal«, sprach die eine, »wir, die älteren Schwestern, sind weit weg von unserer Heimat und müssen unseren Männern fast wie Mägde dienstbar sein, Psyche aber lebt in Reichtum und Prunk und hat noch einen Gott zum Gemahl. Du hast es doch

gesehen, Schwester, welcher Reichtum an Kostbarkeiten dort im Haus liegt; bald wird sie vielleicht noch zur Göttin erhoben, dauernd blickt sie ja schon nach oben; sie verfügt über unsichtbare Dienerinnen, deren Stimmen man nur hört, und auch dem Wind vermag sie zu befehlen. Ich aber habe einen Gemahl, der noch älter als mein Vater ist, kahl ist er und schwächer als jeder Knabe, noch dazu verriegelt und bewacht er das ganze Haus.« Da sprach die andere: »Ich habe einen Mann, der von der Gicht geplagt wird und dauernd gebückt geht; nicht erwidert er mein zartes Verlangen; fortwährend muß ich seine steinernen Knöchel reiben und ihm Umschläge machen. Nicht seine Frau, sondern seine Pflegerin bin ich. Ich kann es nicht mehr länger ertragen, daß unserer jüngsten Schwester das Glück in den Schoß gefallen ist. Wie stolz und hochmütig hat sie uns doch behandelt, wie anmaßend gab sie uns ein paar Kleinigkeiten aus ihren großen Schätzen. Dann wurde sie unserer Anwesenheit überdrüssig und ließ uns vom Wind wieder entfernen. Ich will nicht mehr Frau sein, wenn ich sie nicht von ihrer Höhe hinabstürzen kann. Wir wollen gemeinsam einen Plan aushecken; den Eltern wollen wir von ihren Geschenken nichts zeigen, wir wollen ihnen auch nichts von ihr erzählen. Doch laßt uns jetzt zu unseren armseligen Männern und jämmerlichen Behausungen zurückkehren, bis wir einen Plan haben, ihren Hochmut zu bestrafen.« Die beiden Schwestern verstecken also ihre Geschenke, raufen sich heuchlerisch das Haar und zerkratzen sich ihr Gesicht. Damit rufen sie bei den alten Eltern den alten Schmerz um das vermeintliche Los Psyches wieder wach und reißen die alten Wunden auf. Dann begibt sich jede zu ihrem Mann, wo sie geradezu Meuchelmord gegen ihre Schwester ausdenken.
Unterdessen wurde Psyche wieder von ihrem Gemahl gewarnt: »Eine große Gefahr droht dir«, sprach er auf dem nächtlichen Lager zu seiner Gattin. »Deine beiden Schwe-

stern werden wiederkommen, um von dir über meine Gestalt zu erfahren. Hast du aber einmal meine Gestalt gesehen, Psyche, so wirst du sie nie wieder sehen. Wenn deine bösen Schwestern also hierhin zurückkehren, so sprich nicht mit ihnen. Kannst du das aber nicht aushalten, so rede zumindest nichts über mich. Denn du trägst ein Kind unter dem Herzen. Bewahrst du das Geheimnis seines Vaters, so wird es ein göttliches, wenn nicht, ein sterbliches.«
Wie glücklich war Psyche, als sie hörte, daß sie Mutter werde, wie freute sie sich schon über den göttlichen Säugling. Kaum konnte sie den Tag der Niederkunft erwarten und zählte schon Monate und Tage bis zu jener Zeit. Doch ihre beiden Schwestern waren schon aufgebrochen, um ihren ruchlosen Plan in die Tat umzusetzen. Und erneut mahnte da nachts der Gatte: »Er ist jetzt da, der letzte Tag der Prüfung des Schicksals. Schon haben deine Schwestern die Waffen ergriffen und drohen deiner Kehle. Erbarme dich meiner, geliebte Gattin, bewahre dein Haus und deinen Gatten, dich und das Kind, das du in dir trägst, vor dem Unheil. Diese beiden Weiber, die du nicht mehr Schwestern nennen dürftest, solltest du weder sehen noch anhören, wenn sie wie Sirenen vom Berg herab ihr heuchlerisches Rufen ertönen lassen.« Unter Tränen erwiderte ihm Psyche: »Meine Treue und meine Verschwiegenheit hast du schon längst erprobt und als bewährt empfunden. Befiehl ruhig dem Zephir, beide zu mir hinabzubringen, damit ich sie zumindest sehen kann, wenn es mir schon nicht erlaubt ist, dein Antlitz zu schauen. Denn bald werde ich in unserem Kind dein Angesicht erkennen. Laß mich doch die Schwestern sehen, ich werde nicht mehr nach deiner Gestalt forschen, und die nächtliche Finsternis macht mir nichts mehr aus.« Durch diese zärtlichen Worte und durch Umarmungen und Liebkosungen wurde der Gemahl bezaubert, und er trocknete mit seinen wei-

chen Locken Psyches Tränen. Er versprach, ihr den Wunsch zu erfüllen, und vor Morgengrauen verließ er wieder das Lager und ging von dannen.
Die bösen Schwestern waren inzwischen an der Küste gelandet und sogleich zum Gipfel des Berges geeilt, ohne vorher noch ihre Eltern aufzusuchen. Ohne die Hilfe des Windes abzuwarten, stürzten sie sich hastig in den Abgrund. Doch Zephir fing sie, wenn auch unwillig, kurz vor dem harten Aufprallen auf und trug sie auf Geheiß seines Herrn sachte zur Erde hinab. Überstürzt hasteten sie zum Palast, umarmten ihre Beute und schmeichelten ihr, beglückwünschten sie zu ihrem Mutterglück und heuchelten, das Kind werde ein wahrer Amor werden. So gewinnen sie allmählich völlig das Herz der harmlosen Psyche. Diese bewirtet sie köstlich, und nach der Tafel erklingt wunderbare Musik, von unsichtbaren Spielern und Sängern vorgetragen. Doch die harten Herzen der beiden Schwestern werden dadurch nicht weich. Sie wollen jetzt heimtückisch ihren Plan ausführen und fragen Psyche wieder, wer denn ihr Gemahl sei und woher er komme. Diesmal erzählt Psyche ihnen, er sei ein großer Kaufmann und komme aus der nahe liegenden Provinz, ein Mann im mittleren Alter sei er und erste Silberstreifen färbten schon sein Haar. Dann beschenkt Psyche wieder ihre Schwestern reichlich, und Zephir bringt sie hoch hinauf auf den Berg zurück.
Die Schwestern aber glaubten Psyche nicht; zuerst hatte sie vorgegeben, die Gattin eines jungen Mannes zu sein, jetzt die eines Kaufmanns in mittleren Jahren. »Entweder beleidigt sie uns«, sagten sie untereinander, »oder aber sie kennt das Aussehen ihres Mannes nicht. Dann aber wird es ein Gott sein, und sie wird Mutter eines göttlichen Kindes werden.« Das wollten die Schwestern aber aus Neid auf keinen Fall aushalten, lieber wollten sie sich noch erhängen. Kurz nur besuchten sie ihre Eltern, und schon am

nächsten Morgen eilten sie zur Bergspitze und stürzten sich hinab, wiederum unwillig von Zephir aufgefangen.
Sie heucheln Tränen und reden Psyche so an: »Glücklich bist du, denn du ahnst nichts von der Gefahr, die dir droht. Aufs tiefste waren wir betrübt, als wir erfahren haben, daß dein Gatte ein fürchterlicher Drache ist. Denk doch zurück an den Spruch des Orakels, das dir eine blutige Hochzeit mit einem Ungeheuer prophezeite. Viele Bauern und Jäger haben das Untier schon gesehen, wenn es abends von seinem Fraß zurückkehrte und sich in den Fluten des nahen Flusses badete. Nicht lange wird er dich mit diesen herrlichen Speisen mästen, glaube es. Wenn die Frucht deines Leibes größer ist, wird er auch dich verschlingen. Du aber entscheide, ob du dem Rat deiner Schwestern, die sich um dein Wohl sorgen, folgen willst, oder ob du dich lieber in den Armen eines Drachen ergötzt, um schließlich doch gefressen zu werden. Wir jedenfalls haben das unsere getan und dich gewarnt.«
Über diese Rede erschrak die gutgläubige Psyche fürchterlich und dachte nicht mehr an die warnenden Worte ihres Gemahls und an die Versprechungen, die sie ihm gegeben hatte. »Vielen Dank, liebe Schwestern«, sprach sie zitternd, »wie recht ihr habt, denn noch nie habe ich die Gestalt meines Gatten gesehen, ich weiß auch nicht, woher er stammt. Nur nachts sucht er mich auf; er ist bestimmt ein Ungetüm, da er das Licht derart scheut. Warum hat er mich sonst gewarnt, je seine Gestalt zu sehen? Helft mir doch, Schwestern, gebt mir doch einen Rat!«
Nun hatte der ruchlose Plan der bösen Schwestern kein Hindernis mehr, denn wehrlos war ihren Heucheleien die hilfesuchende Psyche erlegen. Da redeten sie: »Wir wollen alles für deine Rettung tun, Schwester. Verbirg auf deinem Lager einen scharfen Dolch und eine kleine Lampe. Und wenn der Drache neben dir eingeschlafen ist, nimm beides hervor und trenne mit einem Streich den Kopf vom

Rumpf des Ungetüms. Wir werden in der Nähe bleiben, um dir zu helfen.« So heuchelten sie und machten sich in Wirklichkeit schnell von dannen, vom Zephir getragen. Sogleich bestiegen sie das Schiff und segelten davon, da sie Unheil ahnten.

Psyche aber blieb allein in ihrem Palast, und tiefer Kummer ergriff ihr Herz. Hin und her schwankt sie, bald will sie dem Rat der Schwestern entschlossen folgen, bald wird sie unsicher. In dem gleichen Wesen fürchtet sie das Ungetüm und liebt darin den Gatten. Doch als sich der Abend naht, da legt sie die Werkzeuge bereit.

Und der Gatte kam und bestieg ihr Lager. Sobald er aber an ihrer Seite eingeschlafen war, da nahm Psyche den Dolch und die Lampe hervor und beleuchtete die Gestalt ihres Gemahls. Doch welch ein Anblick bot sich ihr nun. Da lag kein grausiger Drache neben ihr, sondern der Liebesgott selbst in seiner ganzen Schönheit. Heller flackerte die Lampe bei seinem Anblick auf, und blanker blitzte der Dolch. Durch den wunderbaren Anblick entzückt sank Psyche in die Knie und fast hätte sie sich selbst, ihrer Sinne nicht mehr Herr, mit dem Dolch durchbohrt, um ihn in der eigenen Brust zu verbergen. Aber er war ihr hingefallen.

Sie kann nicht genug bekommen von dem herrlichen Anblick des Gottes, es raubt ihr die Sinne. Wie liegt er da, in lockiges Gold den Kopf gehüllt, an den Schultern des Gottes leuchten die Flügel. Am Fuße des Lagers ruhen Bogen, Köcher und Pfeile, die Zeichen seines munteren Wirkens. Neugierig nimmt Psyche einen Pfeil aus dem Köcher und betastet ihn. Bei ihrem Spiel ritzt sie sich damit etwas den Finger, so daß kleine Blutströpfchen hervorkommen. Damit verfällt Psyche, ohne es zu wissen, in heiße Liebe zu Amor und heftig küßt sie den schlafenden Gott. Doch das Unglück schreitet schnell. Als sie den Körper ihres Geliebten immer wieder küßt, fällt ein Tropfen heißen Öls aus der Lampe und träufelt auf die rechte Schulter des Gottes. Sogleich erwacht Amor hiervon, und als er den Vertrauensbruch Psyches gemerkt hat, schwingt er sich schweigend in die Lüfte. Psyche ergreift noch seinen rechten Fuß, will ihn zurückhalten, doch bald versagen ihr die Kräfte, und sie gleitet zur Erde.

Doch konnte Amor seine geliebte Psyche nicht sofort verlassen. Er schwang sich auf die nächste Zypresse und rief sie in tiefer Erregung an: »Einfältige Psyche! Damals wollte meine Mutter dir den elendsten Menschen zum Gemahl geben und rief mich deshalb zu sich. Ich aber wurde selbst in Liebe zu dir ergriffen und habe dich zu meiner Gemahlin gemacht. Und dafür hast du mich für ein Untier gehalten und wolltest mir den Kopf abhauen. Deine beiden Schwestern werden sofort von mir bestraft. Deine Strafe wird sein, daß ich von dir gehe.« Sprach's, schwang sich in die Lüfte und flog von dannen.

Psyche verfolgte noch den Flug ihres Amor mit den Augen, bis er entschwunden war. Dann aber wollte sie vor Gram und Schmerz um den Verlust ihrer großen Liebe nicht mehr leben und stürzte sich in den nächsten Fluß. Doch der gütige Fluß setzte sie aus Angst vor dem Gott wieder sanft ans Ufer, wo gerade der ländliche Gott Pan saß und seine schöne Nymphe Echo in den Armen hielt. Tröstend sprach da Pan der Psyche zu, als er von ihrem Mißgeschick erfahren hatte. Doch Psyche antwortete nicht, sondern verehrte Pan nur im stillen und eilte weiter.

Nachdem sie lange umhergeirrt war, kam sie eines Abends auch in eine Stadt, in der einer ihrer Schwager König war. Sogleich eilte Psyche zu ihrer Schwester und sprach zu ihr: »Ihr habt mir doch geraten, meinen Gemahl, der ein Ungeheuer sein sollte, zu töten. Als ich aber sein Angesicht beim Schein der Lampe sah, da erblickte ich den Sohn der Venus, Amor. Ein Tropfen heißen Öls fiel auf seine Schulter, und er erwachte. Da befahl er mir, ihn sogleich zu verlassen, und sagte mir noch, daß er dich heiraten wolle.« Da wurde die Schwester von glühender Liebesgier ergriffen, heuchelte ihrem Gatten vor, ihre Eltern seien gestorben, stieg schnell in ein Schiff und bestieg den Gipfel des unheilvollen Berges. Dort stürzte sie sich wild in die Tiefe, um zu Amor zu gelangen. Aber diesmal war Zephir nicht mehr da, der sie sonst sanft in die Tiefe brachte. Und so zerschellte sie am abgründigen Felsen, ihr Körper diente den Tieren zum Fraß.

Auf ihrer langen Irrfahrt war inzwischen Psyche auch in die Stadt gelangt, in der ihr anderer Schwager König war. Auch hier erzählte sie der anderen Schwester die gleiche Geschichte, und sogleich wurde diese von derselben Raserei ergriffen und stürzte wie ihre Schwester in den Tod.

In allen Ländern suchte nun Psyche ihren geliebten Gemahl; doch Amor lag krank im Hause seiner Mutter und stöhnte unter der Wunde, die der Tropfen heißen Öls aus der Lampe Psyches ihm beigebracht hatte. Und eine schneeweiße Möwe tauchte nun tief hinab in den Ozean und erzählte Venus, die gerade badete, daß ihr Sohn sich bei einem irdischen Mädchen oben in den Bergen am Öl der Lampe verbrannt habe. Das ganze Haus der Venus gerate in schlechten Ruf, denn auch sie selbst kümmere sich nicht mehr um die Menschen, sie bade und schwimme nur. Lust und Anmut seien entflohen, Ehe, Freundschaft und Kindesliebe lägen brach, und an ihre Stelle seien Laster und Gehässigkeit getreten.

Darüber geriet Venus in große Wut und schrie: »Was, mein Söhnchen hat schon ein Liebchen? Gib mir sofort ihren Namen an! Ist es eine Nymphe, eine Hore, eine Grazie oder Muse?« – »Ich glaube nicht, Herrin«, erwiderte die Möwe, »ich glaube, es ist eine gewöhnliche Sterbliche, sie heißt Psyche.«

Als Venus den Namen ihrer einstigen Nebenbuhlerin hörte, geriet sie vollends in unbändigen Zorn, eilte schnell in ihre goldene Wohnung und schrie ihrem kranken Sohn zu, kaum daß sie die Schwelle überschritt: »Vortrefflich hast du dies gemacht. Du hast meine Feindin nicht durch eine Liebe gequält, sondern sie zu deiner eigenen Geliebten gemacht. Schon als kleiner Junge hast du nicht viel getaugt. Soll ich meine Feindin, die Göttin der Mäßigkeit, um Hilfe rufen, sie, die ich wegen meiner Zügellosigkeit so oft gequält habe? Hart ist es, gerade sie zu bitten, aber es bleibt mir kein anderer Weg. Sie wird dir schon die Flügel stutzen, dir die Pfeile aus dem Köcher nehmen und sie stumpf machen und dir deine goldglänzenden Locken scheren. Dann erst ist meine Kränkung gesühnt.« Nach diesen Worten verließ sie in wildem Zorn die Wohnung. Ceres und Juno, die ihr begegneten, bat sie noch, ihr bei der Suche nach Psyche behilflich zu sein; doch diese beiden Göttinnen versuchten ihr den Zorn auszureden, denn sie fürchteten die Liebespfeile des jungen Amor. So ließ Venus die beiden verächtlich stehen und strebte schleunigst dem Meer zu.

Inzwischen suchte Psyche Tag und Nacht ohne Rast ihren Gatten; sie wollte seinen Zorn besänftigen, koste es, was es wolle, durch zärtliche Liebkosungen oder aber auch durch demütige Bitten. So kam sie umherirrend auch zu einem hohen Berg, auf dessen Gipfel ein Tempel stand. Eiligen Fußes machte sie sich daran, den Berg zu besteigen, da sie glaubte, ihr Gemahl hielte sich dort auf. Schon hatte sie die Steigung erklommen und nahte sich dem Tempel. Da erblickte sie Weizenähren und Gerstenähren auf einem Haufen oder zu Kränzen gebunden. Auch Sicheln und anderes Erntegerät lag durcheinander und ungeordnet da, so wie die Erntearbeiter es wohl hingeworfen hatten, als sie bei der Sonnenglut sich in den Schatten zurückgezogen hatten. Sogleich ordnete Psyche einzeln alle

Geräte und legte sie richtig zusammen, denn sie glaubte, keiner Gottheit Dienst vernachlässigen zu dürfen, wenn sie überall Mitleid finden wollte. Als sie eifrig dabei war, alles zu ordnen, da näherte sich ihr Ceres, die Göttin der Erde und des Wachstums, und sprach zu ihr: »Oh, unglückliche Psyche! Überall auf dem ganzen Erdkreis sucht dich die erzürnte Venus, um sich bitter an dir zu rächen. Und du bist hier und denkst an nichts als an Dinge, die mich betreffen.« Demütig warf sich da Psyche zu Füßen der Göttin und benetzte diese mit ihren Tränen. »Komm mir zur Hilfe«, flehte sie, »laß mich doch einige Tage hier zwischen den Ährenbündeln verbringen, bis sich der Zorn der Venus etwas gelegt hat, und ich mich von dem endlosen Umherirren erholt habe!« Doch obwohl Ceres gerührt war, wies sie die Bitte zurück. Sie mochte wohl Psyche beistehen, doch konnte sie nicht, denn sie wollte sich ihre Verwandte Venus nicht zur Feindin machen.

So machte sich Psyche doppelt betrübt wieder auf den Weg und gelangte in einem schattigen Hain zu einem herrlichen Tempel. Und da sie den Schutz und die Hilfe jeder Gottheit dringend brauchte, ging sie auf ihn zu. Kostbare Weihgeschenke und goldbestickte Gewänder erblickte sie an den Ästen der Bäume und den Türpfosten des Tempels aufgehängt; sie verkündeten den Namen der Göttin, der sie geweiht waren. Psyche wischte ihre Tränen ab, betrat den Tempel, umfaßte mit ihren Armen den warmen Altar und betete: »Schwester und Gemahlin des großen Jupiter, hilf mir in meinem Elend, in welchem deiner Tempel du dich auch jetzt aufhältst. Ich kann nicht mehr weiter und breche zusammen unter der Last meines Unglücks. Du hilfst ja auch besonders den Schwangeren.« Da trat die Göttin in ihrer ganzen Majestät hervor und verkündete: »Wie gerne würde ich dir helfen, aber ich kann nichts gegen den Willen der Venus tun, ist sie doch meine Schwiegertochter.«

Wiederum war Psyche in ihrer Erwartung getäuscht und gab jede Hoffnung auf, ihren geliebten Gemahl jemals zu finden. Von wem konnte sie jetzt noch Hilfe erwarten, da ja nicht einmal die mächtigen Göttinnen ihr Beistand leisten durften. Überall war sie gefangen, es gab keinen Schlupfwinkel mehr für sie. So beschloß sie denn, alle Hoffnung mutig aufzugeben, sich Venus freiwillig zu stellen. Noch allein ihre Demut konnte vielleicht den Zorn der Venus besänftigen, und vielleicht würde sie im Haus der Mutter auch ihren Amor finden. Mit diesen Gedanken bereitete sie sich auf die Demütigung oder sogar aufs sichere Verderben vor, doch es war ihr nun einerlei.
Venus aber gab es nun auf, mit irdischen Mitteln nach Psyche zu suchen. Sie ließ den Wagen anspannen, den ihr einst Vulkan zur Hochzeit geschenkt hatte, und fuhr hinauf in die Höhe zur Herrscherburg Jupiters. Dort bat sie den höchsten der Götter, ihr Hermes, den Boten, zur Hilfe zu geben, und Jupiter schlug der schönen Göttin diese Bitte nicht ab. Hermes fuhr nun mit ihr hinab zur Erde und verkündete überall, daß Venus eine hohe Belohnung für den aussetze, der Psyche ausfindig mache. Der Lohn bestand in sieben honigsüßen Küssen der Göttin.
Alle Menschen wetteiferten nun darin, diese Belohnung zu erhalten. Dadurch aber wurde Psyche nur noch in ihrem Vorhaben bestärkt und gelangte schon zur Tür der Wohnung der Venus. Schon dort beschimpfte eine aus dem Gesinde der Venus Psyche mit beleidigenden Worten und schleifte sie an den Haaren zu Venus, doch Psyche wehrte sich nicht. Als Venus sie erblickte, da rief sie in ihrem Zorn schadenfroh aus: »So kommst du nun endlich zu deiner Schwiegermutter, oder hast du vor, deinen kranken Geliebten aufzusuchen. Doch sei beruhigt, ich will dir helfen.« Und sie rief ihre Dienerinnen, die Sorge und die Traurigkeit. Diese erschienen, und Psyche wurde von ihnen gequält. Mit Geißeln und anderen Werkzeugen

marterten sie sie und schleppten sie dann wieder vor Venus.
Deren Zorn aber ist noch immer nicht verraucht. »Du willst wohl durch deinen Zustand bei mir Mitleid erregen«, höhnt sie, »du willst mich außerdem in der Blüte der Jahre schon zur Großmutter machen. Aber schlage dir das aus dem Kopf. Die Ehe ist ungültig, sie ist ja ohne Zeugen geschlossen. Und das Kind, das du zur Welt bringen wirst, ist nicht mein Enkel.« Dann stürzt sie sich wild auf Psyche, zerreißt ihr die Kleider, zerzaust ihr das Haar und schlägt ihr auf den Kopf. Weizen, Gerste, Hirse, Mohn, Erbsen, Linsen und Bohnen läßt sie dann bringen, vermischt alle Körner auf einem Haufen und spricht: »Abscheuliche Kreatur, hier kannst du dich in geduldiger Arbeit üben. Sondere die ganze Masse nach den einzelnen Arten und liefere mir die fertige Arbeit noch vor dem Abend ab.« Dann geht Venus zu einem Hochzeitsmahl.
Starr vor Schreck war Psyche und fing gar nicht erst mit der unlösbaren Aufgabe an. Eine kleine Ameise aber hatte alles mit angehört und wurde von Mitleid erregt. Emsig lief sie hin und her und rief alle ihre Brüder und Schwestern herbei. Die ganze Ameisenschar lief nun zusammen, und in höchstem Eifer sonderten sie alle Körner auseinander und machten von jeder Art einen kleinen Haufen. Und nach getaner Arbeit entschwanden sie wieder flink.
Als Venus vom Wein berauscht und von Balsam duftend heimkehrte und das vollendete Werk sah, da rief sie: »Das ist nicht deiner Hände Werk, sondern seiner, dem du zu deinem, aber auch zu seinem Unglück gefallen hast.« Sie warf Psyche ein Stück groben Brotes vor die Füße und legte sich zum Schlaf. Während dieser ganzen Zeit aber war Amor im Innern des mütterlichen Schlosses eingesperrt und wurde streng bewacht. So brachten beide Liebenden, unter einem Dach, aber doch getrennt, eine schreckliche Nacht zu.

Schon früh am nächsten Morgen rief Venus Psyche zu sich und stellte ihr eine zweite unlösbare Aufgabe: In einem Hain an den Ufern eines Flusses weideten goldfarbene Schafe ohne Hirten. Von ihrer Wolle sollte Psyche der Venus eine Flocke bringen. Sogleich ging Psyche los, nicht aber, um den Befehl der Göttin auszuführen, sondern um durch einen Sturz vom felsigen Ufer in den Wellen den Tod zu suchen. Es wuchs aber dort viel Schilf. Dieses war durch göttlichen Hauch beseelt und raunte Psyche zu: »Unglückliches Mädchen, beflecke nicht mein heiliges Wasser durch deinen unseligen Tod, geh auch nicht jetzt, wo die Sonne hoch am Himmel steht, zu den furchtbaren Schafen. Denn sie nehmen von der Sonne Glut in sich auf, und in wilder Raserei versuchen sie jeden, der sich ihnen naht, mit ihrer Eisenstirn, ihren spitzen Hörnern und ihren giftigen Bissen zu töten. Wenn es aber Abend wird, dann legen sich die Tiere in den Schatten am Fluß. Halte dich unterdessen unter jener riesigen Platane auf, und wenn die Schafe sich durch die Kühle beruhigt haben, dann schüttle das Laub des Hains, und du findest die Goldflocken an den Zweigen.« So sprach das menschenfreundliche Schilf, und Psyche folgte seinem Rat und brachte am Abend einen ganzen Schoß voll Goldwolle zu Venus.

Die Göttin wurde dadurch immer noch nicht gnädig gestimmt und glaubte nicht, daß Psyche diese Aufgabe allein vollführt habe. Und sie gab ihr eine dritte, noch schwerere Aufgabe: Von einer hohen Felsenspitze herab fließen die dunklen Wasser einer Quelle, sie bewässern in einem Tal tief drunten den stygischen Sumpf und speisen die brausenden Fluten des Cocytus, eines Flusses in der Unterwelt. Dort droben auf der Felsenspitze sollte Psyche von der Quelle der dunklen Wasser ein Gefäß schöpfen. Venus überreichte ihr einen Krug aus Bergkristall und ging dann drohend von dannen.

Sogleich machte Psyche sich auf den Weg zum Gipfel des Felsens, doch wiederum nicht, um die Aufgabe zu lösen, sondern um ihrem Leben dort ein Ende zu setzen. In der Nähe des Gipfels angekommen, erkannte sie aber die schreckliche Gefahr, die ihr drohte. Jäh ragte über ihr der Fels, in dem der Quell des dunklen Wassers entsprang, das sogleich tief in einem Sturzbach nach unten brauste. Links und rechts hausten in Höhlen schreckliche Drachen, die furchtbar die Augen geöffnet hielten und nie schliefen. Entsetzlich reckten sie ihre Hälse empor. Und auch die Fluten des herabstürzenden Wassers riefen ihr zu: »Hinweg von hier, fliehe, du bist verloren.«

Vor Schreck war Psyche erstarrt, nicht einmal Tränen konnten ihren Augen entrinnen. Doch wiederum nahm sich die Vorsehung ihrer an. Der Adler, der Vogel Jupiters, stieß vom Himmel herab; er wollte Psyche helfen, denn er hatte sich daran erinnert, daß Amor ihm damals, als er für Jupiter den Ganymed rauben mußte, geholfen hatte. Jetzt wollte er also auch dessen Gemahlin nicht im Stich lassen und redete sie an: »Glaubst du wirklich, daß du die Wasser des Styx, den selbst Jupiter fürchtet, in dein Krüglein füllen kannst, du Törichte. Doch gib mir nur deinen Krug her.« Und der Adler erfaßte den Krug mit seinen Fängen, schwang sich hoch über die fürchterlichen Drachen bis hin zum Gipfel und schöpfte für Psyche das Wasser aus der Quelle. Dem Wasser, das sich freiwillig nicht schöpfen ließ, rief er zu, er komme von Venus, sie habe es ihm befohlen. So brachte er den Krug zu Psyche, die damit hocherfreut zu Venus zurückkehrte.

Doch Venus wurde auch dadurch noch nicht in ihrem Zorn besänftigt. Jetzt dachte sie sich die schwerste Aufgabe für Psyche, die doch schon so vieles Unheil erduldet hatte, aus: »Nimm diese Büchse«, sprach sie, »und gehe geschwind in die Unterwelt. Bringe sie dort der Proserpina und sage ihr, Venus bitte sie, noch etwas von ihrer

Schönheit in einer Salbe zu schicken. Sag ihr, daß meine Schönheit verblichen sei bei der Pflege meines Sohnes. Komm aber sofort zurück, denn ich brauche die Schönheit, noch bevor ich zur Versammlung der Götter gehe.«
Nun erkannte Psyche, daß ihr Ende nahe war und daß Venus sie absichtlich in den Tod schickte. Sie ging aber dennoch los, zu einem sehr hohen Turm, um sich von dort in den Tod zu stürzen, denn das sei der beste Weg, in die Unterwelt zu gelangen, glaubte sie.
Da hatte sogar der Turm Erbarmen mit ihr und sprach: »Warum willst du jetzt bei deiner letzten Aufgabe versagen? Erst wenn sich dein Geist vom Körper getrennt hat, wirst du hinab in die Unterwelt kommen, freilich aber nicht mehr zurück. Doch höre auf mich! Nicht weit weg von hier liegt die Stadt Sparta. Von dort gehe in das abseits gelegene Taenarus, da ist ein Eingang zur Unterwelt. Dort wird dir eine unwegsame Straße gewiesen, auf der du durch eine Schlucht zur Burg der Unterwelt gelangst. Erscheine aber nicht mit leeren Händen. Nimm in jede Hand einen honigsüßen Gerstenkuchen und in den Mund zwei Geldstücke. Wenn du ein gutes Stück des Weges gegangen bist, wird dir ein lahmer Esel, der Holz trägt, begegnen, und auch ein lahmer Eselstreiber wird dich bitten, ihm herabgefallene Holzstücke aufzusammeln. Geh' aber, ohne ein Wort zu sagen, an ihnen vorbei. Dann wirst du an den Fluß der Unterwelt gelangen, wo der Fährmann Charon erst das Geld für die Überfahrt verlangt. Gib ihm als Fährlohn eines der Goldstücke, denn selbst bei den Toten herrscht noch die unselige Gier nach Gold. Charon muß sie aber selbst aus deinem Mund nehmen.
Bei der Überfahrt über den Fluß der Toten wird der Schatten eines Greises im Fluß auftauchen und dich bitten, ihn doch auch ins Schiff zu ziehen. Doch bleibe auch ihm gegenüber standhaft. Am anderen Ufer angekommen, wirst

du alte Frauen treffen, die dasitzen und spinnen. Sie werden dich bitten, ihnen beim Spinnen zu helfen. Doch hüte dich, dies zu tun, denn all dies sind Hinterhalte der Venus, damit du einen der Kuchen verlierst. Hast du aber einen Kuchen verloren, so wirst du nie mehr aus der Unterwelt zurückkehren können. Vor dem Palast der Proserpina liegt nämlich ein dreiköpfiger Hund, der die Toten mit fürchterlichem Gebell empfängt. Er bewacht die Burg Plutos, des Herrschers der Unterwelt. Gib diesem schrecklichen Hund einen der beiden Kuchen, und er wird sanft und läßt dich in den Palast der Proserpina. Sie wird dich gnädig aufnehmen und dich bitten, dich hinzusetzen und etwas zu essen. Das darfst du aber nicht annehmen! Setz dich nur zu Boden und bitte um ein Stück Brot. Dann verrichte deinen Auftrag, hole dir die gewünschte Salbe, gib bei der Rückkehr dem Hund den zweiten Kuchen und dem Fährmann das zweite Geldstück und laß dich dann wieder zurück über den Totenfluß setzen. Geh dann wieder der unwegsamen Straße entlang zurück zum Licht der Sonne. Aber vor allem hüte dich, die Büchse, die dir Proserpina übergab, zu öffnen, das würde dir große Gefahr bringen.«

So sprach der gütige Turm. Psyche aber hörte auf alle diese guten Ratschläge des Turmes und gelangte wohlerhalten zu Proserpina. Wie der Turm ihr geraten hatte, lehnte sie höflich die Bitten Proserpinas ab und trug ihr ihren Wunsch vor. Heimlich füllte Proserpina die Büchse mit dem, was Venus gewünscht hatte. Psyche nahm sie in Empfang und gelangte glücklich ans Licht der Oberwelt zurück. Alle Vorsichtsregeln des Turmes hatte sie bislang erfüllt, doch jetzt erwachte wiederum die unselige Neugier in ihrem Herzen. Sie wollte sich auch ein wenig von der göttlichen Schönheitssalbe nehmen, um ihrem Gatten zu gefallen. Aber wie erschrak sie, als sie die Büchse öffnete. Keine Schönheit war darin enthalten, nur der Schlaf.

Dieser ergriff Psyche, so daß sie auf ihrem Heimweg plötzlich wie tot hinfiel.
In der Zwischenzeit war Amor gesund geworden und konnte es nicht mehr länger aushalten, daß seine geliebte Psyche ihm fern war. So schwang er sich durch das oberste Fenster seines Zimmers, in dem er gefangengehalten wurde, hinaus. Und da seine Flügel durch die Ruhe gestärkt worden waren, eilte er schneller denn je zu Psyche, streifte sorgsam den höllischen Schlaf von ihr ab, schloß diesen wiederum in die Büchse ein und erweckte Psyche durch einen kleinen harmlosen Stich mit seinem Pfeil. »Wiederum, geliebte Psyche«, sprach er, »bist du durch deine Neugier in großes Unglück geraten. Doch geh jetzt schnell zu meiner Mutter und erfülle ihren Auftrag, das andere will ich schon besorgen.« Dann schwang er sich wieder in die Lüfte, und Psyche überbrachte sogleich der Venus das Geschenk Proserpinas.
Amor aber fürchtete noch immer, seine Mutter werde ihre Drohungen wahrmachen und ihn der Mäßigkeit ausliefern. So ersann er eine neue List. Schnell durcheilte er den Himmel und schwang sich zum großen Jupiter auf, um diesen um Hilfe für Psyche und sich selbst zu bitten. Der oberste Gott aber streichelte seine Wange, liebkoste ihn und sprach: »Du hast zwar nie meine Ehre gewahrt, sondern mein Herz oft durch deine schnellen Pfeile in Liebe zu irdischen Frauen entflammt. Aber dafür will ich dir nicht böse sein, da du unter meinen Händen groß geworden bist. So will ich dir deine Bitte erfüllen. Als Gegendienst möchte ich nur, daß du mir das hübscheste Mädchen der Erde beschaffst.« Dann befahl er Merkur, die Götter sogleich zu einer Versammlung einzuberufen.
Bald hatte sich der ganze Himmelssaal gefüllt, und von seinem hohen Thron herab sprach Jupiter: »Alle, die ihr euch hier eingefunden habt, wißt, daß dieser Jüngling von meinen Händen erzogen worden ist. Und da der ganze

Erdkreis jetzt schon von seinen dreisten und losen Streichen spricht, habe ich beschlossen, ihm etwas Zügel anzulegen, die der Ehe. Ein Mädchen hat er ja schon gewählt und ihm die Unschuld genommen. So soll er denn seine geliebte Psyche behalten und sich mit ihr an der Liebe erfreuen.« Und zu Venus gewandt sprach er dann: »Du, meine Tochter, sei nicht betrübt, fürchte nicht um deine Abstammung. Ich will die beiden Gatten gleichmachen, damit die Ehe rechtskräftig wird.« Und sogleich befahl er dem Merkur, Psyche in den Himmel zu holen. Er reichte ihr einen Becher Ambrosia mit den Worten: »Trink, Psyche, und werde unsterblich. Nie wird dein geliebter Amor von dir weichen, eure Ehe soll ewig dauern.«
Sogleich wurde ein prächtiges Hochzeitsmahl aufgetragen. Oben an der Tafel saß der junge Ehemann, seine geliebte Psyche auf seinem Schoß. Dann saßen an der Tafel Jupiter mit Juno und die anderen Götter, alle der Reihe nach. Alle Himmlischen trugen zum Glanz dieser Feier bei. Ganymed reichte Jupiter den Becher, den übrigen schenkte Bacchus ein. Vulkan hatte die Speisen gekocht, die Horen hatten mit Rosen und anderen Blumen den Saal geschmückt, die Grazien erfüllten die Luft mit Balsam. Und beim Mahl sangen die Musen die herrlichsten Lieder, Apollo begleitete sie auf seiner Zither. Venus selbst aber tanzte voller Anmut, wozu die Musen im Chor sangen und ein Satyr die Flöte spielte.
So wurde Psyches Hochzeit mit Amor in aller Form gefeiert. Und als die Zeit herangereift war, da kam Psyche nieder und schenkte ihrem Gemahl eine Tochter, die die sterblichen Menschen Lust nannten.

[Märchen der Antike]

Dermot mit dem Liebesfleck

Einst begab es sich, daß Dermot O'Dyna mit drei seiner Gefährten auf die Jagd zog. Es waren Gol, Conan und Oscar. Sie gehörten alle vier dem Freikorps der Fianna an, dessen Führer der große Finn MacCumhal war. Die vier waren so von Jagdleidenschaft besessen, daß sie von der Nacht und von einem Unwetter überrascht wurden, weit weg vom Lager der Fianna. So machten sie sich auf, um eine Unterkunft für die Nacht zu finden. Nach einiger Zeit kamen sie in ein Tal, das noch keiner von ihnen gesehen hatte und sahen dort eine einsame Hütte, aus deren Schornstein der Rauch stieg. Dermot stieß schon von weitem den Ruf der Freundschaft aus, um die Bewohner nicht zu erschrecken. Da trat ein alter Mann aus der Hütte, begrüßte sie würdevoll und hieß sie willkommen. Die vier traten über die Schwelle, und in der Hütte empfing sie ein helles Feuer, an dem ihre Kleider bald trockneten. Der alte Mann aber wohnte nicht allein in der einsamen Hütte. Ein wunderschönes junges Mädchen wohnte bei ihm. Ihr Antlitz leuchtete wie der Mond, und ihr kupfernes Haar fiel ihr bis zu den Hüften. Sie war so schön, wie die Helden noch keine Frau gesehen hatten. Außerdem aber waren in der Hütte noch eine Katze und ein prächtiger Hammel.
Das schöne junge Mädchen hängte gleich nach dem Eintritt der vier späten Gäste einen großen Topf übers Feuer. Auf den Tisch legte sie vier hölzerne Teller und Löffel, und den hungrigen Helden lief das Wasser im Munde zusammen. Endlich stand die Suppe auf dem Tisch, und die

schöne Jungfrau lud sie mit einer Handbewegung ein, Platz zu nehmen. Die Männer ließen sich das nicht zweimal sagen, setzten sich auf die Schemel um den Tisch und wollten zu speisen beginnen. Doch siehe, ehe sie noch den ersten Bissen zum Munde geführt hatten, erhob sich mit einem Mal der Hammel aus seiner Ecke und sprang mit einem Satz auf den Tisch, ohne Topf und Teller umzustoßen. Dies erschien den Männern höchst sonderbar. Sie konnten auch keinen Löffel zum Munde führen, denn der Hammel verwehrte es ihnen. Der alte Mann war inzwischen mit seiner schönen Tochter in den Nebenraum gegangen, um den vier Gästen das Nachtlager zu richten. Ärgerlich versuchten die Männer den Hammel vom Tisch zu vertreiben, doch jedesmal wenn sie zupackten, stieß der Hammel so kräftig zu, daß die vier Recken, einer um den anderen, zu Boden rollten. Schließlich glückte es Gol, den Hammel bei den Hinterbeinen zu packen und mit einem Ruck vom Tisch zu reißen. Doch das sollte ihnen schlecht bekommen. Der Hammel war jetzt so zornig und teilte nach allen Seiten so harte, furchtbare Stöße aus, daß nach wenigen Augenblicken die Helden betäubt am Boden lagen und der Hammel auf ihnen stehend triumphierte. Wie die vier nun so jammervoll am Boden lagen, erschien aus dem Nebenraum der Alte.

»Ach«, rief er, »hat unser Hammel wieder einmal seinen Übermut bewiesen?« Und er sprach zu der Katze: »Binde den Hammel fest, damit er nicht weiteres Unheil anrichtet.«

Auf die Worte des Alten, der den vier auf einmal riesengroß und gewaltig vorkam, sprang die Katze dem Hammel in den Nacken, führte ihn zu seinem Winkel und band ihn dort fest. Ächzend erhoben sich die vier Recken vom Boden und rieben ihre Beulen. Scham und Ärger erfüllte sie; zugleich waren sie aber auch verwirrt, sie glühten vor Zorn. Als nun auch noch die schöne Jungfrau in den Raum

trat und versteckt lächelte, sprach Dermot: »Alter, wir wollen hier bei euch nicht bleiben. Noch nie sind wir so erniedrigt worden, dazu noch vor den Augen deiner schönen Tochter, dein Haus ist verhext. Wir wollen trotz Nacht und Unwetter versuchen das Lager der Fianna zu erreichen.«
Da sprach der Alte: »Ihr braucht euch nicht zu schämen, Freunde, denn ihr seid keinem gewöhnlichen Hammel erlegen, und die Katze, die euch übertroffen hat, ist keine gewöhnliche Katze. Bleibt also ruhig die Nacht bei uns, diese Niederlage braucht eurem Ansehen als tapfere und große Krieger nicht zu schaden.«
»Ja, bleibt«, fügte die Jungfrau hinzu und blickte Dermot aus ihren großen Sternenaugen bittend an. Dermot senkte das Haupt, denn er konnte diesen Augen schwer widerstehen. Doch Gol war nicht so leicht zu beschwichtigen, er rief: »So einfach sind wir nicht abzufertigen. Wer weiß, was für Demütigungen uns hier noch erwarten. Sage uns, wer es ist, der uns so schmählich hat versagen lassen.«
»Wenn ihr so gekränkt seid«, erwiderte der Alte, »will ich das Geheimnis lüften. Der Hammel, das ist die Welt – die Welt mit ihren Kräften und Mächten. Sie ist stärker als ihr, und ihr unterlegen zu sein, braucht euch nicht zu beschämen. Die Katze allerdings ist das einzige Wesen, dem die Welt nicht standhält. Es ist die einzige Gewalt, welche die ganze irdische Welt unter ihre Botmäßigkeit zwingt. Die Katze ist nämlich der Tod.«
»Der Tod?« sprachen die vier entsetzt.
»Fürchtet euch nicht«, tröstete die schöne Jungfrau, »der Tod schläft, solange ihr unter unserem Dach weilt. Setzt euch wieder zu Tisch, die Suppe wird euch jetzt schmecken.«
Die Männer fühlten wie mit einem Zauberschlag jeglichen Ärger weichen. Noch nie war ihnen ein weibliches Wesen so schön und so verführerisch erschienen. Sie vergaßen das

Geschehene, setzten sich schweigend zu Tisch und verzehrten wortlos ihr Mahl. Dann sprach der Alte:
»Wir haben nur drei Räume, wir sind einfache Bauern. Hinter dem Verschlag hausen das Vieh und unsere anderen Tiere. Hier in dem großen Raum, beim Feuer, schlafe ich, denn ich bin der Herr des Hauses und uralt und brauche Wärme. Ihr müßt also mit dem dritten Raum vorlieb nehmen, in dem meine Tochter schläft. Wir haben euch dort ein weiches Strohlager bereitet. Des Mädchens Bett steht neben der Tür. Vier Helden der Fianna sind wohl über jeden Zweifel erhaben, der Ehre eines unschuldigen jungen Mädchens zu nahe zu treten. Kommt nun und legt euch nieder.«
Der Alte zog einen brennenden Span aus dem Feuer und leuchtete ihnen voran in den Nebenraum. Dort erwartete sie eine üppige Schütte duftenden Gerstenstrohs. Die vier bedankten sich und legten sich darauf nieder. Doch trotz des langen Tages schliefen sie nicht ein. Sie waren ja junge Männer und Helden, und die Erwartung, daß sich die wunderschöne Jungfrau in der gleichen Kammer nur wenige Schritte entfernt zur Ruhe legen würde, hielt sie wach und brachte ihnen Unruhe ins Blut.
Nach einiger Zeit erstrahlte in dem nachtdunklen Raum plötzlich ein sanftes Licht. Die Männer erkannten, daß das Licht von dem schönen Mädchen ausging, das die Kammer betreten hatte. So groß war ihre Schönheit, daß sie selbst noch in der Dunkelheit, wie ein nächtliches Feuer hinter fernen Bergen, schimmerte. Die Schöne entkleidete sich und legte sich auf ihr Lager. Gol war schließlich der erste, über den sein Verlangen Gewalt bekam. Er erhob sich leise und schlich zu dem Lager der Jungfrau. »Laß mich zu dir, schönster Glanz. Ich will, daß du mein wirst. Der Schlaf bleibt mir beharrlich fern«, sprach er zu ihr.
Die Jungfrau wandte ihm ihre schönen, großen Augen zu und flüsterte: »O Gol, einmal habe ich dir schon gehört,

und niemals wieder darf es sein. Ich weise dich ab; geh, leg dich nieder!« Zähneknirschend tappte Gol zu seinem Lager zurück und streckte sich stöhnend wieder aus.

Oscar hatte gemerkt, daß sein Waffenbruder bei der Schönen kein Glück gehabt. Er dachte: »Vielleicht hab ich mehr Erfolg.«

Leise schlich er sich zu dem Lager des Mädchens, aber ehe er noch ein Wort herausgebracht hatte, sprach sie schon mit leiser, bestimmter Stimme: »Auch dich kann ich nicht empfangen, Oscar. Auch deine Liebste bin ich schon gewesen. Doch das ist vorbei, und nie wieder kann es sein.«

Nach einer Weile versuchte Conan sein Heil. Er meinte es besonders klug anzufangen. Er sprach mit schmeichelnder Stimme: »Schöne Feentochter, niemand belauscht uns. Unwiderstehlich ist deine Anmut. Du bist so schön, wie die Morgenwolken über Slieve Bloom. Wenn du dich mir ergibst, will ich dein Lob singen, bis an mein Lebensende.«

»Lieber Conan«, antwortete die Schöne, »deines Lobes bedarf ich nicht. Ich bin, wie ich bin, auch ohne dein Lob. Ich mag dich nicht mehr, nachdem ich dir schon einmal gehört. Du kannst dich wieder zum Schlafen niederlegen.«

Conan fluchte leise, doch dann wandte er sich um und ging wieder zu den Gefährten zurück.

Dermot hatte heimlich das Mißgeschick der drei anderen beobachtet. Als nun die drei enttäuscht in Schlaf versunken waren, dachte er: »Wenn sie einen von uns gemeint hat, so kann nur ich es sein«, und er schritt leise zu dem Lager der so heftig Begehrten. Das Mädchen hatte sich im Bett aufgerichtet und blickte Dermot mit ihren großen, sterngleichen Augen strahlend entgegen. Ihr kupferrotes Haar fiel über ihre schönen Brüste. Dermot verschlug der Anblick den Atem, er brachte kein Wort hervor. Das Mäd-

chen aber breitete die Arme aus und flüsterte: »O Dermot, mein Liebster, mein Schönster, auf dich warte ich. Wie gern würde ich dir gehören, aber auch dir muß ich mich versagen, denn auch dir habe ich schon einmal gehört, und nie kehre ich zu denen zurück, die ich einmal besucht habe. Du mußt wissen, wer ich bin und wie ich heiße. Mein Name ist ›Jugend‹, und ich gehöre jedem Menschen nur einmal. Aber ich liebe dich, Dermot, und es fällt mir schwer wie noch nie, dich abzuweisen. Doch nicht ohne ein Zeichen meiner Gunst sollst du von mir scheiden. Beuge dein Haupt zu mir hernieder.«
Dermot gehorchte mit brennendem Herzen, und zärtlich strich ihm die Jugend über seine Stirn. »Ein Mal habe ich in deine Stirn geprägt, lieber Dermot. Von nun an werden kein Mädchen und keine Frau dich anschauen können, ohne dich zu lieben. Leb wohl, Dermot, und laß mich allein.«
Da erlosch der Glanz, und im Dunkeln tastete sich Dermot zu seiner Schlafstelle zurück. Sein Herz war schwer, und er tat kein Auge zu in dieser Nacht, so müde er auch war.
Fortan aber vermochten die Frauen und Mädchen Dermot nicht zu widerstehen. Wenn er sie nur anblickte, fielen sie ihm zu, wie Blumen vor der Sichel fallen. Denn seit jener Nacht war er ›Dermot O'Dyna mit dem Liebesfleck‹.

[Irisches Märchen]

Der Tagdieb und der Nachtdieb

Ein Mann schlenderte an einem frühen Morgen durch die Straßen Kairos und kam an einem Kaffeehaus vorbei, in dem schon jemand saß. Er grüßte ihn »Assalam alaik!« Der andere erwiderte seinen Gruß und lud ihn zu einem Kaffee ein. Er ließ sich nicht zweimal bitten, trat ein und setzte sich neben ihn. Der ihn eingeladen hatte, bestellte ihm einen Mokka. Dann fragte er seinen Gast: »Sag, Bruder, was machst du beruflich?«

»Mein Beruf«, antwortete der andere, »sollte lieber unerwähnt bleiben.«

Da wurde der Gastgeber neugierig und fragte weiter: »Warum soll man ihn nicht erwähnen? Es sei ferne von dir, Bruder, aber bist du etwa ein Kuppler oder ein Mädchenhändler?«

»Bei meinem Leben, nein!« beteuerte der andere.

»Also, warum willst du dann deinen Beruf nicht nennen?« fuhr der erste zu fragen fort. »Kuppler und Mädchenhändler sind die einzigen Berufe, die nicht ehrenwert sind.«

Der andere fühlte sich in die Enge getrieben und sagte: »Mein Gewerbe, es sei ferne von dir, Bruder, ist das eines Diebes.«

»Das ist alles?« fragte der erste lachend, »ich selbst bin ein Dieb!« Und er präzisierte: »Ein Nachtdieb.«

»Ich dagegen bin ein Tagdieb«, erklärte der andere.

»Wunderbar!« freute sich der Nachtdieb, »dann sind wir also Kollegen. Komm, laß uns aufstehen und zu mir nach Hause gehen.«

Sie verließen das Kaffeehaus und gingen durch verschiedene Viertel Kairos, bis sie in eine kleine Seitenstraße gelangten, in der auch der andere Dieb wohnte. Es war nämlich so, daß die beiden, ohne es zu wissen, mit derselben Frau verheiratet waren. Doch sie hatten sich nie gesehen, denn der eine kam in der Nacht nach Hause und der andere am Tag. Nun dachte derjenige, der eingeladen worden war: »Wie kommt es, daß dieser mich zu sich nach Hause einlädt und dann zu mir geht? Woher hat er überhaupt Kenntnis von meinem Haus, und wie ist es möglich, daß er mich zu sich einlädt und ich dabei in mein eigenes Haus gelange?« Schließlich sagte er sich: »Ich werde mit ihm gehen und sehen, was passiert.« So folgte er ihm, bis sie ihr Haus erreichten. Der erste klopfte an seine Haustür. Da kam die Frau, öffnete und sah ihre beiden Männer vor der Tür. Sie war sprachlos und blieb mit unverschleiertem Gesicht dort stehen. Einer der beiden sagte: »So bedecke doch dein Gesicht, wenn ein Fremder kommt.«

»Vor wem soll sie es bedecken?« fragte der andere, »vor dir oder vor mir?«

»Natürlich deinetwegen«, entgegnete der Gefragte.

»Warum denn das«, wollte der andere wissen, »sie ist meine Frau!«

»O nein, Bruder, sie ist meine Frau!« behauptete der andere, und sie begannen, sich zu streiten.

Da hielt einer von ihnen inne und sagte zu der Frau: »Gute Frau, sag du uns, wer ist dein Mann?«

Sie antwortete: »Ihr seid beide meine Männer.«

Da fragte der andere: »Nach welchem Gesetz ist denn das erlaubt?«

»Wir sind zwei ganz Schlaue«, bemerkte der eine, »diese Frau hat uns beide geheiratet, einen hinter dem Rücken des anderen, der eine ist in der Nacht bei ihr und der andere am Tage, und sie weiß nicht einmal, daß sie gesetzeswidrig handelt!« Dann schlug er vor: »Bruder, laß uns

beide eine List aushecken. Derjenige von uns, der gewinnt, erhält beides, die Frau und das Haus.«
Der andere war mit diesem Vorschlag einverstanden.
Da es mitten am Tag war, sollte der Tagdieb mit seinem Streich beginnen. Er sagte zu dem Nachtdieb: »Gut, komm mit mir.« Er ging mit seinem Kollegen durch die Straßen Kairos, bis sie zu einem der großen Stadttore kamen, und dort setzten sie sich hin.
Nun kommen wir auf einen türkischen Soldaten zu sprechen, der für sich und sein Haus auf dem Markt Einkäufe erledigen wollte. Nachdem er seinen Mokka getrunken und seine Uniform angelegt hatte, sagte er zu seiner Frau: »Fatima, stecke einen Geldbeutel mit Goldstücken in meine Hosentasche, damit ich einkaufen kann.« »Gut, zu deinem Befehl«, sagte Fatima und steckte ihm eine Geldbörse in die Hosentasche. Seine Diener brachten ihm das Pferd, und er stieg auf. Dann ritt er zum Markt, während seine Diener vor ihm herliefen, und sein Weg führte ihn am Stadttor vorbei. Der Tagdieb, scharfsinnig wie er war, entdeckte sofort den Geldbeutel in der Tasche des türkischen Soldaten. Er folgte ihm unauffällig, bis zu dem mattenbelegten Tisch eines Obst- und Gemüsehändlers, stahl dem eine Gurke und schlich dem Soldaten nach bis zu einem sehr belebten Platz, wo er sich im Gedränge den Geldbeutel aneignete und dem Soldaten statt dessen die Gurke in seine Hosentasche steckte. Dann kam er zu seinem Kollegen am Stadttor zurück und setzte sich zu ihm hin.
Der türkische Soldat kam zum Basar und betrat das Geschäft eines Stoffhändlers. »Hast du das und das?« fragte er. »Natürlich, hoher Herr«, antwortete der Händler und zeigte ihm mehrere Ballen Stoff. Er nahm einen davon und fragte nach anderen Stoffarten und suchte aus, was ihm gefiel, bis er ungefähr 10 bis 15 Ballen vor sich liegen hatte. Dann steckte er die Hand in seine Hosentasche, um den

Geldbeutel hervorzuholen, und zum Vorschein kam – die Gurke. Erzürnt rief er: »Bei Allah, was ist das?« »Was ist los, gnädiger Herr?« fragte der Händler, und der Soldat entgegnete ihm: »Laß diese Pakete einen Moment bei dir! Ich muß zurückreiten, denn ich habe meinen Geldbeutel vergessen.« Er ritt also zurück, und die Diener gingen vor ihm her.

Als er am Stadttor vorüberritt, bemerkte der Tagdieb, daß die Augen des Türken vor Zorn sprühten und daß er vorhatte, in seinem Haus Krach zu schlagen. Er folgte ihm also wieder, und an einem belebten Platz tauschte er die Gurke gegen den Geldbeutel aus. Und während der Tagdieb zu seinem Kollegen zurückging, ritt der Soldat nach Hause, betrat seine Wohnung und rief mit zornerfüllter Stimme: »Fatima, ich werde dir diesen Streich heimzahlen, du Elende! Ich befahl dir, einen Beutel mit Goldstücken in meine Tasche zu stecken und nicht eine Gurke.« »Ich schwöre dir bei Allah, mein Gebieter«, sprach sie, »ich tat, wie du mir hießest und steckte einen Beutel mit Goldstücken in deine Tasche.« »Aber als ich den Händler bezahlen wollte, fand ich nur eine Gurke. Wie erklärst du dir das?« fragte er ungeduldig. Sie näherte sich ihm, steckte ihre Hand in seine Tasche und zog den Beutel mit Goldstücken hervor. »Ist das nun ein Geldbeutel oder eine Gurke?« sagte sie. »Allah sei Dank!« rief der Türke erleichtert aus und befahl: »Steck ihn wieder in meine Tasche, Fatima!« Und er ritt zum Markt zurück, während seine Diener vor ihm hergingen.

Als er zum Stadttor kam, tauschte der Dieb den Beutel wieder gegen die Gurke aus, und der Türke ritt nichtsahnend zu dem Händler. Dort angekommen, grüßte er ihn und sprach: »Übrigens, Abu Hassan, ich habe den und den Stoff vergessen«, und er erstand noch vier oder fünf weitere Ballen, ließ sie sich einpacken und zu den anderen Paketen legen. Doch als er den Geldbeutel hervorholen wollte, um zu bezahlen, hatte er wieder die Gurke in seiner Hand, und das Blut stieg ihm vor Empörung in die Schläfen. Zu dem Händler sprach er: »Nehmt es mir nicht übel, Abu Hassan, aber ich glaube, das Geld, das ich bei mir habe, reicht nicht aus für all die Waren. Ich werde sie dir noch einmal hierlassen müssen, um mehr Geld zu holen.« »Wie ihr wollt«, erwiderte der Händler, und der Türke verließ ihn.

Am Stadttor sah der Tagdieb ihn nahen, folgte ihm unbemerkt und tauschte die Gurke wiederum gegen den Geldbeutel aus. Der Türke betrat sein Haus, zog sein Schwert und ging damit auf seine Frau zu, indem er rief: »Wie oft habe ich dir nun gesagt, daß du mir einen Geldbeutel in die Tasche stecken sollst!« Sie antwortete: »Ich schwöre dir bei Allah, mein Gebieter, daß ich dir einen Beutel mit Goldstücken gab. Nur ein Dieb kann dir diesen Streich spielen!« Er steckte selber die Hand in seine Hosentasche und zog den Geldbeutel hervor. »Was soll das bedeuten?« sprach er verwirrt. Dann rief er seine Diener und fragte sie: »Wer von euch nimmt diesen Beutel mit Gold und bewahrt ihn bei sich auf, bis wir im Laden des Händlers sind? Als Belohnung werde ich ihm dort ein Hemd, eine Hose, ein Obergewand und einen Fez kaufen.« Hadschi Abbas trat vor und sagte: »Gib ihn mir, mein Herr!« Der Diener steckte den Beutel in seine Tasche, und sie begaben sich zum drittenmal zum Laden des Händlers. In seiner Furcht hielt der Diener die ganze Zeit seine Hand auf der Tasche mit dem Gold.

Als sie am Stadttor vorbeikamen, sah der scharfblickende Tagdieb sofort, daß der Geldbeutel seinen Platz gewechselt hatte und einem Diener anvertraut worden war. Er folgte ihnen, bis sie zu einem belebten Platz kamen. Einen Augenblick lang dachte Hadschi Abbas nicht an den Geldbeutel, sondern er vertrieb mit seiner Hand die Menschenmenge, um Platz für seinen Herrn zu schaffen. In diesem Moment tat der Dieb seine Arbeit; er eignete sich den Geldbeutel an und legte die Gurke statt dessen in die Tasche des Dieners. Dann sagte er zu seinem Kollegen, dem Nachtdieb: »Komm, laß uns zu dem Händler gehen und sehen, was passiert.«

Der Diener hatte – kaum daß sie die Menschenmenge verlassen hatten – seine Hand wieder auf die Tasche mit dem vermeintlichen Geldbeutel gelegt. So gelangten sie zu dem Laden des Händlers. Der türkische Soldat begrüßte ihn zum drittenmal mit dem Friedensgruß »der Friede sei mit dir« und bestellte darauf noch ein paar Kleinigkeiten: »Bruder, bring mir noch zehn Handtücher, zehn Taschentücher und zehn Frauenschleier.«

Nachdem der Händler alles gebracht und in ein drittes Paket gepackt hatte, rief der Türke: »Hadschi Abbas, gib mir den Geldbeutel!« »Bei deinem Leben, mein Herr«, entgegnete der Diener zögernd, »ich gebe ihn dir nicht eher, bis du bestellst, was du mir versprochen hast.« »Du sollst deine Belohnung haben«, sagte der Soldat wohlwollend und befahl dem Händler: »Bring noch ein Hemd, eine Hose, ein Obergewand und einen Fez.« Der Händler brachte ihnen das Gewünschte und packte es ein. Da griff der Diener in seine Tasche, um den Geldbeutel hervorzuholen – und in seiner Hand hielt er die Gurke. Als der türkische Soldat sie sah, verließen ihn seine Sinne. Er wollte sich gerade mit seinem Schwert auf den Diener stürzen, da erschien der Dieb, zeigte den Geldbeutel und rief: »Der Diener wird unschuldig verdächtigt, mein Herr, hier ist dein Gold!« »Haltet den Dieb!« rief der Soldat. Doch als die Leute ihn fassen wollten, war er spurlos verschwunden.

Der Tagdieb steckte den Beutel mit Goldstücken in seine Tasche und sagte zu seinem Kollegen: »Das war mein Streich, lieber Bruder. Hast du einen besseren als ich?« »Warte ab, bis es Nacht wird«, entgegnete der Nachtdieb.

Und sie warteten bis zur vierten Stunde, in der alle Leute in Kairo schlafen. Da nahm der Nachtdieb den Tagdieb bei der Hand, und sie gingen durch die dunklen, menschenleeren Straßen, bis sie zu einem Palast kamen. Dieser Palast gehörte dem Shabandar, dem Obersten der Kaufleute in Kairo. Er war gestorben und hatte seinem einzigen Sohn sein gesamtes Hab und Gut vererbt.

Der Nachtdieb holte eine Strickleiter aus seiner Tasche und warf ihr oberes Ende über eine Ecke der Dachterrasse des Palastes. Dann pflöckte er ihr unteres Ende in der Erde fest, so daß die Leiter von oben nach unten gespannt war. »Steig du als erster hinauf!« sagte der Tagdieb zu seinem Kollegen; der erklomm die Dachterrasse des Palastes, und jener folgte ihm. Dann gingen sie vorsichtig über das Dach und stiegen bis zu der Etage hinab, die bewohnt war. Sie schauten in einen hellerleuchteten Raum und sahen den Sohn des Kaufmanns im Salon des Frauenappartements sitzen, umgeben von vier mondschönen, weißen Sklavinnen; vor ihnen standen Weingefäße, aus denen sie tranken, während er aß und die Sklavinnen dazu sangen.

Der Nachtdieb beobachtete alles ganz genau und entdeckte unter einer Stehlampe den Schlüssel des Tresors. Dann betrat er vorsichtig den Raum, legte sich auf seinen Bauch und kroch wie ein Hund an die Stehlampe heran, während die Anwesenden ganz mit ihrem Singen, Trinken und Essen beschäftigt waren. Blitzschnell nahm er den Schlüssel an sich, steckte ihn in sein Hemd und kroch – wie er gekommen war – aus dem Salon wieder heraus. Er gelangte zu seinem Kollegen, ohne daß ihn jemand bemerkt hatte. Beide gingen sie zu dem Tresor, der in diesem Palast ein eigener Raum war, in dem das Geld aufbewahrt wurde. Er öffnete, und sie traten dort ein. Sie fanden vierzig Kästen, die nebeneinander standen, und auf jedem Kasten befand sich der dazugehörige Schlüssel. Der Nachtdieb nahm den ersten und öffnete damit den ersten

Kasten, zählte seinen Inhalt und stellte fest, daß er vierzig Beutel mit je 500 Piastern enthielt. Er nahm einen Beutel mit 500 Piastern an sich, dann verschloß er den Kasten wieder und legte den Schlüssel genau an den gleichen Platz zurück. So machte er es mit allen vierzig Kästen, aus jedem entfernte er einen einzigen Beutel.

Nachdem sie hinausgegangen waren und die Tür abgeschlossen hatten, gab er dem Tagdieb die vierzig Beutel und flüsterte ihm zu: »Warte hier auf mich.« Er betrat den Salon, kroch wieder wie ein Hund an die Stehlampe heran und legte den Schlüssel dorthin, wo er ihn hergeholt hatte, ohne daß ihn jemand bemerkte. Dann kam er zu seinem Kollegen zurück, und sie schlichen sich fort. Schließlich stiegen sie die Strickleiter herunter; der Nachtdieb wickelte sie auf und steckte sie in seine Tasche. »War das dein Streich?« fragte ihn der Tagdieb, und sein Kollege entgegnete ihm: »Geduld, Bruder. Mein Streich wird erst am Tag beendet werden.« Sie blieben den Rest der Nacht zusammen.

Am Vormittag zog der Nachtdieb sich einige kostbare Obergewänder an, eins über das andere, und darüber trug er eine goldbestickte lange Weste, die er mit einem Schal aus Kaschmir gürtete, während er sich aus einem anderen Kaschmirschal einen Turban band. Über seine Schultern legte er einen Umhang, und in seinen Gürtel steckte er eine Taschenuhr. Dann beschaffte er sich eine schnelle Eselin und einige Sklaven, die ihn begleiteten; einer von ihnen trug für ihn eine lange Pfeife und die anderen verschiedenes Gepäck. So gelangten sie zu dem Laden des Kaufmannssohnes, den er die Nacht zuvor bestohlen hatte.

Der Nachtdieb begrüßte den jungen Kaufmann freundlich, stieg von der Eselin und betrat seinen Laden. Man brachte ihm eine Sitzgelegenheit und lud ihn ein, Platz zu nehmen. Der Kaufmannssohn ließ ihm einen Mokka bringen, und sein Sklave füllte ihm auf Geheiß seine Pfeife und reichte sie ihm. So saß er anderthalb bis zwei Stunden im Laden. Dann wandte er sich an den Kaufmannssohn und sagte: »Mohammed, sag, kommt nicht dein Vater um diese Zeit immer in den Laden?«

»Wessen Vater?« fragte der Kaufmannssohn.

»Nun, ich meine den Shabandar, den Obersten der Kaufleute von Kairo«, entgegnete der verkleidete Dieb.

»Woher soll er denn kommen?« wollte der Kaufmannssohn wissen, und sein Gast erkundigte sich besorgt: »Wieso, ist er etwa verreist? Kann ich ihn nicht sprechen?«

Da berichtete ihm der Kaufmannssohn: »Mein Vater – Allah schenke ihm Frieden – ist seit zwei Jahren tot.«

Als der Nachtdieb das hörte, sprang er auf, zerbrach die Pfeife, die er in seinen Händen hielt, riß den Turban von seinem Kopf und warf ihn auf die Erde. Dann begann er, mit lauter Stimme zu klagen: »O weh, o weh, mein ganzer Besitz und das Gut anderer Leute sind verloren!« Die Händler aus den umliegenden Läden und Werkstätten und die Kunden versammelten sich alle um ihn und fragten: »Was ist passiert, edler Herr?« Er erzählte ihnen: »Vor einigen Jahren habe ich seinem Vater, dem großen Shabandar – Allah schenke ihm Frieden – meinen Besitz und das Gut vieler Leute anvertraut.«

Diese Nachricht verbreitete sich bis zum Kadi, und der schickte einen Polizisten zum Markt, der ihm die beiden bringen sollte. Als der Kaufmannssohn und der Nachtdieb vor dem Kadi standen, forderte der die beiden auf, ihm ihre Geschichte zu erzählen. Der verkleidete Nachtdieb begann: »Ich kam einst hierher mit vierzig Geldkästen, und in jedem Kasten befanden sich 39 Beutel mit je 500 Piastern, und dies Gut vertraute ich seinem Vater an.«

»Was hast du dazu zu sagen, Mohammed?« fragte der Kadi. Und der Kaufmannssohn berichtete: »In meinem Haus befinden sich 40 Geldkästen, der Besitz meines Va-

ters, doch in jedem Geldkasten sind nicht 39, sondern genau 40 Beutel.«
Beide Berichte wurden unter Zeugen aufgeschrieben. Dann sagte der Kadi: »Wir müssen nun in dein Haus, Mohammed, um den Tatbestand nachzuprüfen.« So gingen der Kadi, die Zeugen und ein Polizist ins Haus des Shabandar. Sie gingen in den Tresor, öffneten die Kästen und zählten den Inhalt. Sie fanden in allen Kästen nur 39 Beutel und schlossen daraus, daß das Geld dem Nachtdieb gehört. Der Kadi verkündete also im Gerichtssaal: »Mit Sicherheit gehört das Geld im Hause des Shabandar diesem Herrn! Bringt Kamele her und laßt ihn die Kästen aufladen und sie mitnehmen.« Er erhielt alle vierzig Kästen und dem Kaufmannssohn blieb nichts. Der Nachtdieb gab dem Kadi einen Kasten und einen dem Polizisten und die übrigen 38 behielt er für sich.
Dann sagte er zu seinem Kollegen, dem Tagdieb: »Nun Bruder, welcher Streich ist besser, deiner oder meiner?«
»Ich schwöre bei Allah«, antwortete der Tagdieb, »dein Streich war der bessere.«
»Nimm die Beutel«, sprach der Nachtdieb. »Allah möge damit deinen Geist beruhigen, denn die Frau und das Haus stehen mir zu.«

[Märchen aus Ägypten]

Wie das Känguruh seinen Schwanz bekam

Mirriam, das graue Riesenkänguruh, und Warrihn, der kurzbeinige Beutelbär, waren einst Menschen und Freunde. Lange schon lebten die beiden miteinander, aber jeder besorgte seine Geschäfte auf seine Weise. Warrihn hatte eine kleine Rindenhütte gebaut, um sich vor Wind und Regen zu schützen, einen Platz, wo er sein Lagerfeuer anzünden und in kalten Nächten warm schlafen konnte. Mirriam hingegen wohnte viel lieber im offenen Busch. Gern lag er des Nachts unter den hohen Bäumen, wenn der Mond durch die Zweige schien und ein kühler Lufthauch ihn umwehte.
Nun gelang es Mirriam zwar manchmal, den behäbigen Gefährten unter den hellen Sternenhimmel zu locken, aber im Grunde war Warrihn nur glücklich, wenn er dicht zusammengerollt in seiner Behausung lag und friedlich schnarchte. Hin und wieder spottete der Känguruhmann ein wenig über diese Angewohnheit, doch ansonsten vertrugen sich die beiden ganz gut und verbrachten einen glücklichen Sommer.
Dann kam der Winter, und in der Dunkelheit fegte ein bitterkalter Wind über das Land. Zitternd kauerte Mirriam in einer flachen Erdmulde und versuchte verzweifelt, sich warmzuhalten. Immer noch war er stolz darauf, dem bösen Wetter zu trotzen, während der ängstliche Beutelbär versteckt unter dem niedrigen Dach seiner muffigen Hütte lag.
Nach einiger Zeit begann es heftig zu regnen. Sturzbäche eisigen Wassers wurden vom Sturm dahergetrieben, die

den frierenden Känguruhmann bald bis auf die Knochen durchnäßten. Dichter Hagel prasselte herab, und je heftiger das Unwetter tobte, desto verlockender erschien ihm nun Warrihns enge Behausung. Vor seinen Augen glänzten die glatten Rindenwände im Schein der Flammen, der Raum war erfüllt von der wohligen Wärme des Feuers. Bei dem Gedanken an einen erquickenden Schlaf im Trockenen hielt es Mirriam schließlich einfach nicht mehr aus. Er sprang auf, kämpfte sich durch Wind und Regen bis zur Hütte vor und klopfte.
»Wer ist da?« fragte eine verschlafene Stimme.
»Ich bin es«, rief Mirriam zähneklappernd, »ich bin ganz naß und mir ist kalt. Laß mich hinein.«
»Oh nein, du kannst unmöglich Mirriam sein«, lachte Warrihn. »Der schläft doch so gern draußen an der frischen Luft. Ich glaube, du machst nur seine Stimme nach, um mich zu täuschen.«
»Hör endlich auf, dich über mich lustig zu machen«, schrie Mirriam ganz erbost. »Es ist kalt, und ich friere.«
»Daran bist du selbst schuld«, antwortete Warrihn. »Ich wollte dir ja helfen, eine eigene Hütte zu bauen. Aber du hast mich ausgelacht und gesagt, es sei dumm, sich vor ein bißchen Wind und Regen zu verkriechen. Außerdem ist hier drin gar kein Platz mehr.«
Ohne ein weiteres Wort zu verlieren, zwängte sich Mirriam durch den schmalen Eingang:
»Das wäre geschafft«, seufzte er. »Rück beiseite, damit ich mich trocknen kann.«
»Du bist naß, und außerdem will ich jetzt weiterschlafen«, knurrte der Beutelbär. »Wenn du schon reinkommen mußt, dann nimm wenigstens nicht auch noch meinen Platz weg. Stell dich da an die Wand.«
Unter mißmutigem Gebrummel rollte sich Warrihn vor dem Feuer zusammen und schlief wieder ein. Mirriam hingegen wurde in eine Ecke gedrängt, genau da, wo ein

breiter Spalt in der Hüttenwand war. Unablässig tropfte der Regen hinein, und der eisige Wind blies durch das zugige Loch. Wie immer sich der Känguruhmann nun auch drehte und wendete, stets konnte er nur auf der einen Seite trocken werden, denn inzwischen hatte der Regen die andere schon wieder durchnäßt. Warrihn aber schnarchte friedlich neben dem Feuer. Finstere Gedanken kreisten in Mirriams Kopf, während er vor Kälte schlotterte und verzweifelt versuchte, die steifen Glieder zu wärmen.
Als der Morgen dämmerte, humpelte das Känguruh nach draußen, grub einen dicken Felsbrocken aus dem Schlamm und stapfte zur Hütte zurück. Unterdessen erwachte Warrihn, blinzelte verschlafen in die Runde und wunderte sich, daß der Freund so früh am Tag schon auf war. Im nächsten Augenblick stieß er einen Entsetzensschrei aus und fuhr in die Höhe. Doch da war es bereits zu spät. Vor ihm stand Mirriam, holte weit aus und schmetterte den schweren Stein mit solcher Wucht auf seinen rundlichen Kopf, daß die Stirn von dem furchtbaren Schlag ganz plattgequetscht wurde. Blutüberströmt brach der Beutelbär zusammen, und wie aus weiter Ferne drang ein höhnisches Gelächter an sein Ohr:
»Dies ist die Strafe dafür, daß du den treuen Freund so gering geschätzt hast. Von nun an sollst du auf ewig eine flache Stirn haben und dein Leben einsam in dunklen Höhlen verbringen.«
Seit dieser Zeit wohnte Warrihn ganz allein in seinem Bau, den er mit starken Krallen in die Erde grub. Dem ehemaligen Gefährten aber hatte er bittere Rache geschworen. Sorgfältig schnitzte sich der Beutelbär einen Speer zurecht, befestigte einen Widerhaken an der Spitze und nahm seine Schleuder. Dann verfolgte er Mirriams Spur und lauerte auf eine günstige Gelegenheit.
Er brauchte nicht lange zu warten. Durstig lag der Känguruhmann am Rand eines Wasserlochs und schlürfte so gie-

rig von dem köstlichen Naß, daß alles andere vergessen war. Leise schlich Warrihn näher heran, legte den Speer in die Schleuder, und schnell wie ein Blitz zischte die Waffe durch die Luft und bohrte sich tief in das Hinterteil des ahnungslosen Mirriam. Mit einem gellenden Schmerzensschrei sprang er in die Höhe. Verzweifelt versuchte er, den Speer abzuschütteln, doch alles Ziehen und Zerren half nichts, bis Mirriam schließlich erschöpft aufgeben mußte.
»Als Vergeltung für deinen heimtückischen Überfall hast du jetzt einen Schwanz bekommen«, lachte der Beutelbär hämisch, ehe er sich wieder in seinen Bau trollte.
Das Känguruh aber hat den langen kräftigen Schwanz bis auf den heutigen Tag behalten. Bei seinen weiten Sprüngen steuert es damit, und auch beim Sitzen ist er eine Stütze.

[Märchen der australischen Ureinwohner]

Das Märchen von Yinka, der einhändigen Frau des Königs

Vor langer Zeit lebte einmal ein reicher König, der hatte neunundneunzig Frauen und unzählige Kinder. Eines Tages kam es im Palast, in dem die Frauen des Königs wohnten, zu einem heftigen Streit. Die Frauen gerieten einander in die Haare, weil jede von sich behauptete, sie sei die Lieblingsfrau. Besonders eifersüchtig waren sie auf ein hübsches junges Mädchen, das der König erst vor kurzer Zeit geheiratet hatte und das in großer Gunst bei dem mächtigen Herrscher stand. Yinka, so hieß die jüngste Frau des Königs, fühlte die haßerfüllten Blicke ihrer Schwestern und wurde traurig. Da sie jedoch nicht den Mut hatte, dem König von der Mißgunst der anderen Frauen zu erzählen, bewahrte sie ihren Kummer in ihrem Herzen.

Als ihr der König eines Tages ein besonders prunkvolles Gewand schenkte, beschlossen die anderen Frauen, Yinka beim König anzuschwärzen. Während die Lieblingsfrau eines Nachts in tiefem Schlaf lag, trafen sich ihre bösen Schwestern in einem entlegenen Winkel des königlichen Gartens und berieten, wie sie Yinka ins Unglück stürzen könnten.

»Ich habe einen Plan«, flüsterte Olubisi, die häßlichste der Frauen; denn sie war auf die hübsche Yinka am meisten eifersüchtig. »Wir werden ihr im Schlaf eine Hand abschneiden. Dann wird sich der König von ihr abwenden und sie in ihr Heimatdorf zurückschicken.«

Die anderen Frauen erschraken zunächst bei dem Gedanken, der schönen Yinka eine Hand zu nehmen. Das häßliche Weib redete jedoch so lange auf die zögernden Schwestern ein, bis alle ihrem teuflischen Plan zustimmten.

»Wir werden unserem Täubchen morgen abend einen lieblichen Trank brauen; der wird sie in tiefen Schlaf versetzen«, flüsterte schließlich Olubisi, und sie kicherte dabei wie eine Hexe. »Ich selbst werde dann unserer lieben Schwester das rechte Händchen abschneiden!«

Während die anderen Frauen sich leise in den Palast zurückschlichen, schlief die hübsche Yinka in ihrem Schlafgemach, und sie hatte keine Ahnung von dem, was ihre Nebenbuhlerinnen in der finsteren Nacht beschlossen hatten.

Am nächsten Abend schüttete Olubisi einen klebrigen Saft in den Palmwein der schönen Yinka. Kaum hatte Yinka ihren Becher geleert, da sank sie in einen tiefen Schlaf. Die Frauen trugen sie in ihr Gemach, wo Olubisi schon ungeduldig auf ihr Opfer wartete. »Das Täubchen schläft, und das Messer ist auch schon geschärft«, kicherte das grausame Weib beim Anblick der schlafenden Yinka. Kaum hatten die anderen Frauen das Schlafgemach verlassen, machte sich Olubisi an die blutige Arbeit.

Kurze Zeit später verließ sie durch einen schmalen Seiteneingang den Palast, eilte in den entlegensten Teil des königlichen Gartens und verscharrte im fahlen Licht des Mondes die blutige Hand der schönen Yinka. Dann schlich sie sich leise in den Palast zurück, wo sie den wartenden Frauen von ihrer grausamen Tat berichtete.

»Wir haben es geschafft«, jubelte sie und schwang dabei ihr blutverschmiertes Messer. »Das Täubchen ist gezeichnet! Morgen werde ich dem König erzählen, daß eine seiner Frauen nur eine Hand besitzt!«

Olubisi machte ihre Worte wahr. Am nächsten Morgen ließ sie sich beim König melden und erzählte ihm, unter seinen Gemahlinnen gäbe es eine Frau, die habe nur eine Hand.

»Wie ist das möglich?« fragte erstaunt der König. »Frauen mit nur einer Hand sind doch Hexen, denen man zur Strafe eine Hand abgehauen hat.«
»So ist es«, erwiderte das häßliche Weib. »Unter deinen Gemahlinnen ist eine Hexe! Deine Frauen wissen es schon lange. Wir haben uns nur nicht getraut, es dir zu sagen, weil wir glaubten, du selbst habest es schon bemerkt. Nun, da du es jetzt weißt, mußt du sie bestrafen, wie sie es verdient, sonst wird sie dich und uns alle ins Unglück stürzen!«
»Ich werde sie bestrafen«, sagte der König. »Doch sage mir, Olubisi, wer ist die Einhändige?«
»Die Furcht vor der Hexe verschließt mir den Mund, mein lieber Gemahl! Man darf Hexen nicht bei ihrem Namen nennen, sonst lenkt man ihren Zorn auf sich. Ich rate dir deshalb, sei auch du vorsichtig, sonst reißt dich die Einhändige ins Verderben. Leb wohl, mein lieber Gemahl!«
Mit diesen Worten verließ das häßliche Weib den König, der in seiner ersten Verwirrung nicht wußte, was er tun sollte. Er dachte lange nach, doch fiel ihm nichts Rechtes ein; und so entschloß er sich, den Thronrat einzuberufen. Die alten Männer konnten es zuerst nicht glauben, daß sich unter den Frauen eine Hexe befinden sollte. Da sie sich ihrer Sache jedoch nicht sicher waren, berieten sie bis tief in die Nacht hinein, wie sich der König verhalten solle. Schließlich machte einer der Alten den Vorschlag, der König möge einen Tag bestimmen, an dem alle seine Frauen auf dem Marktplatz zusammenkommen und eine Schale Mais mahlen sollten. Dann werde man die einhändige Hexe leicht herausfinden und sie sogleich vor aller Augen hinrichten können.
Dieser Vorschlag fand die Zustimmung aller Mitglieder des Thronrats; auch der König entschloß sich, dem Rat zu folgen. Er befahl einem seiner Diener, er solle sogleich im

Reich bekanntmachen lassen, daß in drei Tagen ein großes Fest auf dem Marktplatz der Hauptstadt stattfinde, auf dem der König alle seine Frauen dem Volk zeigen werde.

Es dauerte nicht lange, da kam auch der armen Yinka die Nachricht von dem bevorstehenden Fest zu Ohren. Sie weinte bitterlich, als sie hörte, daß sie sich mit ihrem Armstumpf dem Volk zeigen sollte. Als sie zu allem Leid noch ein Gespräch zwischen Olubisi und zwei anderen Frauen belauschte und dabei erfuhr, daß der König sie für eine Hexe hielt und sie deshalb in aller Öffentlichkeit hinrichten wolle, war sie so verzweifelt, daß sie beschloß, sich das Leben zu nehmen. In ihrem Schlafgemach erwartete sie voller Ungeduld den Einbruch der Nacht. Als im Palast endlich Ruhe eingekehrt war, schlich sie sich im Schutz der Dunkelheit aus dem Haus. So schnell sie ihre kleinen Füße trugen, eilte sie durch den königlichen Garten. Nach langem Suchen fand sie schließlich ein Pförtchen, das hinaus ins Freie führte. Keuchend lief sie weiter durch die schmalen Gassen der Hauptstadt, sie überquerte den menschenleeren Marktplatz, auf dem bereits die Festvorbereitungen getroffen waren; endlich erreichte sie den Stadtrand. Über ausgetretene Feldwege gelangte sie schließlich in den Dschungel, wo sie erschöpft auf einem Baumstumpf niedersank.

Laut schluchzte sie: »Womit habe ich das verdient? Erst schneidet man mir im Schlaf die Hand ab, und dann erzählt man dem König, ich sei eine Hexe! Ach, wäre ich doch in meinem Heimatdorf geblieben und hätte den ärmsten Schlucker geheiratet, gewiß wäre ich jetzt glücklicher!« Während sie noch ihr trauriges Schicksal beklagte, spürte sie plötzlich eine Hand auf ihrer Schulter. Erschreckt fuhr sie hoch, schaute um sich und blickte in das aschfahle Antlitz eines Geistes, der sie mit glühenden Augen ansah. »Habe keine Furcht vor mir, mein schönes

Kind! Ich bin ein guter Geist! Doch sage mir, was führt dich hierher in finstrer Nacht?«

»Ach«, seufzte Yinka, »ich suche den Bruder Tod! Ich mag nicht länger leben!«

»Du bist jung und hübsch«, erwiderte der Geist freundlich. »In deinem Alter sucht man doch nicht den Bruder Tod.«

»Es ist so, wie ich sagte«, schluchzte die arme Yinka. »Irgend jemand hat mir im Schlaf die Hand abgeschnitten, und nun glaubt jedermann, ich sei eine Hexe. Selbst mein Gemahl, der König, hält mich für eine böse Zauberin und will mich vor aller Augen hinrichten lassen. Verstehst du nun, weshalb ich den Tod suche?«

»Sei beruhigt, mein Kind! Dein Schicksal dauert mich. Reiche mir deinen Armstumpf, ich will dir die Hand drücken!«

»Es ist nicht schön von dir, mich zu verspotten. Wie willst du meine Hand drücken, wenn ich dir meinen Armstumpf reichen soll?«

»Tue, was ich dir gesagt habe! Du wirst es nicht bereuen!«

Und Yinka gehorchte. Obwohl sie am ganzen Körper vor Angst zitterte, streckte sie dem Geist den Armstumpf entgegen, den dieser sogleich ergriff. Yinka fühlte plötzlich einen heftigen Schmerz, der ihren Körper erbeben ließ und ihr die Sinne nahm. »Ich sterbe, ich sterbe«, hörte sie wie von ferne ihre eigene Stimme rufen. Dann versank sie in eine tiefe Ohnmacht. Als Yinka die Augen wieder aufschlug, stand die Sonne bereits hoch am Himmel. Erstaunt schaute sie um sich. »Wo bin ich«, flüsterte sie und rieb sich schlaftrunken die Augen. Erst allmählich kehrte die Erinnerung an ihr nächtliches Erlebnis mit dem Geist zurück. »Sollte ich ihm nicht meinen Armstumpf reichen«, murmelte sie vor sich hin.

In diesem Augenblick sah Yinka, daß sie wieder zwei gesunde Hände besaß.
»Dank dem Himmel für dieses Wunder«, rief sie voller Entzücken. »Nun bin ich gerettet! Heute ist der Tag, an dem der König dem Volk seine Frauen zeigen wollte. Er wird sich wundern, wenn er keine Einhändige unter ihnen entdecken kann. Ich will eilen, damit ich dabeisein und meinen Triumph auskosten kann.«
Als Yinka die Hauptstadt erreichte, hatte das Fest bereits begonnen. Auf dem Marktplatz drängte sich das Volk, das mit Spannung auf das Erscheinen der königlichen Frauen wartete. Mittlerweile hatte sich nämlich das Gerücht, daß es unter den Frauen des Königs eine einhändige Hexe gäbe, in Windeseile ausgebreitet.

Yinka kam gerade noch zur rechten Zeit, um den Auftritt von Olubisi, jenem häßlichen Weib, das ihr im Schlaf die Hand abgeschnitten hatte, mitzuerleben. Herausgeputzt wie ein Pfau erschien Olubisi, auf dem Kopf eine Schale mit Mais, die sie mit der rechten Hand festhielt, während sie in der linken einen Mörser schwenkte. Wenige Schritte vor dem Königsthron in der Mitte des Platzes machte sie halt und rief ihrem unter einem riesigen Baldachin sitzenden Gemahl zu: »Verlangst du wirklich von deinen Frauen, daß sie vor den Augen des Volks Mais mahlen sollen, oder ist es genug, wenn ich dir meine gesunden Hände vorzeige?« »Dies ist mein Wille«, erwiderte der König. »Das Volk soll sehen, daß meine Frauen keine gefräßigen Raupen sind, die sich auf Kosten des Volkes ernähren, sondern daß sie auch imstande sind, nützliche Arbeiten zu verrichten. Ich will deshalb diejenige unter euch zu meiner Lieblingsfrau machen, die das feinste Mehl mahlt. Der Thronrat wird eure Arbeit überprüfen und entscheiden, wer es von euch verdient, fortan die Lieblingsfrau des Königs zu sein!«

Olubisi, die in ihrem Leben noch keine Arbeit wie diese verrichtet hatte, setzte zornig die Schale mit Mais auf den Boden und versuchte, mit dem Mörser die harten Körner zu zermahlen. Dabei stellte sie sich jedoch so ungeschickt an, daß sie einen großen Teil der Körner verschüttete. Erbost warf sie dem König den Mörser vor die Füße und rief: »Ich verzichte darauf, deine Lieblingsfrau zu werden. Meine Ehre läßt es nicht zu, vor den Augen des Volks Sklavenarbeit zu verrichten!«
Während das Volk in lautes Gelächter ausbrach, rauschte Olubisi beleidigt von dannen. Um jedermann zu zeigen, wie sehr sie über das sonderbare Ansinnen ihres Gemahls gekränkt war, setzte sie sich auf den letzten Platz der Tribüne, die für die Frauen des Königs errichtet worden war.
Yinka, die sich inzwischen durch das dichte Menschengewühl bis in die vorderste Reihe vorgearbeitet hatte, beschloß, sich das ungewöhnliche Schauspiel noch ein wenig anzusehen. Zufrieden sah sie, daß auch die zweite, dritte, vierte und fünfte Frau des Königs nicht in der Lage war, eine Schale voll Maiskörner zu Mehl zu mahlen. Also ging sie voll Zuversicht in den Palast der Frauen, in dem nur ein paar Dienerinnen zurückgeblieben waren. Rasch legte sie ihr schönstes Gewand an. Dann eilte sie in die weiträumige Vorhalle und befahl einer Dienerin, sie möge ihr mit einer Schale Mais und einem Mörser folgen. So ging sie auf den Markt. Ihre rechte Hand verbarg sie unter ihrem Gewand, denn sie wollte ihr Geheimnis vor den anderen Frauen verbergen.
Inzwischen hatten sich von den neunundneunzig Frauen des Königs bereits siebenundneunzig der Probe gestellt. Doch keiner von ihnen war es gelungen, die Maiskörner zu feinem Mehl zu mahlen. Aber nicht nur das betrübte den König; ihn beunruhigte am meisten, daß die einhändige Hexe noch immer nicht entdeckt war. Plötzlich fiel

ihm mit Schrecken ein, daß nur noch Lola und Yinka fehlten, und er betete zu den heiligen Stammesgöttern, daß nicht Yinka, seine Lieblingsfrau, die Einhändige sein möge.

Als jedoch nicht Yinka, sondern Lola als achtundneunzigste mit zwei gesunden Händen erschien, sank der König, zu Tode erschrocken, auf seinem Thronsessel zusammen. Während er sich mit einem Tuch die Schweißperlen von der Stirn wischte, flüsterte ihm einer seiner Ratgeber ins Ohr: »Yinka, das schöne Mädchen von dem Lande, muß die Hexe sein! Sie ist die letzte der Frauen!«

»Ich kann es einfach nicht glauben«, stöhnte der König und hielt in höchster Erregung nach Yinka Ausschau. Als plötzlich ein Raunen durch die Menge ging, wußte der König, daß Yinka die Einhändige sein mußte. Seine böse Vorahnung wurde für ihn zur Gewißheit, als er sah, daß Yinka den rechten Arm unter ihrem Gewand verbarg und eine ihr nachfolgende Dienerin Maisschale und Mörser trug. Als die schöne Yinka nur noch wenige Schritte von dem König entfernt war, schrie plötzlich Olubisi mit schriller Stimme: »Nun kommt sie endlich, die einhändige Hexe, die uns alle ins Verderben stürzen will. Sie hat den Tod verdient! Sie muß sterben, und zwar sofort! Nur ihr Tod kann uns vor dem Unheil bewahren! Yinka muß sterben!«

Das häßliche Weib hatte gehofft, daß das Volk in ihren Ruf nach dem Tode der hübschen Yinka einstimmen werde. Doch sie hatte sich getäuscht; Schweigen war die Antwort auf die Worte der häßlichen Olubisi.

Auch der König schwieg. Er starrte wie gebannt auf Yinka, so, als wartete er auf ein klärendes Wort von ihren Lippen.

Doch auch Yinka schwieg. Der sie begleitenden Dienerin gab sie ein Zeichen, sie möge die Maisschale und den Mörser auf einem Tisch vor dem Königsthron absetzen. Olu-

bisi konnte die Spannung nicht länger ertragen. Über die Köpfe des Volkes hinweg rief sie: »Sie soll ihn zeigen, den Armstumpf! Mit einhändigen Hexen haben wir kein Erbarmen!«
»Ja, ich werde ihn zeigen«, rief Yinka, so laut sie nur konnte. »Ich bin weder einhändig, noch bin ich eine Hexe! Seht, daß ich zwei gesunde Hände habe, die es verstehen, Maiskörner zu Mehl zu mahlen!«
Mit diesen Worten streckte Yinka – zum Schrecken von Olubisi, aber zur Freude des Königs – zwei gesunde Hände gen Himmel.
Unter dem Jubel der Menge machte sich Yinka an die Arbeit. Und weil sie seit ihrer Kindheit mit allen Arbeiten in Haus und Feld vertraut war, hatte sie im Handumdrehen den Mais zu feinem Mehl zerrieben. Sie reichte die Schale dem König, der Yinkas Arbeit vom Thronrat prüfen ließ.
Währenddessen versuchte Olubisi, die jetzt glaubte, Yinka sei wirklich eine Hexe, zu fliehen. Sie konnte sich nicht erklären, daß Yinka wieder zwei gesunde Hände besaß; denn sie selbst hatte ihr doch die rechte Hand abgeschnitten und sie im königlichen Garten vergraben. Doch Olubisi hatte nicht mit den wachsamen Augen zweier Diener gerechnet, die ihr nacheilten und sie ergriffen. Sie brachten das häßliche Weib vor den König, der sie sogleich in ein strenges Verhör nahm. Aus Furcht vor Yinka, von der sie meinte, sie besitze übernatürliche Kräfte, schwieg Olubisi jedoch wie ein Grab. Das Volk, dem das herrschsüchtige und falsche Wesen der Olubisi schon lange mißfallen hatte, forderte einstimmig den Tod des häßlichen Weibes. Olubisi wußte keinen Ausweg mehr, sie sah sich verloren. »Ja, ja, ja!«, schrie sie wie von Sinnen, »ihr habt recht! Ich habe den Tod verdient! Ich habe Unrecht getan! Tötet mich schändliches Wesen!«
»Du rufst nach dem Tode; er soll dir begegnen!« rief der

König und befahl einem seiner Sklaven, er möge der schändlichsten aller Frauen das Haupt abschlagen. Der Sklave gehorchte, ohne zu zögern.

In der Zwischenzeit waren sich alle Mitglieder des Thronrats darüber einig geworden, daß die schöne Yinka das feinste Maismehl gemahlen hatte. Der König, dem bei dieser Nachricht Freudentränen in die Augen traten, erklärte Yinka unter allgemeinem Jubel zu seiner Lieblingsfrau.

So lebte Yinka noch viele Jahre an der Seite des Königs, dem sie im Lauf ihres Lebens sieben Söhne gebar. Das Geheimnis vom Geist, der ihr das Leben gerettet hatte, bewahrte sie jedoch ihr ganzes Leben lang in ihrem Herzen und nahm es schließlich mit ins Grab.

[Märchen aus Nigeria]

Mann und Frau im Essigkrug

Es waren einmal ein Mann und eine Frau, die wohnten lange, lange miteinander in einem Essigkrug. Am Ende wurden sie es leid. Und der Mann sprach zu seiner Frau: »Du bist schuld daran, daß wir in dem sauren Essigkrug leben müssen, wären wir nur nicht da!«
Die Frau aber sprach: »Nein, du bist schuld daran!«
Und da fingen sie an, miteinander zu keifen und zu zanken. Eins rannte dem andern in dem Essigkrug nach. Da kam gerade ein goldener Vogel an den Essigkrug, der sprach: »Was habt ihr denn nur so miteinander?«
»Ei«, sprach die Frau, »wir sind den Essigkrug leid und möchten auch einmal wohnen wie andere Leute, hernach wollen wir gern zufrieden sein.«
Da ließ sie der goldene Vogel aus dem Essigkrug heraus, führte sie zu einem nagelneuen Häuschen, hinter dem ein zierliches Gärtchen war, und sprach zu ihnen: »Dies ist jetzt euer. Lebt nun einig und zufrieden miteinander, und wenn ihr mich braucht, so müßt ihr nur dreimal in die Hände patschen und rufen:

>»Goldvögeli im Sonnenstrahl!
>Goldvögeli im diamantenen Saal!
>Goldvögeli überall!«

Damit flog der goldene Vogel fort, und der Mann und die Frau waren froh, daß sie nicht mehr in dem sauren Essigkrug wohnten, und freuten sich über ihr Häuschen und Gärtchen. Das dauerte aber nur eine Weile; denn als sie ein paar Wochen in dem Häuschen gewohnt hatten und in der

Nachbarschaft herumgekommen waren, sahen sie große stattliche Bauernhöfe, mit großen Stallungen, Gärten, Äckern, vielem Vieh und Gesinde. Und da hat es ihnen schon nicht mehr gefallen in ihrem winzigen Häuschen, und sie sind's ganz leid geworden. An einem schönen Morgen patschten sie alle zwei fast gleichzeitig in die Hände und riefen:

>»Goldvögeli im Sonnenstrahl!
>Goldvögeli im diamantenen Saal!
>Goldvögeli überall!«

Husch, da kam der goldene Vogel zum Fenster hereingeflogen und fragte sie, was sie denn schon wieder wollten.
»Ach«, sprachen sie, »das Häuschen ist doch gar zu klein. Wenn wir nur auch so einen großen prächtigen Bauernhof hätten, hernach wollten wir zufrieden sein.«
Der goldene Vogel blinzelte ein wenig mit den Augen, sagte aber nichts. Er führte den Mann und die Frau zu einem großen prächtigen Bauernhof. Viele Äcker waren dabei und Stallungen mit Vieh und Knechten und Mägden, und er schenkte ihnen das alles.
Da sprangen der Mann und die Frau hoch, bis an die Decke, ganz außer sich vor Freude. Und jetzt waren sie ein ganzes Jahr lang zufrieden und fröhlich und konnten sich gar nichts Besseres denken. Aber länger hat's auch nicht gedauert, keinen Tag, denn weil sie jetzt manchmal in die Stadt fuhren, sahen sie die schönen großen Häuser und sahen die schöngeputzten Herren und Madamen spazierengehen. Da dachten sie: »Ei, in der Stadt muß es aber herrlich zugehen. Da braucht man nicht viel zu tun und zu schaffen.«
Die Frau konnte sich gar nicht sattsehen an dem Staat und dem Wohlleben und sprach zu ihrem Mann: »Wir wollen auch in die Stadt, ruf du den goldenen Vogel! Wir sind jetzt lang genug auf dem Hof!«

Der Mann aber sprach: »Frau, ruf du ihn!«
Endlich patschte die Frau dreimal in die Hände und rief:

> »Goldvögeli im Sonnenstrahl!
> Goldvögeli im diamantenen Saal!
> Goldvögeli überall!«

Da kam der goldene Vogel wieder zum Fenster hereingeflogen und sprach: »Was wollt ihr von mir?«
»Ach«, sprach die Frau, »wir sind das Bauernleben müde, wir möchten auch gerne Stadtleute sein und schöne Kleider haben und in einem so großen prächtigen Haus wohnen. Hernach wollen wir zufrieden sein.«
Der goldene Vogel blinzelte wieder mit den Augen, sagte aber nichts. Er führte sie in das schönste Haus der Stadt. Drinnen war alles kostbar ausstaffiert. Kästen und Kommoden standen da, in denen hingen und lagen Kleider der allerneuesten Mode. Jetzt meinten der Mann und die Frau, es gäbe nichts Besseres und nichts Schöneres auf der ganzen Welt, und waren ganz außer sich vor Freude. Leider dauerte es aber wieder nicht lange, und sie hatten alles satt. Und sie sprachen zueinander: »Wenn wir's nur so hätten wie die Edelleute, die in großen Palästen und Schlössern wohnen, Kutschen und Pferde und Bediente in Röcken mit goldenen Borten haben, die hinten auf der Kutsche stehen. Das wäre etwas Rechtes!«
Und die Frau sprach: »Mann, jetzt ist es an dir, den goldenen Vogel zu rufen.«
Der Mann wollte wieder lange nicht. Endlich, wie die Frau gar nicht nachließ mit Dringen und Drängen, patschte er dreimal in die Hände und rief:

> »Goldvögeli im Sonnenstrahl!
> Goldvögeli im diamantenen Saal!
> Goldvögeli überall!«

Da flog der goldene Vogel wieder zum Fenster herein und fragte: »Was wollt ihr nur von mir?«
Da sprach der Mann: »Wir möchten gern Edelleute sein. Hernach wollen wir zufrieden sein.«
Da blitzte der goldene Vogel gar arg mit den Augen. Und er sagte: »Ihr unzufriedenen Leute! Werdet ihr nicht einmal genug haben? Ich will euch auch noch zu Edelleuten machen, aber es ist euch zu nichts nutz.«
Und er schenkte ihnen gleich ein schönes Schloß, Kutschen und Pferde und eine zahlreiche Bedienung.
Jetzt sind sie Edelleute gewesen, sind alle Tage spazierengefahren und haben an nichts mehr gedacht, als wie sie die Tage herumbringen wollen in Freuden und Nichtstun.
Einmal fuhren sie in die Hauptstadt, um ein großes Fest zu sehen. Da saßen der König und die Königin in einer goldenen Kutsche, in mit Gold bestickten Kleidern, und vorn und hinten, und auf beiden Seiten, ritten Marschälle, Hofleute, Edelknaben und Soldaten. Alle Leute schwenkten die Hüte und Taschentücher. Wie klopfte da dem Mann und der Frau das Herz. Kaum kamen sie heim, da riefen sie:
»Jetzt wollen wir noch König und Königin werden! Hernach aber wollen wir haltmachen.«
Da patschten sie alle zwei miteinander in die Hände, so laut sie nur konnten, und schrien:

>»Goldvögeli im Sonnenstrahl!
>Goldvögeli im diamantenen Saal!
>Goldvögeli überall!«

Da flog der goldene Vogel wieder zum Fenster herein und fragte: »Was wollt ihr von mir?«
Da riefen sie: »Wie möchten gern König und Königin sein! Hernach wollen wir zufrieden sein.«
Da blitzte der goldene Vogel gar arg mit den Augen, sträubte die Federn und schlug mit den Flügeln und sagte:

»Ihr wüsten Leute! Wann werdet ihr einmal genug haben. Ich will euch auch noch zum König und zur Königin machen, aber dabei wird's doch nicht bleiben, denn ihr habt nimmermehr genug!«

Jetzt sind sie auch König und Königin geworden und haben über das ganze Land zu gebieten gehabt, haben sich einen großen Hofstaat gehalten, und ihre Minister und Hofleute haben immerzu auf die Knie niederfallen müssen, wenn sie einen von ihnen gesehen haben. Auch haben sie nach und nach alle Beamten im ganzen Land vor sich kommen lassen und haben ihnen vom Thron herab ihre strengsten Befehle erteilt. Was nur Teures und Prächtiges in allen Ländern gewesen ist, das mußte hergebracht werden, daß es ein Glanz und Reichtum gewesen ist, wie man es nicht erzählen kann.

Jetzt waren sie aber doch nicht zufrieden, und sie sprachen zueinander: »Wir wollen noch etwas mehr werden!«

Da sagte die Frau: »Wären wir Kaiser und Kaiserin!«

»Nein«, entgegnete der Mann, »wir wollen Papst werden.«

»Das ist nicht genug«, schrie die Frau im Amtseifer, »wir wollen lieber Herrgott sein!«

Kaum aber hatte sie dies Wort ausgesprochen, so kam ein mächtiger Sturmwind, und ein großer schwarzer Vogel mit funkelnden Augen, die wie Feuerräder rollten, flog zum Fenster herein und rief, daß alles erzitterte: »Daß ihr versauern müßt im Essigkrug!«

Da ist alle Herrlichkeit verschwunden, und der Mann und die Frau sind wieder in ihrem Essigkrug gesessen. Und jetzt können sie auch darin sitzenbleiben.

[Märchen aus dem Elsaß]

Der Zauberstab aus Elfenbein

Es war einmal eine wunderschöne Prinzessin. Sie war die Tochter des Königs der glücklichen Inseln, die auch die Inseln der Seligen genannt werden. Eines Tages fuhr sie in einem kleinen Fischerboot um eine der Inseln herum. Sie freute sich am Anblick der Fische und der Vögel, und so geschah es, daß sie gar nicht bemerkte, wie sie vom Winde immer weiter vom Ufer abgetrieben wurde. Endlich warf ein heftiger Windstoß sie hinaus aufs offene Meer.
»Oh, ich Unglückliche, nun soll ich mein junges Leben lassen, nun soll ich in den Fluten umkommen!« rief sie verzweifelt.
»Du brauchst nicht zu verzweifeln«, sprach da auf einmal eine Stimme. Und als die Prinzessin sich umblickte, kam eine weißgewandete Gestalt über das Wasser auf sie zugeschritten. Sie schien auf dem Meere dahinzuschweben und ihr Haar glänzte wie Gold. »Wisse, man nennt mich die Fee Trusio«, sprach sie. »Ich bin deine Patin. Zwar kann ich dein Schicksal nicht wenden, denn allen Menschen ist es aufgetragen, ihr Los auf sich zu nehmen, und doch kann ich dir helfen. Sehr bald schon wirst du an Land kommen. Dort wird Not und Kummer dich treffen. Wenn aber Kummer und Not so groß geworden sind, daß du sie nicht mehr ertragen kannst, dann rufe dreimal meinen Namen und nimm dieses Stäbchen aus Elfenbein in die rechte Hand. Dann werden deine Wünsche in Erfüllung gehen. Aber hüte das Stäbchen wohl. Achte seiner, daß niemand anderes als du es in die Hände bekommt.«
Und die Fee reichte der Prinzessin ein Stäbchen aus Elfen-

bein. »Nun lebe wohl, meine Tochter.« Kaum hatte die Fee diese Worte gesprochen, da war sie auch schon verschwunden.
Es dauerte nicht lange und das Boot der Prinzessin trieb an einen Strand, so wie die Fee es geweissagt hatte. Lange Zeit irrte die schöne Prinzessin umher, ohne eine Menschenseele zu finden. Als es Abend wurde, gelangte sie an ein Schloß. Das Schloß stand einsam und verlassen inmitten einer Wildnis. Die Prinzessin vernahm weder Schritte noch Stimmen. Da faßte sie sich ein Herz und ging durch das Tor. Sie betrat den Schloßhof. Da saß beim Brunnen ein uraltes Weib. Als die Alte die Prinzessin gewahrte, schrie sie: »Was mußtest du hier eindringen. Hier wohnt der wilde Menschenfresser, der nur ein Auge hat. Er wird dich zum Abendessen verspeisen, wenn ich dich nicht verstecke!«
Und die Alte versteckte das Mädchen rasch in einem Faß. Schon kam der Menschenfresser mit seinem Sohn von der Jagd zurück. Er hatte nur ein Auge, das saß mitten auf der Stirn, und sein Maul war so groß wie ein Backofen, seine Zähne waren spitz wie Schwerter. Sein Sohn aber glich ihm in allem.
»Wo hast du das Christenfleisch versteckt?« brüllte der alte Menschenfresser.
»Ach, Mann, es ist ein wunderschönes Mädchen. Wenn unser Sohn herangewachsen ist, so könnte er sie zur Frau nehmen. Gefällt sie ihm aber nicht, mag er sie immer noch verspeisen.«
Dem Alten gefielen diese Worte nicht so recht und doch sagte er brummend und murrend zu, als er sah, wie schön die Prinzessin war. Von nun an mußte die Prinzessin der Alten, der Frau des Menschenfressers, zu Diensten sein. Alle schweren und schmutzigen Arbeiten mußte sie verrichten und erhielt dafür nur Schläge statt Lohn. Bei alledem wurde sie aber dennoch von Tag zu Tag schöner.

Dem jungen Menschenfresser gefiel ihre Schönheit über die Maßen, und er begehrte sie zum Weibe. Eines Abends sprach er: »Vater, Mutter, nun ist es endlich an der Zeit, daß ich die schöne Prinzessin heirate. Mich verlangt nach ihr.«
Da gaben die beiden Alten seinem Drängen nach. In drei Tagen sollte die Hochzeit stattfinden.
Die schöne Prinzessin aber ging in ihre Kammer und weinte bitterlich. Groß war ihr Kummer, groß war ihre Not. Da geschah es, daß ein junger Königssohn sich in diese Wildnis verirrte. Er betrat ohne Furcht den Schloßhof. Noch ehe die Prinzessin ihn hätte warnen können, hatte der Menschenfresser ihn schon gepackt und in das Schloßgewölbe gesperrt. Er wollte ihn schlachten und braten und zum Abendessen verspeisen. Da aber rief die Prinzessin: »Ach, Herr, laßt ihn leben und gebt ihm gut zu essen. Wir wollen ihn am Hochzeitstage verspeisen.«
Der Alte war es zufrieden und ließ den Jüngling vorerst am Leben.
Die Prinzessin aber weinte bitterlich, denn sie hatte den Jüngling liebgewonnen und wußte nicht, wie sie ihn retten sollte. So groß war der Kummer und so groß war die Not, daß sie es nicht mehr ertragen konnte.
Da gedachte sie des Stäbchens aus Elfenbein, das ihr die Fee Trusio geschenkt hatte, und sie erinnerte sich der Worte, die diese ihr beim Abschied sagte. Da nahm die Prinzessin das Stäbchen in die rechte Hand und sprach dreimal den Namen der Fee Trusio und sie wünschte sich, daß die Eisentür des Gewölbes, in dem der Königssohn gefangensaß, sich öffnen möge. Kaum hatte sie diesen Wunsch in ihrem Herzen gesprochen, da eilte ihr auch schon der Königssohn entgegen.
Nun knetete sie rasch einen Kuchenteig, in den sie eine Bohne hineinsteckte. Den Teig legte sie in die Asche. Dann nahm sie das Stäbchen aus Elfenbein in ihre rechte Hand

und sprach dreimal den Namen der Fee Trusio. Dann wünschte sie sich, daß die Bohne sprechen könne, so lange bis sie gargekocht sei.

Dann wünschte sie sich ein schnelles Roß herbei und floh mit dem Königssohn. Es war tiefe Nacht, nur der Mond leuchtete ihnen.

Die Frau des Menschenfressers aber konnte nicht schlafen.

»Mädchen, wo steckst du denn?«

»Hier am Herd«, antwortete die Bohne.

»Kommst du bald schlafen?«

»Gleich«, antwortete die Bohne.

Alsbald erwachte die Alte wieder und rief: »Mädchen, was treibst du denn?«

»Ich wärme mich, solange ich kann«, antwortete die Bohne.

»Ich wollte, du säßest mitten im Feuer«, rief die Alte.

»Da bin ich auch«, antwortete die Bohne, »man kann sich nicht besser wärmen.«

Als es Tag wurde, war die Bohne gargekocht und gab keine Antwort mehr, so sehr die Alte auch nach ihr rief. Als sie erkannte, was geschehen war, brüllte und heulte sie so laut, daß Berge und Täler widerhallten. Davon erwachte der Menschenfresser. Er geriet in einen schrecklichen Zorn, legte rasch seine Siebenmeilenstiefel an und machte sich an die Verfolgung. Der Königssohn und die Prinzessin aber ritten und ritten. Auf einmal merkte die Prinzessin, daß der Menschenfresser sie verfolgte. Da nahm sie das Stäbchen aus Elfenbein in ihre rechte Hand und wünschte sich, daß das Pferd sich in einen See verwandeln möge, der Prinz in einen Nachen und sie selbst sich in eine alte Fischerin, die das Ruder führte. So geschah es. Alsbald kam der wilde Menschenfresser herbeigeeilt. Er öffnete seinen Rachen, so groß wie ein Backofen, und seine Zähne blitzten wie blanke Schwerter.

»Sage mir, Alte, hast du nicht eine Jungfrau und einen Jüngling hier vorrüberreiten sehen?«
Die Fischerin bewegte nachdenklich den Kopf hin und her. Schließlich sprach sie: »Ich bin ein altes Weib und sehe nicht mehr gut. Und doch, ich glaube sie sind über die Wiese nach rechts geritten.«
Der Menschenfresser wandte sich sogleich nach rechts. Die Prinzessin wünschte sich und den Prinzen und dem Roß wieder ihre alte Gestalt zurück. So geschah es. Lange Zeit ritten sie dahin, und sie ernährten sich von Wurzeln und wilden Beeren.
Der Menschenfresser aber war inzwischen weit, weit gelaufen. Er war über Berge und Täler und weite Ebenen gekommen und doch hatte er nichts gesehen und nichts gefunden. Da kehrte er zornig in sein Schloß zurück. Die Alte empfing ihn mit Vorwürfen, als sie ihn mit leeren Händen kommen sah.
»Hast du die beiden ganz und gar allein verschlungen und mir kein Bröckelchen übriggelassen?« herrschte sie ihn an.
»Oh, nein, wie sollte ich? Ich konnte sie nicht finden. Sie müssen wohl durch Zauberei nach Paris geflogen sein. Niemanden sah ich und niemanden traf ich, außer einer alten Fischerin, die auf einem See in ihrem Nachen saß. Die aber sprach, sie hätten sich nach rechts gewandt.«
»Oh, du Dummkopf, das waren sie doch!« schrie die Alte. »Schnell, kehr um und packe die Fischerin und zerhacke den Nachen!«
Da schnürte der Menschenfresser nochmals seine Siebenmeilenstiefel und sauste davon wie der Blitz. Die Prinzessin und der Königssohn hatten gerade auf einer Waldlichtung gerastet, als sie den Menschenfresser in der Ferne kommen sahen. Da nahm die Prinzessin das Stäbchen aus Elfenbein in ihre rechte Hand und wünschte sich, daß das Pferd sich in eine Wiese verwandeln möge, der Prinz in

eine Flöte und sie selbst sich in einen Zwerg, der da auf der Flöte blies.

Und schon kam der Menschenfresser heran: »Sag, du winziger Wicht, hast du nicht eine Jungfrau und einen Jüngling hier vorüberreiten sehen?«

»Oh, sie sind quer über diese Wiese gesprengt. Es ist aber schon drei Tage her, daß ich sie gesehen habe.«

»Lüge mich nicht an, Kleiner«, rief der Menschenfresser, »sonst fresse ich dich auf der Stelle auf!«

Doch er wandte sich sogleich in die Richtung, die ihm der Zwerg gewiesen hatte.

Die Prinzessin und der Königssohn wünschten sich in ihre alte Gestalt zurück und ritten weiter.

Der Menschenfresser aber war weit, weit gelaufen. Er war über Gebirge und Meere geschritten und hatte doch nichts gesehen und nichts gefunden. Endlich kehrte er zornig in sein Schloß zurück. Dort empfing ihn die Alte abermals mit Vorwürfen: »Hast du elender Nichtsnutz die beiden ganz allein verschlungen, ohne mir auch nur ein Krümelchen übrigzulassen?«

»Oh, nein, wieder konnte ich sie nicht finden. In Frankreich sind sie nicht, es muß wohl Zauberei im Spiel sein. Niemanden sah ich und niemanden traf ich außer einem häßlichen Zwerg, der auf einer Flöte blies. Der sagte mir, sie wären quer über die Wiese gesprengt.«

»Oh, du Dummkopf, das waren sie doch!« schrie die Alte. Und nun machte sie sich selbst an die Verfolgung. Sie schnürte die Siebenmeilenstiefel und war im Augenblick davongejagt.

Die Prinzessin und der Königssohn ritten gerade durch einen tiefen, dichten Wald. Als sie die Alte herbeikommen sahen, erschrak die Prinzessin sehr: »Oh, weh, jetzt ist es die Frau des Menschenfressers, die da kommt. Sie ist klüger als ihr Mann. Möge die Fee Trusio uns nicht verlassen!«

Sie nahm das Stäbchen aus Elfenbein in ihre rechte Hand und sprach dreimal den Namen der Fee Trusio und wünschte sich, daß das Pferd sich in einen Holzstoß, der Königssohn in einen Orangenbaum und sie selbst sich in eine Biene verwandeln möge.

Da kam die Alte auch schon angekeucht. Erschöpft setzte sie sich unter den Orangenbaum. Die Biene aber begann die Menschenfressersfrau zu umfliegen und sie überall zu stechen, bis diese zornentbrannt das Weite suchte.

Das Zauberstäbchen aber lag auf der Erde unter dem Orangenbaum. Noch ehe die Biene sich in die Prinzessin zurückverwandeln konnte, kam das dreijährige Töchterchen eines armen Häuslers an dieser Stelle vorüber. Marie-Anne, so hieß das Kind, fand großen Gefallen an dem Stäbchen aus Elfenbein und nahm es mit nach Hause.

So geschah es, daß der Königssohn ein Orangenbaum und die Prinzessin eine Biene bleiben mußten. Viele Jahre zogen ins Land. Der Orangenbaum war schön und prächtig geworden und die Biene blieb immer bei ihm.

Eines Tages kam Marie-Anne an derselben Stelle vorüber. Sie war inzwischen zu einer schönen Jungfrau herangewachsen. Als sie nun den Orangenbaum gewahrte, wollte sie einen Zweig davon brechen. So sehr die Biene sie auch mit ihrem Stachel daran zu hindern suchte, Marie-Anne gelang es doch, ein kleines Zweiglein zu brechen. Wie groß war ihr Schrecken, als aus der Wunde des Baumes Blut tropfte!

Zur selben Zeit hatten alle Feen eine große Versammlung, darunter befand sich auch die Fee Trusio. Marie-Anne ging mit dem Orangenblütenzweig zu jener Versammlung und fragte die Feen um Rat. Da gedachte die Fee Trusio ihres Patenkindes und verwandelte die Biene wieder in die Prinzessin und den Orangenbaum in den Königssohn, den Holzstoß in das Roß. Da ritten sie zuerst zum Hofe der Eltern der Prinzessin und dann zum Hofe der Eltern des

Königssohns. Bald darauf wurde in großer Pracht die Hochzeit gefeiert. Marie-Anne aber wurde die Kammerjungfer der jungen Königin. Und sie lebten alle noch lange in Frieden und in Freuden.

Was aber nun aus dem jungen Menschenfresser geworden ist, das weiß ich nicht zu sagen. Da müßt ihr ihn selbst fragen. Ich würde freilich niemandem raten, in jenem verlassenen Schloß einzukehren.

[Märchen aus der Champagne]

Bei der schwarzen Frau

Es war einmal ein armer Keuschlegger (ein kleiner Bauer), der hatte sieben Kinder. Als die älteste Tochter zwölf Jahre alt geworden war, dachte er sich: Ich muß schauen, daß ich einen Platz für sie finde; wenn sie auch was verdient, kommen wir leichter davon. Er packte das Gewand des Dirndls in ein Binkerl und ging mit ihm fort. Als sie eine Weile auf der Straße waren, kam ein Wagen daher, aber – ohne Pferde. Als sie damit zusammentrafen, blieb die Kutsche von selber stehen; sie war ganz schwarz und aus dem Fenster schaute eine Frau heraus, die war auch ganz schwarz. »Na«, sagte sie auf einmal, »Vater, wohin gehst du mit deinem Mädel?«
»Ja«, erwiderte er, »ich muß halt schauen, daß ich einen Platz für sie bekomm', daß sie was verdient.«
»Geh«, sagte sie, »da hast einen Binkel Geld, damit kannst dich schon eine Weile erhalten; und heut acht Tage kommst wieder her mit dem Mädel.« Dem Keuschler war es recht, und der Wagen fuhr wieder davon. Das Dirndl richtete sein Sacherl ordentlich zusammen, und als die acht Tage herum waren, kamen sie auf dem gleichen Platze wieder zusammen. Die schwarze Frau gab dem Keuschler noch einmal Geld und sagte: »Jetzt hast du genug Geld für dein Leben, und wenn dein Mädel brav ist, wird's dir auch nicht schlecht gehen.« Dann setzte sich das Dirndl auf den Wagen zu ihr, und sie fuhren davon. Nach einer Weile kamen sie zu einem G'schloß (Schloß). Als sie durch das Vorhaus eintraten, war gleich neben dem Haustor ein kleines Zimmer. Da hinein führte die schwarze Frau das

Mädel und sagte: »Schau', da ist dein Zimmerl, in dem du wohnst; wenn du etwas haben willst, brauchst du dir nur zu denken: Jetzt möchte ich das, so wird es dastehen.« Dann ging sie fort, kam aber gleich wieder zurück und trug einen Buschen mit hundert Schlüsseln in der Hand. »Jetzt gehst du mit mir«, sagte sie; »jedes Zimmer hat eine Nummer. Du hast sonst nichts zu tun, als alle hundert aufzuräumen, aber nicht an einem Tage. Heute räumst du dieses Zimmer auf, kehrst aus und morgen ein anderes. Alle Tage brauchst du nur eins auszuputzen, aber in das hundertste darfst du mir nie hinein. Und wenn du in drei Jahren in das verbotene Zimmer nicht hineingehst, wirst du dein Glück machen.«

Nun waren die drei Jahre beinahe herum, es fehlten nur noch vierzehn Tage daran. Da dachte sich das Dirndl einmal: »Mein! Was eppa in den hundert'n Zimmer drein is'?« Und als sie aufgesperrt und nur einen Blick hineingetan hatte, sah sie die Frau darin; die war aber schon ganz weiß bis auf die Zehenspitzen, die waren noch schwarz. Da schlug das Dirndl geschwind die Türe zu und lief in sein Zimmerl. Kaum war sie aber darin, stand auch die Frau schon da und fragte: »Bist du im hundertsten Zimmer gewesen oder nicht?«

»Nein«, sagte das Mädchen, »ich bin nicht darin gewesen.«

»Ich frag' dich noch einmal«, drohte die Frau, »du bekommst nichts mehr zu essen, nichts mehr zu trinken, du wirst in keinem Zimmer mehr sein, wenn du nicht die Wahrheit sagst! Warst du drinnen?«

»Nein«, erwiderte das Dirndl, »ich war nicht darin.«

Kaum hatte sie das gesagt, war sie mitten in einem wilden Walde, hatte nichts zu essen und zu trinken und war nur dürftig bekleidet. Da ist sie eine Weile darin gewesen.

Nebenan war aber eine Residenzstadt, in der ein junger Prinz lebte. Diesem träumte jählings einmal: Er solle auf-

stehen, jagen gehen und was er finde, das soll er lieben wie sich selber. Er erwachte ob des seltsamen Traumes, traute ihm aber nicht, drehte sich auf die andere Seite und schlief wieder ein. Kaum war er eingeschlafen, kam ihm derselbe Traum; er beachtete ihn wieder nicht. Als er sich aber zum drittenmal eingestellt hatte, da ist der Prinz wohl aufgestanden, hat seine Jagdgesellschaft aufgeweckt und sie sind in denselben Wald gegangen. Als sie eine Weile gejagt hatten, schlugen die Hunde jählings an und wollten von einem Orte nicht mehr weichen. »Halt!« dachten die Jäger. »Da ist gewiß ein Hirsch.« Als sie hinkamen, trafen sie aber einen großen Felsen und eine tiefe Höhle darin. Der Prinz schaute hinein und gewahrte ein dürftig bekleidetes Mädchen darin; er warf ihm seinen Mantel hinein, da kam es dann gleich heraus und war hold wie keine. Und weil sie auch herzlich und gut war, geschah, was der Traum gewollt hatte; der Prinz liebte sie wie sich selber und führte sie als seine Gemahlin heim. Nach einem Jahre genas sie eines wunderschönen Knäbleins. Doch in der dritten Nacht kam unversehens die schwarze Frau, stellte sich zur Wiege und fragte: »Jetzt bist du Königin. Da hast du dein Kind und jetzt frag' ich dich: Bist du drinnen gewesen im hundertsten Zimmer?«
»Nein, nein«, sagte die junge Königin. »Ich nehme dir das Kind weg, und du wirst taub sein«, drohte sie und fragte noch einmal. Da die junge Königin wieder verneinte, war die schwarze Frau mit dem Kinde schon verschwunden. Das machte böses Blut, und die Mutter des Königs sagte: »Wer weiß, was sie mit dem Kinde getan hat!« Aber der junge König ließ sich nicht abwendig machen. Wieder nach einem Jahre kam das zweite Knäblein und war noch schöner als das erste. Als auch die dritte Nacht danach gekommen war, stand die schwarze Frau schon wieder an der Wiege und hatte das Kind mitgebracht; sie sagte: »Schau', da ist dein Kind; du hörst wieder so wie früher;

ich frage dich: Bist du im hundertsten Zimmer gewesen?«
»Nein, nein!« erwiderte die junge Königin. »Du«, drohte die schwarze Frau mit erhobener Stimme, »ich nehme dir dieses Kind auch weg, und du wirst kein Wort mehr reden können; bist du drinnen gewesen?« Da konnte die junge Mutter noch »nein« sagen, dann kein Wort mehr und Frau und Kinder waren verschwunden. »Das erste hat sie vertan, das zweite Kind auch vertan«, sagte die alte Königin; aber auch diesmal umsonst. Der junge König dachte: »Da werde ich mich vorsehen und Posten aufstellen.« Und als nun das dritte Knäblein, das allerschönste, kam, da stand ein Posten neben dem anderen, nur in der jungen Königin Zimmer stand keiner. Als abermals die dritte Nacht gekommen war, stand die schwarze Frau wieder an der Wiege, hatte die beiden Knaben mitgebracht und tat dieselbe Frage: »Da sind deine zwei Kinder. Du kannst wieder reden und hören wie früher; jetzt frage ich dich noch einmal: Bist du drinnen gewesen im hundertsten Zimmer? Ich nehme dir diesen Knaben auch weg, und du wirst stockblind sein!« Aber die junge Königin sagte wieder nein; da sah sie noch, daß die Frau mit ihren drei Kindern verschwand und dann nichts mehr. Weil es mit dem dritten Knaben auch nicht anders gegangen war, durfte die alte Königin sagen: »Nun, da sieht man's, was für eine Hexe du gekriegt hast; wer weiß, was sie alles kann und woher sie stammt.«
Jetzt ward der König auch böse, weil alles nichts geholfen hatte; er schenkte den Worten seiner Mutter Glauben und verurteilte die ungetreue Gemahlin zum Scheiterhaufen. Sie wurde hinausgeführt, sie stand schon droben, und der Henker schwang schon die Fackel; da kam aber mit eins ein schwarzer Wagen herangefahren, darin eine schwarze Frau saß und drei Kinder hielt. Sie stieg heraus, trat mit den Kindern auf den Scheiterhaufen zu und sagte: »Jetzt

frage ich dich zum allerletztenmal; du wirst verbrannt! Bist du drinnen gewesen oder nicht?« Aber auch diesmal kam das Nein zur Antwort. Und kaum hatte sie es gesagt, ward die unheimliche Frau ganz weiß wie der Schnee und sprach: »Na, jetzt geh wieder aufs G'schloß, ist alles wieder so, wie du's früher angetroffen hast; das weiß ich schon, du bist nicht d'rein gewesen, du hast nur hineingeschaut; und hättest du nur einmal gesagt, daß du drinnen gewesen bist, hätte ich dich zu Staub und Asche zerrissen. Du hast mich jetzt ganz erlöst, das Schloß ist dein und auf den Scheiterhaufen sollen diejenigen, die dich verleumdet haben.«

Das geschah nach ihren Worten; die böse alte Königin ist darauf elend verbrannt. Und das junge Königspaar hat mit seinen drei Prinzen noch recht lange und recht glücklich gelebt. [Märchen aus der Steiermark]

Die Riesin im Steinboot

Sigurd, der Königssohn, war stark, geschickt und schön. Als sein Vater alt und schwerfällig wurde, sagte er zu seinem Sohn, er sähe es gern, wenn dieser sich eine würdige Frau suchte. Sigurd war diesem Gedanken nicht abgeneigt und bat um Rat, wo er seine zukünftige Frau suchen sollte.
Der Vater meinte, im Ausland herrsche ein König, der besäße eine reizende und mutige Tochter, um die sollte Sigurd sich bewerben.
Also rüstete sich der Königssohn zur Reise und fuhr in das Land, das sein Vater ihm genannt hatte. Er trat vor den König und freite um die Tochter.
Der König versprach sie ihm auch, jedoch unter der Bedingung, daß Sigurd solange, wie er nur könne, in seinem Reich verbleibe; denn der König war kränklich und kaum in der Lage, sein Reich zu regieren.
Sigurd ging darauf ein, stellte jedoch die Bedingung, daß er heimreisen dürfe, wenn Nachricht vom Tod seines Vaters käme.
Als das abgemacht war, heiratete Sigurd die Tochter und teilte sich die Regierung mit dem alten König.
Nach einem Jahr wurde dem liebenden Paar ein Knabe geboren. Zwei weitere Jahre, und Sigurd erhielt die Nachricht, sein Vater sei verstorben. Sofort nahm er Frau und Kind und reiste an den heimatlichen Hof.
Eine Tagfahrt vor der Heimat trat plötzlich Windstille ein, und das Schiff lag ruhig im Meer. Sigurd und Frau befanden sich allein auf dem Deck, die Mannschaft hatte sich

schlafen gelegt. Sie saßen zusammen und sprachen eine Weile miteinander und hatten ihren Sohn bei sich. Nach und nach wurde Sigurd aber von so starker Müdigkeit befallen, daß er sich unmöglich wach halten konnte. Er stieg deshalb ebenfalls in den unteren Teil des Schiffes hinunter und legte sich schlafen.
Die Königin war allein mit ihrem Sohn und spielte mit ihm. Als Sigurd schon eine Weile schlief, bemerkte die Königin einen schwarzen Gegenstand im Meer und sah, wie dieser immer näher kam. Dann erkannte sie ein Boot, das jemand ruderte. Ganz nahe kam das Boot heran, es war aus Stein, und als sein Insasse umrißhaft zu erkennen war, erschrak die Königin – es war ein abscheuliches Riesenweib. Das kletterte unaufhaltsam auf das Schiff. Stumm sah die Königin ihm entgegen und konnte keinen Ton herausbringen.
Die Riesin ging auf die Königin zu, nahm ihr den Knaben weg und legte ihn auf den Boden. Dann zog sie der Königin alle kostbaren Kleider bis auf ein leinenes Unterkleid aus und legte sie selbst an. Dabei nahm sie nach und nach menschliches Aussehen an. Endlich war sie fertig, setzte die Königin in das steinerne Boot und sagte: »Mäßige weder Fahrt noch ändere die Richtung, bis du zu meinem Bruder in die Unterwelt kommst!«
Wie teilnahmslos saß die Königin in ihrem Boot, gelähmt vor Schrecken. Bald wurde das Boot abgestoßen und verschwand aus der Umgebung des Schiffes.
Als das Boot verschwunden war, fing der Knabe laut zu weinen an. Die Riesin gab sich Mühe, ihn zu beruhigen, aber das half wenig. Da stieg sie mit ihm im Arm zum König hinunter und weckte ihn mit groben Worten. Sie warf ihm vor, sie mit dem Kind ihrem Schicksal zu überlassen und mit der ganzen Schiffsmannschaft zusammen zu schnarchen und zu schlafen wie ein Toter. Was einem da geschehen könne, das wisse nachher niemand.

Sigurd wunderte sich aufs höchste, als die Königin ihn plötzlich mit solchen Worten anfuhr. Nie zuvor war das geschehen. Er nahm jedoch ihre Rede sanftmütig hin und versuchte, den Knaben zu beruhigen. Aber das gelang auch ihm nicht.
Nun weckte er die Schiffsmannschaft und hieß sie die Segel setzen, da sich starker Fahrtwind eingestellt habe.
Pfeilschnell schoß nun das Schiff dahin, und schon in kürzester Zeit kam es dort an, wo der Vater Sigurds schon begraben war.
Das Land war noch voller Trauer, aber man freute sich doch, Sigurd, den lang vermißten Sohn, zu sehen. In einem Zeremoniell wurde ihm der Königsname gegeben, und er trat sogleich die Regierung des Landes an.
Der Knabe des Königs hörte seit jenem Vorfall nicht mehr auf zu schreien, wenn die Mutter in der Nähe war. Deshalb nahm Sigurd eine Pflegerin zu seiner Erziehung, und von Stund an wurde er wieder das ruhige Kind, das er früher war.
Natürlich war Sigurd nicht entgangen, in wie vielen Dingen sich seine Königin seit der Seefahrt verändert hatte. Besonders kam sie ihm jetzt zänkisch und boshaft vor, das hatte er früher nicht festgestellt. Es dauerte nicht lange, und auch andere bemerkten den abstoßenden Charakter der Königin.
In der Gefolgschaft befanden sich zu dieser Zeit zwei junge Männer von achtzehn und neunzehn Jahren, die leidenschaftlich dem Brettspiel frönten und deshalb oft lange Zeit spielten. Ihr Zimmer grenzte an das der Königin, und sie horchten zu verschiedenen Zeiten des Tages hinüber, um zu erfahren, was die Königin treibe. Eines Tages waren sie noch aufmerksamer als gewöhnlich. Sie legten das Ohr an eine Ritze in der Wand und hörten deutlich, wie die Königin sagte: »Wenn ich nur ganz wenig gähne, bin ich klein und wie eine zierliche Jungfrau; wenn ich halb

gähne, bin ich wie eine Halbriesin; wenn ich stark gähne, bin ich wie eine Riesin.«

Als sie das sagte, gähnte sie fürchterlich und wurde plötzlich zur gräßlichen Riesin. Im gleichen Moment kam ein dreiköpfiger Riese aus dem Boden hervor, der einen Trog voll Fleisch in den Händen hielt. Er begrüßte die Königin, die sich als seine Schwester herausstellte, und setzte ihr den Trog vor. Die Riesin hörte nicht eher auf, das rohe Fleisch zu verschlingen, bis der ganze Trog geleert war.

Entsetzt beobachteten die beiden jungen Männer durch die Ritze den ganzen Vorgang; sie hörten jedoch nicht mehr, daß die beiden Geschwister etwas zueinander sagten. Zu gierig fraß die Unholdin des Fleisch, auf das sie bei Tisch des Königs immer verzichtete.

Der Trog war geleert, der dreiköpfige Riese verschwand auf demselben Weg. Die Königin nahm wieder ihre menschliche Gestalt an.

Zur gleichen Zeit saß die Erzieherin des Sohnes von Sigurd und seiner verschwundenen Frau im Zimmer des Knaben, den sie liebevoll im Arm hielt. Ein Licht hatte sie soeben angezündet. Da sprangen einige Bretter im Boden des Zimmers auf, und es entstieg dem Untergrund eine wunderschöne Frau in einem Leinenkleid, wie Frauen sie am nackten Leib tragen, und mit einem eisernen Ring um die Mitte, von dem eine Kette niederhing, deren Ende man nicht sehen konnte. Die Frau trat auf die Wärterin zu, nahm ihr das Kind vom Arm, drückte es zärtlich an die Brust. Dann gab sie es ohne ein Wort wieder zurück und verschwand durch die Bretter nach unten.

Lautlos schloß sich der Boden wieder.

Über die Maßen erschreckt, vergaß die Wärterin, von dem Vorgang zu erzählen.

Am nächsten Abend ereignete sich dasselbe. Als die leinenbekleidete Frau jedoch den Raum verließ, sagte sie mit kummervoller Miene: »Zweimal ist's vorüber, nur noch einmal!« – Und sie verschwand.

Nur noch größer war der Schrecken der Erzieherin, nachdem sie die Worte der Unheimlichen gehört hatte. Sie dachte, dem Kind drohe eine Gefahr, obwohl ihr die unbekannte Frau in jeder Hinsicht gefiel und sie sich dem Kind gegenüber äußerst liebevoll und mütterlich benahm. Am bedenklichsten schien es ihr, daß die Frau »nur noch einmal« gesagt hatte. Sie hielt es für das beste, zum König zu gehen, ihm alles zu erzählen und zu bitten, er möchte am nächsten Abend selbst im Zimmer anwesend sein.

Das geschah, und Sigurd wartete mit gezogenem Schwert bei Einbruch der Nacht auf die Erscheinung. Es dauerte nicht lange, da öffneten sich die Bretter des Bodens, und die Frau erschien mit Ring und Kette, wie die Abende zuvor.

Unverzüglich erkannte der König seine Frau, sprang auf und durchschlug sogleich die Kette, an die dieser zarte Leib gefesselt war. In diesem Augenblick dröhnte es unter der Erde so gewaltig, daß die ganze Burg erschüttert wurde, und jeder glaubte, alle Häuser würden einstürzen und in einen Schutthaufen verwandelt werden. Endlich hörte das Beben und Dröhnen auf, so daß die Menschen wieder zu sich kamen.

Nun fielen sich König und Königin in die Arme, und sie erzählte alle ihre Erlebnisse, wie die Riesin in einem steinernen Boot zum Schiff gekommen war, wie sie ihr die Kleider ausgezogen und selbst angelegt und welchen Zauberspruch sie ausgestoßen hatte.

»Ich war mit dem Boot so weit abgetrieben, daß ich das Schiff nicht mehr sehen konnte. Da bemerkte ich, wie das steinerne Fahrzeug die Richtung auf etwas Dunkles nahm. Schließlich landete ich bei einem dreiköpfigen Riesen. Der wollte sofort mit mir schlafen. Ich wehrte mich mit allen Kräften. Da sperrte er mich in ein allein stehendes Haus und drohte, mich niemals wieder daraus zu befreien, wenn ich ihm nicht gehören wolle. Jeden zweiten Tag kam er zu mir, wiederholte seine Wünsche und drohte mit noch schlimmeren Strafen.

Im Lauf der Zeit dachte ich ununterbrochen darüber nach, was ich anstellen könnte, um ihm zu entrinnen. Ich versprach dem Riesen schließlich, mit ihm zu schlafen, wenn er mir erlaube, an drei aufeinanderfolgenden Tagen meinen Sohn zu sehen. Er willigte ein, ließ aber diesen eisernen Ring um meinen Leib und band das andere Ende um seinen schrecklichen Körper. Das Gedröhne, das zu hören war, als du die Kette zerschlugst, kam sicher daher, daß der Riese der Länge nach hinfiel, als die Kette plötzlich nachgab, an der er unaufhörlich zog. Er wohnt nämlich direkt unterhalb der Burg. Wahrscheinlich hat er sich den Kopf zerschlagen, als er niederfiel, und als die Burg erbebte, wird er im Todeskampf gelegen haben.«

»Meine gute Frau«, seufzte Sigurd, »du hast klug gehandelt, als du dem Riesen deine Bedingung stelltest. Nun bist du wieder frei.«

Den Rest der Erklärung fand Sigurd von selbst. Warum die Königin so unausstehlich wurde, das Kind nicht mehr zu beruhigen war und all das andere, das ihm das Leben nicht mehr lebenswert gemacht hatte.

Die falsche Königin wurde in einen Sack gesteckt und gesteinigt. Der Leichnam wurde zwischen zwei ungezähmte Pferde gebunden und in Stücke gerissen.

Die Erzieherin des Knaben wurde fürstlich belohnt. Und das Königspaar lebte glücklich bis an sein Lebensende.

[Märchen aus Island]

Die Tochter des Schneiders und der Sohn des reichen Kaufmanns

Ein Schneider hatte drei Töchter. Eines Tages kam der Sohn des Vorstehers der Kaufleute zur Tür seines Ladens und sagte zu ihm: »Ich wünsche, daß du mir ein Gewand fertigst, das aus Rosen gemacht ist.« Am Abend sprach der Schneider mit seiner ältesten Tochter über dieses Gewand. Die schwieg dazu, und die Nacht ging vorbei. Der Schneider kehrte in seinen Laden zurück und dachte bis zur Abenddämmerung nach, aber ohne Ergebnis. Am Abend erzählte er die Sache seiner zweiten Tochter, die auch nichts zu antworten wußte. Und der folgende Tag verging ebenso wie der vorige. Am Abend erzählte er die Sache seiner jüngsten Tochter. Die antwortete: »Wenn morgen der junge Mann kommt, so sag ihm, daß man für ein Gewand aus Rosen natürlich Schere, Fingerhut und Faden aus Rosen braucht. Wenn er dir das bringt, nähst du ihm sein Gewand.« Am nächsten Tag schloß der junge Mann aus diesen Worten, daß der Schneider drei Töchter haben mußte, von denen die älteren zwei nichts verstanden hatten, und daß diese Antwort nach drei Tagen von der jüngsten kam.

Ohne sie je gesehen zu haben, verliebte er sich in sie und schickte jemand, der für ihn um ihre Hand anhalten sollte.

Nun hört gut zu! Der junge Mann hatte eine Cousine, mit der er verlobt war. Als die erfuhr, daß er um die Tochter des Schneiders warb, sagte sie zu sich: »Ich muß mit allen Mitteln diese Machenschaften unterbinden.« Sie legte sich auf die Lauer, um zu erfahren, wann der junge Mann dem

Mädchen ein Geschenk schickte. Endlich bemerkte sie, daß er ihr ein Tablett fürs Abendessen überbringen ließ. Das war mit allen möglichen Speisen beladen. Von Eifersucht getrieben, gab sie dem Träger des Tabletts eine große Summe Geld und sagte ihm, er solle vom Reis kosten, vom Geflügel die Flügel essen und ein wenig aus dem Fläschchen mit Oxymel* trinken. Das tat er denn auch. Als man dem Mädchen das Abendessen überreichte, sah sie, daß die Speisen angebrochen waren. Da sie glaubte, der Sohn des Kaufmanns habe ihr die Überreste seiner Mahlzeit geschickt, aß sie nichts davon und ließ ihm folgende Botschaft ausrichten:

> »Das Oxymel ist bis zum Hals gestiegen,
> es fehlte eine Handvoll kleiner Sterne;
> ohne Flügel konnten die Fliegenden nicht fliegen;
> es fehlte eine Handvoll kleiner Sterne.«

Der junge Mann mochte nachdenken, soviel er konnte, er verstand es nicht. Am nächsten Tag machte er sich auf, um ein paar schöne Schuhe zu kaufen, und ließ sie dem Mädchen überbringen. Aber erneut erfuhr die Cousine davon und sagte der Trägerin, sie solle sich die Schuhe anziehen und lange darin herumgehen, bis sie zerrissen wären, und sie dann erst an Ort und Stelle abgeben. So geschah es. Als man ihr die Schuhe überreichte, zog das Mädchen sie nicht an, sondern gab sie wieder zurück.

Als der Ehevertrag mit der Tochter des Schneiders geschlossen war, ließ die Cousine aller Orten derartig böse Gerüchte verbreiten, daß man dem jungen Mann die Braut als Teufelsgestalt schilderte. Und das ging so weiter bis zum Hochzeitstag. Als man sie ins Hochzeitszimmer geführt hatte, schaute der Gemahl seine Frau nicht einmal an und ging allein zu Bett.

---

* Oxymel = Sirup aus Honig und Essig

Am Morgen erzählte die Braut die Sache ihrer Schwiegermutter. Diese wußte, daß an diesem Tag ihr Sohn in den Garten der gelben Blumen gehen würde. Denn er hatte drei Gärten, einen mit gelben, den anderen mit roten und noch einen andern mit weißen Blumen, und jeden Tag ging er in einem von ihnen spazieren. An jenem Tag also war der Garten der gelben Blumen an der Reihe. Sie sagte zu ihrer Schwiegertochter: »Steig auf ein hellbraunes Pferd; damit reitest du zum Garten der gelben Blumen; du klopfst ans Tor, bis mein Sohn kommt, dir zu öffnen; du bittest ihn um einen Strauß gelber Blumen, die er dir geben wird; dann entfernst du dich rasch, ohne etwas zu sagen.«
Die junge Frau verschleierte sich tief und führte den Plan Punkt für Punkt aus.
Am nächsten Morgen gab die Schwiegermutter dieselben Anweisungen für den Garten der weißen Blumen. Das Mädchen stieg auf ein weißes Pferd und tat, wie ihr geheißen.
Am dritten Tag sprach die Schwiegermutter: »Steig auf ein rotbraunes Pferd; damit reitest du zum Garten der roten Blumen; du klopfst ans Tor, bis mein Sohn kommt, dir zu öffnen; wie an den andern Tagen bittest du ihn um einen Strauß Blumen, die er dir geben wird. Wenn du den in Händen hältst, sagst du ihm, dein Gürtel sei zu eng, du könntest ihn nicht aufknüpfen, er solle ihn entzweischneiden. Wenn er dir sein Messer anbietet, fährst du so mit der Hand darunter, daß dein Daumen verletzt wird. Dann schreist du auf – ›mein Daumen, mein Daumen!‹ –; du packst den Blumenstrauß, steigst aufs Pferd und verläßt den Garten.«
Und so geschah es.
Als sie am Abend das Schlafzimmer betrat, fing die junge Frau zu schreien an: »Mein Daumen, mein Daumen!« Ihr Gemahl war überrascht. Er erkannte die Stimme der jungen Frau wieder, die er im Garten gesehen hatte. Seit der

ersten Begegnung aber hatte er sich in sie so sehr verliebt, daß es ihm Schlaf und Appetit raubte. Als er sie genau betrachtete, sah er ein Gesicht, das war schön wie der Mond, und sein Glanz erleuchtete das Zimmer. Und er erkannte in ihr die junge Frau, die zu den Gärten gekommen war. Vor Sehnsucht nach ihr kamen ihm die Tränen, und er fragte sie, was geschehen war. Und sie erzählte ihm die ganze Geschichte. Da nahm er sie in seine Arme, schickte nach Musikanten, und die Hochzeitsfeierlichkeiten dauerten eine ganze Woche.
Gott möge allen Liebenden ihre Wünsche erfüllen, so wie er sie diesen beiden erfüllt hat.

[Märchen aus Persien]

Die Jagd nach dem weißen Eber
(Guingamor)

Einst gebot über die Bretagne ein hochgemuter König, dessen Name mir entfallen ist. Er hatte einen Neffen, Guingamor mit Namen. Der war ein höfischer und schöner junger Mann, und der König schätzte ihn über alle Maßen. Auch der Hof seines Oheims und das ganze Land brachten ihm ob seiner edlen Gesinnung hohe Achtung entgegen.

Eines Tages ritt der König zur Zerstreuung in einen Wald zur Jagd. Guingamor konnte seinen Oheim nicht begleiten, ihm war unpäßlich, und die Ärzte hatten ihn gerade zur Ader gelassen. So war er denn im Schloß geblieben und vertrieb sich die Zeit mit Kurzweil. Als er den Seneschall traf, setzten sich beide hin, um ein Schachspiel zu machen, denn daran fanden sie großes Vergnügen.

Da kam die Gattin des Königs am Saale vorbei, eine schlanke und anmutige Frau; sie wollte eben zur Schloßkapelle gehen. Wie verzaubert hielt sie an der Schwelle des Saales inne und schaute lange den jungen Spieler an. Er erschien ihr wunderschön, wie er da saß, dem Fenster zugekehrt. Ein Sonnenstrahl ergoß sich auf sein Antlitz und warf einen hellen Schein auf seine blonden Locken. So lange schaute die Königin ihn an, bis sie in leidenschaftlicher Liebe zu ihm entbrannte. Und sie ging in ihre Kammer und rief eine ihrer Zofen herbei.

»Geht zu jenem Ritter«, sagte sie ihr, »der dort im Saale Schach spielt. Es ist Guingamor, der Neffe des Königs. Sagt ihm, er solle zu mir kommen, ich erwarte ihn.«

Da lief die Zofe zu Guingamor und teilte ihm den Wunsch der Königin mit. Und der erhob sich vom Spiel und folgte der Zofe zur Königin. Die hieß ihn sich setzen, und Guin-

gamor wußte nicht, wie er sich ihre besondere Huld erklären sollte. Doch schon begann sie zu sprechen:
»Guingamor, Ihr seid ein kühner und edler Ritter, ein herrliches Abenteuer winkt Euch. Ihr dürft eine schöne und hochgestellte Frau lieben, der niemand im Königreich gleichkommt. Euch ist sie ganz ergeben, und nur Euch will sie gehören.«
Da war Guingamor erstaunt, denn wie sollte er eine Dame lieben, sagte er der Königin, die ihm unbekannt sei. Und zudem gelüstete es ihn vorerst gar nicht nach einer Liebschaft.
»Mein Freund«, erwiderte die Königin, »seid doch nicht so spröde und schüchtern. Ich bin es, die Ihr lieben sollt, denn ich bin in Leidenschaft zu Euch verfallen und schmachte nach Euch.«
Da sann der Ritter nach, und mit Bedacht antwortete er:
»Ich weiß, der Huld meiner Königin muß ich immer danken, und gerne diene ich Euch in Ehren, seid Ihr doch die Gattin meines Königs!«
»Von solcher Liebe rede ich nicht«, erwiderte sie da, »mit Leib und Seele bin ich Euch verfallen, Eure Geliebte will ich werden! Welch herrliche Wonnen werden wir genießen, wenn Ihr mich erhört!«
Und schon rückte sie Guingamor näher, zog ihn an sich und küßte ihn. Doch dem Jüngling stieg Schamröte ins Gesicht. Zornig sprang er vom Sitz und eilte aus der Königin Gemach. Die Königin wollte ihn zurückhalten und packte ihn an seinem Mantel. Er aber riß sich los, und die Spangen seines Mantels brachen. Eilig verließ er das Zimmer und ließ den Mantel dort in der Hand der Königin zurück. Verstört setzte er sich wieder an das Schachbrett, und vor lauter Benommenheit hatte er den Verlust des Mantels vergessen.
Da aber geriet die Königin in große Unruhe, und der Gedanke an ihren Gatten erfüllte sie mit großer Sorge. Zu

offen hatte sie dem Jüngling ihr Herz offenbart, und nun mußte sie fürchten, daß der ihrem Gatten alles verrate. So schickte sie eine Vertraute mit dem Mantel zu Guingamor, die legte ihn ihm über die Schulter. Doch in seiner Benommenheit merkte der Ritter davon nichts, und ungesehen schlich sich die Vertraute von dannen.
Noch bis zum Abend bangte und zitterte die Königin. Da kam der König von der Jagd zurück und setzte sich mit seinen Mannen zum abendlichen Mahle nieder. Fröhlich und ausgelassen war die Gesellschaft. Man lachte, scherzte und erzählte sich von den Erlebnissen der Jagd. Guingamor indes saß still dabei, es tat ihm leid, nicht an der Jagd teilgenommen zu haben. Die Königin schaute ihn die ganze Zeit über an, und um ihn zu ärgern, begann sie so zu sprechen:
»Ich höre, wie Ihr Euch alle Eurer Taten und Abenteuer rühmt, meine Herren. Aber ich bin sicher, daß hier in der Runde keiner so kühn ist, und gäbe man ihm auch tausend Pfund Gold, daß er es wagte, in jenem Wald draußen zu jagen, wo der weiße Eber haust. Und doch, wem dieser Eber zuteil wird, dem würde höchster Preis und großer Ruhm winken.«
Mit einem Mal erstarb das laute Lärmen im Saal. Keiner der Mannen wollte ein so waghalsiges Abenteuer eingehen. Und Guingamor merkte wohl, daß die Königin ihn mit diesen kecken Worten gemeint und herausgefordert hatte. Der König brach nun als erster das Schweigen:
»Frau Königin, Ihr wißt doch ganz genau, wie es um das Geheimnis jenes Waldes bestellt ist! Aber Ihr sollt wissen, daß ich nicht gerne höre, wenn man davon spricht. Noch nie ist ein Mann, der dort auf die Jagd nach dem weißen Eber gegangen ist, zurückgekommen. Heide und Flußufer sind dort nicht geheuer. Auch ich habe großen Verlust erlitten, denn zehn meiner wackersten Ritter habe ich dort verloren.«

So ließ man die ganze Sache auf sich beruhen, und alle legten sich zum Schlaf. Nur Guingamor konnte kein Auge schließen, ihm gingen die bösen Worte der Königin nicht aus dem Sinn. So ging er denn noch in der Nacht in das Gemach des Königs, kniete vor ihm hin und erbat von ihm eine Gunst. Und als der König sie seinem Neffen huldvoll gewährte, da erzählte Guingamor sein Vorhaben. Er wolle schon am nächsten Morgen in dem ungeheuren Forst jagen, der König möge ihm doch für diesen Tag sein bestes Pferd, seinen Spürhund, seine Bracke und die ganze Meute mit den erfahrensten Leuten borgen. Als der König diese Bitte seines Neffen vernahm, war er sehr erschrokken und bereute schon sein Versprechen. Und er drängte seinen Neffen, doch von dem Plane abzustehen, denn niemals würde Guingamor von diesem Abenteuer heimkehren. Doch um nichts auf der Welt wollte der junge Ritter seinen Plan aufgeben. Da kam gerade die Königin vorbei. Sie hatte alles mitangehört, und eifrig unterstützte sie nun Guingamors Bitte. Und dem König blieb nichts übrig, als nachzugeben.

In der ganzen Nacht kam Guingamor nicht zur Ruhe, und kaum hatte es zu tagen begonnen, da ließ er alles für die Jagd zurüsten und scharte seine Begleiter um sich. Auch der König kam, um ihm das Geleit zu geben, und mit ihm waren viele Leute aus der Stadt und vom Land. Groß und klein, ja auch viele vornehme Frauen waren da und klagten um Guingamor, denn alle fürchteten, ihn für immer zu verlieren.

Die Jäger gingen voraus und führten die Hunde in das Dickicht in der Nähe der Stadt. Dort suchten sie die Spuren des weißen Ebers in einem Morast, wo er gewöhnlich wühlte. Und nach einigem Suchen stellten sie ihn auch in einem dichten Unterholz. Dann schickten sie den Leithund voran, der durch sein Gebell den Eber bald aus dem Dickicht herausgejagt hatte. Das wilde Tier entfloh in den

tiefen Wald. Jetzt setzte Guingamor dem Wild auf seinem Pferd nach, hinter ihm auf dem Sattel saß die Bracke. Der König und seine ganze Begleitung hielten sich unterdes am Rande des Waldes auf. Dort blieben sie, solange sie den Klang des Hifthorns und das Bellen der Hunde vernahmen; dann kehrten sie zurück und empfahlen Guingamor der Gnade des Himmels.
In gewaltigen Sprüngen versuchte nun der Eber, seinem Verfolger zu entkommen. Da löste Guingamor der Bracke den Riemen und setzte sie auf die Fährte des Wildes. Der Hund hetzte voran, Guingamor ihm nach und feuerte ihn durch den Schall seines Hifthornes an. Doch bald hatte er jede Spur von Hund und Eber verloren, und mißmutig irrte er lange kreuz und quer im tiefen Forst umher und suchte den Lieblingshund seines Oheims. Auf einem hohen Hügel hielt er schließlich inne und spähte über Schlucht und Wald. Es war ein schöner Sommertag. Die Luft war klar, und die Vögel zwitscherten weit und breit. Doch darauf achtete Guingamor nicht, denn in der Ferne hatte er das Jagdgebell der Bracke vernommen. Froh stimmte da der Herr mit dem Blasen des Hifthorns ein und sprengte mit seinem Roß dahin auf die Suche.
Auf einmal erblickte er inmitten einer Buchenlichtung wirklich seine Bracke, die wie wild dem Eber nachstellte. In rasendem Galopp stürmte ihnen Guingamor nach, und frohgemut war er, denn erlegte er das Tier, würde sein Name im ganzen Land gepriesen und sein Ruhm auf immer gefestigt. Immer wieder stieß er lauthals ins Horn und war seiner Beute dicht, ganz dicht auf den Fersen. Fast hätte er sie erreicht, als er plötzlich auf eine Wiese kam, die blühte vor herrlichen Blumen. Da erblickte er vor sich die Mauern eines prächtigen Schlosses. Aus mächtigen Quadersteinen war es gebaut, ohne Kalk und Mörtel. Das Eingangstor war von einem Turm gekrönt, der mit blankem Silber bedeckt schien und nur so glitzerte. Seine Pforten

waren aus Elfenbein mit goldgezierten Schnitzereien, sie standen offen und luden zum Eintritt ein.
Da hielt Guingamor auf seiner Hatz nach dem weißen Eber inne. Die Jagd nach dem Eber könnte er bald fortsetzen, dachte er bei sich. Der schien ihm so abgehetzt und müde, daß er ihn bald einholen und erledigen könne. Und so sprengte er mit seinem Pferd dem Schlosse zu. Durch die offenen Pforten ritt er ohne Hemmnis hinein ins Schloß, hielt drinnen den Zügel an, stieg ab und schaute sich um. Ringsum war alles still, keine Menschenseele war im Schloß zu erblicken. Nur lauteres Gold sah er überall; selbst die Gemächer, die um den großen Saal herumlagen, schimmerten von Steinen aus dem Paradies. Doch obgleich er froh darüber war, eine solche Mär bei seiner Rückkehr allen erzählen zu können, war er doch beunruhigt, daß er niemanden drinnen erblickte. So wollte er denn nicht länger säumen und verließ rasch das verwunschene Schloß. Hastig sprengte er auf seinem Pferd hinunter zu einem Wiesenflur am Ufer eines Flusses, um die Jagd nach dem weißen Eber fortzusetzen. Doch von Wildschwein und Bracke war keine Spur mehr zu sehen. Wie verraten und verhöhnt kam sich nun der Recke vor!
»Um ein Trugbild von einem Haus zu betrachten«, dachte er bei sich, »habe ich alle meine Mühen aufs Spiel gesetzt. Nimmer werde ich wohl nach Hause zurückkehren!«
Und er ritt zum Hochwald zurück, um nach dem Kläffen des Hundes zu lauschen.
Und wirklich, auf einmal hörte er in der Ferne das Gebell des Hundes und das Fluchtgeräusch des Ebers. Freudig stieß er wieder in sein Hifthorn, und die Hatz ging von neuem los. Weiter drängte er dem Eber und der Bracke nach, bis er wieder an den Rand der Heide kam. Dort tat sich ihm erneut ein wundervoller Anblick dar: Unter dem grünen Laubdach eines Weidenbaumes sprudelte eine klare Quelle, von Gold und Silber schimmerte der Kies,

über den sie rieselte. Und im Quell badete nackt ein junges Mädchen, eine Gespielin kämmte ihr das Haar und wusch ihr Füße und Hände. Es war das schönste Mädchen, das das Erdenrund je kannte; schlank und fein waren ihre Glieder, und keine Rose oder Lilie hätte ihre makellose Schönheit überstrahlen können.
Entzückt von diesem reizenden Anblick, hielt da Guingamor dem Roß die Zügel an. Das Gewand der holden Jungfrau sah er ausgebreitet auf dem Geäst eines Baumes liegen. Schnell ritt er dahin und versteckte es in einer hohlen Eiche. Diesmal hatte er sich vorgenommen, erst den Eber zur Strecke zu bringen und dann zurückzukehren, um mit der Schönen zu sprechen. Aber die hatte den Diebstahl ihres Gewandes bemerkt und rief ihm stolzen Blickes zu:
»Guingamor, laßt mein Gewand! Oder sollten später Eure Begleiter von Euch sagen, Ihr hättet unritterlich einer Jungfrau im Wald ihre Kleider entwendet? Kommt unbesorgt näher zu mir und folgt mir, für heute seid Ihr mein Gast. Den ganzen Tag habt Ihr Euch abgemüht, und der Erfolg blieb aus.«
Guingamor war doch recht erstaunt, daß sie ihn bei seinem Namen rief. Und ohne jedes weitere Zögern brachte er ihr die Kleider zurück und bedankte sich für die Einladung.
»Gern würde ich hier noch weilen«, sagte er, »doch ich muß fort auf die Fährte des Ebers und der Bracke.«
»Mein Freund«, entgegnete ihm da das Mädchen, »niemand auf der ganzen Welt könnte diese heute noch ohne meinen Beistand finden! Laßt ab von diesem törichten Beginnen! Kommt zu mir, und ich verspreche Euch ehrlich: Heute in drei Tagen sollt Ihr den Hund und den Eber zurückbekommen, auf daß Ihr sie in Euer Land zurückbringen könnt!«
Da konnte Guingamor nicht mehr widerstehen und wil-

ligte ein. Er stieg von seinem Roß und wartete, bis sich die Jungfrau angekleidet hatte. Schon brachte ihre Gespielin auch ein prächtig geschmücktes Maultier, Guingamor hob die Schöne in den Sattel, saß dann selber auf und ritt neben ihr her. Und er konnte seine Augen nicht von ihr wenden. So schön, schlank und zart war sie, daß es ihm schier die Sinne raubte, und er, dem noch nie eine Frau das Herz betört hatte, sprach nun von Liebe und Leidenschaft. Erhören solle sie ihn doch, bat er inständig. Und die Jungfrau erhörte ihn und gestand ihm ihre Liebe. Da umschlang Guingamor sie mit beiden Armen und küßte sie.

Inzwischen war die Gefährtin auf einem Zelter vorangeeilt zu jenem verwunschenen Schloß, das der Ritter noch vor kurzem so menschenverlassen vorgefunden hatte. Doch jetzt war dieses Schloß zu lautem Leben erwacht. Überall herrschte ein munteres Treiben, und auf Geheiß der Gefährtin wurde alles für den Empfang vorbereitet und die Gemächer aufs prächtigste hergerichtet. Sie hieß die Ritter zusammenkommen, um den beiden Liebenden entgegenzureiten. Es waren an die dreihundert, und alle waren in herrliche goldverbrämte Seidengewänder gehüllt und führten im Reigen ihre Damen mit. Und in diesem langen Zug waren auch Knappen zu sehen, die führten Falken, Habichte und Sperber mit sich.

Als Guingamor mit diesem Ehrengeleit im Schloß eintraf, erblickte er auch eine weitere vornehme Gesellschaft, die auf Brettern aus Ebenholz Schach spielte. Und unter jenen erkannte er sogleich die zehn Ritter vom Hofe seines Oheims, die im Wald des weißen Ebers verschollen waren. Sogleich sprangen sie alle zehn auf, liefen ihm entgegen, und mit großer Freude entboten sie ihm ihren Gruß. Und Guingamor erwiderte ihren Gruß und umarmte sie herzlich.

In der folgenden Nacht wurde er aufs prächtigste bewir-

tet. Es gab ein köstliches Mahl, Spiele und Festlichkeiten wurden abgehalten, Harfen- und Fiedelklang ertönte, und Edelknaben und Edelfräulein trugen anmutige Weisen vor. Noch nie hatte Guingamor einen solchen Prunk erlebt. Doch er wollte nur drei Tage im Schloß verweilen; und so erklärte er der Herrin am dritten Tage, er müsse nun aufbrechen, um seinem Oheim die Bracke und den Eber zu bringen und ihm von seinem seltsamen Abenteuer zu erzählen. Dann würde er wieder zu ihr zurückkehren. Und er bat sie, ihm die Bracke und den Eber zu geben.
»Lieber Freund«, sprach sie da, »ich werde sie Euch geben. Aber Eure Reise wird umsonst sein, denn schon dreihundert Jahre sind seit Eurer Ankunft hier vergangen. Euer Oheim ist tot und all seine Leute auch. Auch Eure Verwandten und Freunde leben längst nicht mehr. Kein Mensch weiß mehr von Euch, und wäre er noch so alt.«
»Ich kann nicht glauben, was Ihr da sprecht!« entgegnete Guingamor. »Wenn es aber so ist, wie Ihr sagt, werde ich sogleich zu Euch zurückkehren.«
Da gab sie ihm noch folgenden Rat mit auf den Weg:
»Noch eines hört, mein Freund: Wenn Ihr auf der anderen Seite des Flusses in Eurem Land seid, dann eßt und trinkt nichts, bis Ihr hier zurück seid, und wenn auch Hunger und Durst noch so groß sind; sonst würdet Ihr großen Schaden nehmen!«
Dann ließ sie ihm sein Pferd, die Bracke und den Eber bringen; dem trennte Guingamor den Kopf vom Rumpfe; so stieg er denn mit dem Eberkopf auf sein Pferd und ritt davon. Die Dame gab ihm noch das Geleit bis zum Fluß, wo ein Nachen ihn erwartete. Damit setzte er über. Auf der anderen Seite tat sich ihm ein großer Wald auf. Bis zum Mittag irrte er darin umher. Der Wald fand kein Ende, und Guingamor wußte nicht mehr ein noch aus. Der Forst war so wild und dicht, daß er ihn nicht mehr wiedererkannte. Auf einmal hörte er zu seiner Linken Axthiebe erschallen.

Ein Köhler war dabei, Stämme für seinen Meiler zu hauen. Eilends sprengte Guingamor herbei, grüßte den armen Mann und fragte ihn, wo denn der König, sein Oheim, sei und in welchem Schloß er sich gerade aufhalte.

»Meiner Treu, Herr, davon weiß ich nichts«, antwortete der Köhler. »Der König, von dem Ihr sprecht, ist meines Wissens schon vor dreihundert Jahren gestorben, und mit ihm seine ganze Gefolgschaft. Die Schlösser, von denen Ihr sprecht, liegen schon lange in Schutt und Asche, und die Städte, die Ihr kennt, sind alle verwüstet. Es gibt noch alte Leute, die erzählen Geschichten über diesen König und vor allem über seinen Neffen, der ein kühner Ritter gewesen sein soll. Aber er ging in diesem Wald jagen und kehrte nie mehr zurück.«

Als Guingamor dies vernahm, überkam ihn großer Kummer.

»Hör mir zu!« sagte er zum Köhler. »Ich bin der Neffe dieses Königs. Ich bin es gewesen, der in diesem Wald auf den weißen Eber jagen ging.«

Und er erzählte ihm, wie er das Schloß auf der Heide entdeckt hatte, wie er hingegangen war und wie er einem jungen Mädchen am Quell begegnet war, das ihn zwei Tage lang bewirtet hatte. Dann gab er dem Köhler den Kopf des weißen Ebers mit der Bitte, ihn gut zu bewahren und allen Leuten im Land zu erzählen, was sich zugetragen hatte. Der arme Mann bedankte sich, und Guingamor ritt zum Fluß zurück, woher er gekommen war.

Es war gut drei Stunden nach Mittag. Da überkam Guingamor ein solcher Hunger, daß er glaubte, ihn kaum ertragen zu können. Doch auf einmal sah er am Wege einen wilden Apfelbaum stehen, der hing voll mit dicken, saftigen Früchten. Er pflückte drei Äpfel und aß davon, wobei er völlig die Warnung seiner Freundin vergaß. Kaum aber hatte er einen Bissen zu sich genommen, begann sein Leib zu verfallen. Zusehends alterte er, die Kräfte verließen

ihn, so daß er sich nicht mehr im Sattel zu halten vermochte und lahm und siech zu Boden fiel. Leise begann er zu jammern, denn nun war er unrettbar verloren.
Der Köhler war indes in der Nähe gewesen und hatte mit angesehen, was sich zugetragen hatte. Er glaubte kaum, daß der Fremde den Tag überstehen werde. Schon wollte er zu ihm eilen, als er plötzlich zwei junge Fräulein auf Zeltern daherreiten sah; prächtig waren sie gekleidet. Sie ritten auf Guingamor zu und stiegen ab. Sie hoben ihn auf, setzten ihn auf sein Pferd und führten es zum Fluß. Ein Nachen trug sie hinüber.
Als die Nacht hereinbrach, kehrte der Köhler in sein Heim zurück und nahm den Eberkopf mit. Und überall erzählte er die Geschichte von Guingamor und bekräftigte durch Schwur, daß sie wahr sei. Den Kopf des Ebers aber schenkte er dem König. Der zeigte das Haupt des Wunderwildes auf all seinen Festen und ließ Guingamors Geschichte von seinen Schreibern festhalten. So sorgte er dafür, daß dies Abenteuer für immer der Nachwelt erhalten blieb.

[Märchen aus der Bretagne]

Die drei Handwerksburschen

Es saßen einmal drei Handwerksburschen ganz still und traurig in einem Wirtshause beisammen; denn sie konnten keine Arbeit bekommen und hatten nur noch fünf Kreuzer miteinander zu verzehren. Und wie sie nun so dasaßen, trat ein fremder Herr zu ihnen hin und fragte, warum sie denn so betrübt wären? Da klagten sie dem Manne ihre Not, daß ihr Geld zu Ende sei und sie gar nichts verdienen könnten. Sprach der fremde Herr zu ihnen: »Ei, deshalb dürft ihr nicht so traurig sein, da ist wohl noch Rat zu schaffen! Wenn ihr mir einen Gefallen tun wollt, so soll euch das Geld nie ausgehen.« Da fragten sie, was denn das wäre? Darauf sagte der Fremde: »Ihr dürft nichts weiter reden, man mag euch fragen, was man will, als diese Worte: der erste von euch muß immer antworten: ›Wir alle drei!‹, der zweite: ›Um's Geld!‹, der dritte: ›Und so ist's recht!‹ Wenn ihr das tut, so werdet ihr keine Not mehr leiden.«

Da sahen die Handwerksburschen sich verwundert an und wollten's nicht wagen, weil sie sich fürchteten; allein da der fremde Herr versicherte, daß ihnen kein Leid dadurch geschehen werde, so versprachen sie es ihm und erlaubten ihm sogar, daß er ihnen eine Ader aufschlug, worauf dann ein jeder mit seinem eigenen Blute dies Versprechen unterschrieb. Darauf verschwand der Mann.

Die drei Handwerksburschen hatten aber, seitdem sie mit ihrem Blute unterschrieben, die Sprache verloren und konnten gar nichts mehr hervorbringen, als die Worte: »Wir alle drei«, was der eine sprach, worauf dann jedesmal der andere versetzte: »Um's Geld!« und der dritte hinzufügte: »Und so ist's recht!« Alsbald fühlten sie aber, daß ihre Taschen voll Geld waren; deshalb besuchten sie nur gute Gasthäuser und ließen sich das Essen und Trinken schmecken und bezahlten alles wie vornehme Herren, indem sie von dem hingegebenen Geld, wenn's zuviel war, nichts wieder zurücknehmen wollten.

So kamen sie auch einmal in ein vornehmes Wirtshaus und setzten sich an den Tisch. Da fragte der Wirt, ob sie etwas zu trinken haben wollten? »Wir alle drei!« sagte der eine. »Das kann ich mir denken!« antwortete der Wirt. »Um's Geld!« versetzte der zweite. »Ja freilich«, sagte der Wirt, »umsonst ist der Tod.«

»Und so ist's recht!« fügte endlich der dritte Handwerksbursche hinzu. »Das versteht sich!« sprach der Wirt und lachte und ging hin und holte für jeden einen Schoppen Wein. Und als sie den Wein getrunken hatten, fragte der Wirt wieder, ob sie auch etwas essen möchten? »Wir alle drei!« sprach der erste, und dann der zweite: »Um's Geld!« Der dritte: »Und so ist's recht!« Da sah der Wirt groß auf, und auch die Gäste, die da waren und das mit anhörten, verwunderten sich über die sonderbaren Leute; denn sie brachten weiter nichts vor, als eben diese drei Redensarten.

In demselben Wirtshaus übernachtete aber auch ein reicher Kaufmann, der führte viel Geld bei sich und schlief dicht neben ihnen. Da hörten sie um Mitternacht ein Geräusch in dem Nebenzimmer und ein Geschrei, was aber alsbald still ward. Dann vernahmen sie ganz deutlich die Stimme des Wirtes, der befahl, daß man die Geldsäcke forttragen sollte, und sie konnten sich nun wohl denken, was da geschehen sein mochte, blieben aber mäuschenstill liegen, weil sie Angst hatten. Wie es nun Tag wurde und alles aufstand, ging der Wirt in das Zimmer, wo der Kaufmann geschlafen hatte und erhob ein Geschrei: »Mörder!

Mörder!« und lief zum Gericht und zeigte es an, daß ein Kaufmann über Nacht in seinem Hause ermordet worden sei, und daß er schweren Verdacht gegen drei Handwerksburschen hege, die dicht neben dem Kaufmann geschlafen hätten.

Da kam das Gericht herzu und fand den Kaufmann in seinem Blute liegen, nahm dann auch sogleich die drei Handwerksburschen gefangen und fragte sie, ob sie den Mann ermordet hätten? Da sagte der erste: »Wir alle drei!« Der zweite: »Um's Geld!« Der dritte: »Und so ist's recht!«

»Ei, ihr gottlosen Menschen!« rief der Richter und befahl, daß man sie fortführte. Und weil man in ihren Taschen so viel Geld fand, wie man es sonst bei Handwerksburschen nicht antrifft, und sie ganz unverhohlen die Mordtat bekannten, so wurden sie zum Tode verurteilt und zum Richtplatz hinausgeführt. Als sie nun aber geköpft werden sollten, da rief eine unsichtbare Stimme: »Halt!« Und mit einem Male fühlten die Handwerksburschen, daß sie wieder reden konnten und erzählten nun alles, wie es ihnen ergangen war und wie sie nichts weiter als die drei Antworten auf alle Fragen hätten geben können; zugleich aber zeigten sie den Richtern an, daß der Wirt selbst den Kaufmann umgebracht und seine Geldsäcke ihm weggenommen habe.

Da wurde der Wirt festgesetzt, und als man das Geld mit dem Namen des ermordeten Kaufmanns bei ihm fand und seine Schuld offenbar war, erhielt er seine Strafe; die drei Handwerksburschen aber zogen nach der Angst, die sie ausgestanden, fröhlich von dannen, und hatten nun Geld genug ihr Leben lang.

[Märchen aus Schwaben]

Die Alte und das Feuer

Einst geriet Gottvater in großen Zorn über die Menschen, denn sie hielten sich nicht an seine Gebote. Herzlos gingen sie miteinander um, und sie betrogen und belogen einander, daß es nur so eine Art hatte. Lange, lange Zeit schon hatte der Herr dies alles in seiner großen Güte und Geduld ertragen.
Aber nun war es auch ihm zuviel geworden, denn jetzt wagten die Menschen gar, die heilige Fastenzeit zu verletzen, und aßen, tranken, sangen und feierten nach Herzenslust. Der Braten- und Weinduft drang bis in den Himmel hinauf, und die Wände der heiligen Hallen erzitterten von wilden Gesängen.
Da sprach endlich der Allerhöchste: »Ich will die Menschheit um ihrer Sünden willen bestrafen. Fortan sollen die Menschen kein Feuer mehr besitzen!«
Da hob auf der Erde ein Jammern und ein Klagen unter den Menschen an, mußten sie nun das Fleisch roh verzehren und konnten auch kein gekochtes Gemüse mehr essen. Nicht einmal ein Pfeiflein konnten sie mehr rauchen und kein Brot und keinen Kuchen mehr backen.
Die Erde wurde traurig wie das Grab. Sie war wie ein Leib ohne Seele. Die Menschen gingen trübsinnig umher, und so war es nicht weiter verwunderlich, daß auch ihre Lieder verstummten und schließlich auch die Liebe erlosch.
Trotz seiner unermeßlichen Weisheit hatte Gottvater dies nicht alles vorhergesehen. Das Allerschlimmste aber für ihn war, daß sich die Menschen weniger denn je um Religion kümmerten.

Da scharte Gott der Herr alle Engel und Heiligen um sich und fragte sie um Rat, was hier zu tun sei. Lange schwiegen die himmlischen Heerscharen. Endlich aber erhob sich der schöne, lichte Gabriel und sprach: »O Herr, wenn Ihr gestattet, so laßt mich hinab zur Erde gehen. Als Feuerverkäufer möchte ich zu den Menschen gehen und ihnen meine Ware auf dem Markt feilhalten. Sie werden kommen und mir dafür all ihre Schätze anbieten, denn groß ist ja ihr Verlangen danach. Ich werde ihnen aber kein Fünkchen Glut geben, wenn sie mir nicht versprechen, von nun ab ein frommes und sündenfreies Leben zu führen. Wer mir aber solches gelobt, dem will ich das Feuer schenken.«
Alle Versammelten bewunderten Gabriels große Klugheit und klatschten laut Beifall. Mit vielen Segenswünschen wurde er zur Erde hinabgesandt.
Groß war die Freude der Menschen, als sie den Feuerverkäufer erblickten. Groß aber war auch ihre Bestürzung, als jener sprach: »Verkäuflich ist mir das Feuer nicht, aber wenn ihr mir ein Leben in Vollkommenheit und Gottesfurcht gelobt, so schenke ich es euch.«
Niemand wagte, solches zu geloben. Zu gut kannten sie sich selbst, und zu gut wußten sie um ihre Schwächen und Sünden.
Als die Nacht hereinbrach, wollte der Engel traurig ins Paradies zurückkehren. Doch da humpelte eine alte Frau auf seinen Marktstand zu. Sie war gezeichnet von Armut und Alter.
»Gebt mir doch nur ein winziges Fünkchen von Eurem Feuer!« bettelte sie. Dabei berührte sie mit ihrem Stock ein brennendes Stück Kohle. Gabriel antwortete ihr und sprach, was er allen anderen Menschen zuvor schon gesagt. Nachdenklich berührte die Alte ein zweites Stück Kohle mit ihrem Stock. Noch einmal bat und bettelte sie, doch Gabriel sprach, er könne ihr nichts von dem Feuer

geben, wenn sie nicht ein vollkommenes, sündenfreies Leben gelobe.
Unterdessen hatte die Alte ein drittes Stück brennender Kohle mit ihrem Stock berührt. Dann ging sie murrend hinweg.
Der Engel kehrte seufzend ins Paradies zurück, um dort von seinem Mißgeschick zu berichten. Wie aber wunderten sich Gottvater und alle Bewohner des Himmels, als auf einmal Bratenduft und Pfeifenrauch und laute fröhliche Gesänge zu ihnen emporstiegen.
Was war geschehen? Gabriel war ein Opfer der Weiberlist geworden: Die Alte hatte soviel Glut mit ihrem Stock aufgefangen, wie für ihren heimischen Herd notwendig war. Weil Gabriel nicht daran gedacht hatte, daß ihr Stock aus Holz war, konnte sie damit ein schönes Feuer entfachen und allen Nachbarn und allen Menschen das Feuer bringen.
Gabriel wollte sich erbosen in seinem Zorn, denn er war gekränkt in seinem Stolz.
Der Allmächtige aber hielt ihn zurück und lachte von Herzen. In seiner unendlichen Güte vergab er der alten Frau und der ganzen Menschheit und ließ sie das Feuer behalten und freute sich, wenn Lieder zu seinem Lob und Preis erklangen.
[Märchen aus der Provence]

König Midas' Gold

Midas, der Sohn der Großen Göttin, war ein mächtiger König in Makedonien. So mächtig und reich er auch war, so sehr suchte er aber auch Vergnügen aller Art. So hatte er sich einen prächtigen Rosengarten angelegt, in dem die duftenden Rosen von selbst wuchsen und jede sechzig Blätter hatte. Schon als kleines Kind wurde ihm riesiger Reichtum von den Wahrsagern vorhergesagt: Eine Prozession Ameisen trug nämlich Weizenkörner an seine Wiege und legte sie zwischen die Lippen des schlummernden Säuglings.
Eines Tages nun zogen die Scharen des Weingottes Dionysos zechend durchs Land. Einer unter ihnen, der alte Silenos, der Lehrer und Freund des Gottes selbst, blieb weit hinter den Scharen zurück. Vom Wein berauscht, legte er sich in den Rosengarten des Midas zum Schlafen. Doch die Gärtner des Königs entdeckten ihn und führten ihn mit Blumengewinden gefesselt dem König vor. Der greise Silenos aber erzählte dem König wundersame Geschichten von fernen Ländern, von fürchterlichen Meereswirbeln, die jeden verschlingen, von Bäumen, durch deren Früchte man bis zum Kinde verjüngt wird, bis man schließlich ganz verschwindet. Als der König diesen wundersamen Erzählungen lauschte, wurde er des Zuhörens nicht müde. Er bewirtete seinen Gast eine ganze Woche lang und ließ ihn dann zurück zu Dionysos geleiten.
Der Gott aber war schon über das lange Fernbleiben seines Freundes beunruhigt. Überglücklich, ihn wieder in die Arme schließen zu dürfen, versprach er König Midas jede

Belohnung, die der wolle. Da stieg nun im König der alte Übermut und die Gier nach Reichtum auf: »Ich möchte, daß alles, was ich berühre, zu Gold wird«, ließ er Dionysos überbringen. Kaum hatte der König diese Worte ausgesprochen, da ging der Wunsch schon in Erfüllung; er brach den Zweig eines Baumes ab, und dieser erstarrte zu Gold; er hob einen Stein von der Erde auf und hatte einen Klumpen Gold in der Hand; pflückte er einen Apfel, so verwandelte sich dieser ebenso in prunkvolles Gold.
Überglücklich setzte sich da der König an die festlich gedeckte Tafel, um zu speisen. Voll mit den besten Speisen und Getränken prangte der Tisch, und frohgemut ließ sich der König zum Mahl nieder. Aber da, als er versuchte, von den Speisen zu nehmen, um sie zu kosten, da waren sie Gold. Brot und Fleisch erstarrten in seinem Mund zu ungenießbarem Metall. Wollte er sich am köstlichen Naß des Weines erfreuen, so floß ihm Gold die Kehle herab. Nun erkannte er, wie töricht sein Wunsch gewesen war.
Voller Verzweiflung wandte er sich in einem Gebet an Dionysos und bat ihn, doch diesen Fluch von ihm zu nehmen. Der Gott hatte Erbarmen. »Gehe hinauf in die Berge und suche die Quelle des Flusses, der sich Paktolos nennt. In diese Quelle tauche dein unglückseliges Haupt und wasche es«, befahl der Gott. Der König folgte diesem göttlichen Spruch; kaum hatte er sich in der sprudelnden Quelle gewaschen, da verließ ihn der Fluch. Die Wasser des Flusses färbten sich golden, der König war befreit, schien überglücklich und von seinem Wahn erlöst. Der Sand des Flusses aber blieb bis auf den heutigen Tag reich an Gold.

[Märchen der Antike]

Die Teufelsmühle

Ein armer Mann kam oft zu seinem reichen Bruder, der das Gut der Eltern nach deren Tod an sich genommen hatte, und bettelte um eine Unterstützung. Seine Bitte wurde auch meistens erfüllt, doch waren die Gaben recht karg und wurden ihm zudem mit unfreundlichen Worten gereicht.
Eines Tages schlachtete der Reiche einen prächtigen Ochsen. Auch da kam der arme Bruder und bat um ein kleines Stückchen Fleisch zur Suppe. Der Reiche wollte ihm nichts mitgeben; als jedoch der Bruder nicht aufhörte, ihn darum zu bitten, warf er ihm schließlich eine Ochsenkeule zu und sagte, er sollte damit zum Teufel gehen. Der arme Mann nahm die Keule, kehrte zuerst zu seiner Frau zurück, um sich von ihr Schuhe und Verpflegung geben zu lassen, und machte sich dann auf den Weg zum Teufel.
Nach langer Wanderung begegnete ihm ein Mann, der ihn fragte, wohin er denn eigentlich wolle. Als er das Ziel erfuhr und hörte, daß dem Wanderer der Weg dahin unbekannt sei, gab er ihm ein Knäuel, das vor ihm herlaufen und ihm den Weg zu einem Hügel zeigen würde. Mit einem Zweig, den der fremde Mann ihm reichte, sollte er dann an den Hügel schlagen. Darauf würde eine Öffnung entstehen, und da hinein solle er die Keule werfen. Danach würden zwei Handmühlen heraufkommen, eine weiße und eine schwarze. Die weiße Mühle solle er ergreifen und mit ihr immer dem Knäuel nach sich auf den Heimweg machen.
Der Mann befolgte die Anweisungen, und wie er nun mit

der Mühle zurückkehrte, wartete der Unbekannte noch an derselben Stelle. Auf seine Frage, was er denn mit der Mühle anfangen könnte, riet er ihm, er solle um sie ein schönes Gehäuse zimmern. Dann könnte er ihr befehlen, was immer er haben wollte, die Mühle würde ihm alles mahlen, wenn er dazu nur folgenden Spruch sagte:

> »Mahle du weder Malz noch Salz,
> Und mahle du in des Herrn Namen.«

Durch diese Mühle gewann der arme Mann alles, was er zum Leben nur benötigte, und lebte von nun an mit seiner Frau herrlich und in Freuden.

Wie er sich nun eines Tages eine große Menge Gold hatte mahlen lassen, plagte ihn die Neugier, und er wollte wissen, wieviel das wohl sei. Er lieh sich daher von seinem reichen Bruder ein Scheffelmaß, um das Gold zu messen. Seine Schwägerin hatte jedoch die Ritzen des Gefäßes mit etwas Harz bestrichen, und als sie das Maß zurückerhielt, war Goldsand hängengeblieben. Nun eilte sie zu ihrem Mann und teilte ihm ihre Entdeckung mit. Auf Anstiften seiner Frau machte er sich dann gleich auf den Weg, um zu erfahren, woher der Reichtum des früher so armen Bruders käme.

Dieser erzählte ihm wahrheitsgemäß, wie sich alles zugetragen hatte, und erklärte, diese Mühle für die Ochsenkeule erhalten zu haben, mit der er von ihm einst zum Teufel geschickt worden sei.

Da ließ es dem reichen Bauern und seiner Frau keine Ruhe, die Teufelsmühle in Besitz zu bekommen: Er bot seinem Bruder den Herrenhof und all seine Besitztümer zum Tausch für die Mühle an. Endlich ging dieser auf den Handel ein.

Darauf kaufte sich der Reiche ein Schiff und segelte mit seiner Frau, den vier Kindern und der Mühle aufs Meer hinaus. Weil nun die Mühle ihm draußen auf hoher See einiges zu essen und zu trinken mahlen sollte, sprach er zu ihr den gewohnten Spruch. Doch die Mühle rührte und regte sich nicht, so oft er den Spruch auch wiederholte. Schließlich verlor er die Geduld und sagte wütend:

>»Mahle du sowohl Malz wie Salz,
>Und mahle du in des Teufels Namen.«

Da setzte sich die Mühle in Bewegung und mahlte so lange, bis das Schiff mit allen Insassen versunken war. Der Teufel war darüber sehr froh, denn er gewann durch den Tausch der Mühle sechs Seelen statt einer.

Der erste Mühlenbesitzer, der Zeit seines Lebens reich genug war, erzog zwei hilflose Waisen zu tüchtigen Menschen und bedachte mitsamt seiner Frau zur richtigen Zeit schon das Heil seiner Seele.

[Märchen aus Island]

Die weiße Hirschkuh

Vor langer, langer Zeit lebte in Lothringen ein armer Holzfäller mit seiner Frau am Rande des Waldes. Sie hatten zwei Töchter, das Annele und das Margretle. Und sie lebten glücklich und zufrieden miteinander.
Doch eines Tages wurde die Frau krank und starb. Nun stand der Mann ganz allein mit seinen zwei kleinen Töchtern da. Wenn er tief drinnen im Wald Holz schlug, sorgte er sich immer sehr um sie, weil er die Kinder allein zu Hause wußte. So beschloß er schließlich, wieder zu heiraten. Er nahm sich eine Frau aus dem Dorf. Von dieser glaubte er, daß sie dem Annele und dem Margretle eine gute Mutter wäre. Doch darin hatte der Mann sich sehr getäuscht. Der älteren Tochter, dem Annele, war sie ganz gut, denn diese konnte ihr im Haushalt und beim Reisigmachen helfen und die Geißen hüten. Das kleine Margretle aber war ihr nur eine Last. Sie zog nun das Annele ganz auf ihre Seite und redete ihr ein, daß es am besten wäre, wenn das Margretle gar nicht mehr da wäre, denn dann bekäme sie viel schönere Kleider. Und da das Annele hoffärtig und eitel war, ließ es sich leicht von der Stiefmutter beeinflussen. Nun überlegten die beiden, wie sie das Margretle loswerden könnten.
»Weißt du was«, sprach die Frau, »morgen müssen wir in den Wald, um Reisig aufzulesen. Wir wollen bis zu der Stelle gehen, wo der Wald ganz dicht ist. Dann schicken wir das Margretle noch tiefer in den Wald hinein und laufen unterdessen fort. Wir sind es dann losgeworden, ohne daß der Vater ein Arg hat.«

Das Annele war gleich mit diesem Plan einverstanden. Das Margretle war aber gerade an der Stubentür vorübergegangen und hatte alles mitangehört. Nun fürchtete es sich sehr, denn damals hausten im Wald die Wölfe noch rudelweise. In seiner Angst und Not lief es zu seiner Patin und erzählte ihr alles.

Da sprach diese: »Weine nicht. Hier hast du ein Säcklein voll Sägemehl. Binde es unter deine Schürze, damit es niemand sieht. Wenn ihr morgen in den Wald geht, gehst du hinter den beiden her und streust das Sägemehl hinter dich. Wenn dich die beiden dann allein lassen, findest du an dem Sägemehl den Weg nach Hause zurück.«

Nun machte das Kind es so, wie ihm die Patin geraten hatte. Als sie mitten im Wald waren, setzte sich die Stiefmutter ins Moos und sagte: »Annele, ich habe mir einen Holzsplitter in den Fuß getreten. Schau, daß du ihn mir herausziehst! Das Margretle kann derweil ein Bündel Reisig suchen. Wir wollen hier auf es warten und dann zusammen heimgehen.«

Das Margretle gehorchte, ging tiefer in den Wald hinein, streute aber heimlich immer das Sägemehl hinter sich. Es sammelte Reisig zusammen, nahm das Bündel auf den Kopf und ging an den Platz zurück, an dem die Stiefmutter und das Annele gesessen hatten. Und da waren die beiden verschwunden, geradeso, wie das Margretle es vermutet hatte. Das Kind ging nun immer der Sägemehlspur nach und kam glücklich nach Hause.

Als die Stiefmutter aber das Margretle kommen sah, sprach sie zu der älteren Tochter: »Annele, wir müssen morgen noch tiefer in den Wald gehen. Dann wird das Margretle nicht mehr herausfinden.«

Das Margretle aber hatte alles mitangehört und ging wieder zur Patin und klagte ihr sein Leid.

Da sprach diese: »Das böse Weib gibt keine Ruhe, bis es dich losgeworden ist. Ach, wenn das deine Mutter wüßte,

sie würde noch in der Ewigkeit weinen! Nimm dieses Säckchen mit Haferspreu. Streu sie genauso wie das Sägemehl hinter dich, und du wirst wieder heimfinden.«
Beim Nachtessen sprach nun die Stiefmutter: »Wir müssen morgen wieder in den Wald gehen. Wir wollen Pilze suchen, die wir dann auf dem Markt in Finstingen verkaufen werden. Damit wir aber recht schöne finden, müssen wir ganz tief in den Wald gehen, dorthin, wo wir noch nicht gewesen sind.«
Das Margretle wußte wohl, was diese Worte bedeuteten. Aber es hatte keine Angst und sprach sein Nachtgebet.
Am anderen Morgen gingen sie nun wieder in den Wald. Das Annele und die Mutter gingen voraus und waren beide ganz vergnügt. Doch das Margretle ging traurig hinter ihnen drein und dachte: »Warum sind nur die Stiefmutter und meine Schwester so böse gegen mich?«
Als sie nun tief drinnen im Walde angelangt waren, setzten sie sich nieder, um ihr Brot zu essen. Dieses Mal sprach die Stiefmutter: »Annele, mir ist etwas ins Auge geflogen, schau, daß du es mir herausziehst. Das Margretle soll derweil tiefer in den Wald gehen und anfangen, Pilze zu pflücken.«
Das Margretle aber hatte mit der Haferspreu getan wie am Tage zuvor mit dem Sägemehl. Als es sein Körbchen voll mit Pilzen hatte, fand es an der Spreuspur den Weg wieder nach Hause zurück. Diesmal wurde die Stiefmutter ganz rot vor Zorn und sprach zum Annele: »Morgen darf mir das Margretle nicht mehr wiederkommen, koste es, was es wolle. Morgen werden wir Heidelbeeren suchen gehen und es dabei an einer Stelle allein lassen, wo es ganz gewiß nicht mehr nach Hause findet.«
Das Margretle aber, das auch dieses Mal alles mitangehört hatte, lief wieder zu seiner Patin und bat sie um Hilfe.
»Oh, dieses liederliche Weib«, rief die Patin aus. »Es gibt wohl keine Ruhe! Doch sei ruhig, hier hast du ein Säck-

chen voll Hanfsamen. Tu mit ihm, wie du mit dem Sägemehl und der Haferspreu getan hast.«
Wie an den beiden ersten Tagen zogen sie in den Wald. Um die Mittagszeit setzten sie sich ins Moos und aßen ihr Brot. Und diesmal sprach die Stiefmutter: »Annele, in meinem Haar hat sich so viel dürres Laub verfangen. Komm her, und kämme es mir aus! Derweil kann das Margretle tiefer in den Wald gehen und anfangen, Beeren zu sammeln.«
Ganz ruhig ging das Margretle tief, tief in den Wald hinein und streute seinen Hanfsamen. Doch als sein Körbchen voller Heidelbeeren war und es sich auf den Heimweg machen wollte, sah es gerade noch, wie die Vögel den letzten Samen aufpickten. Es fand den Weg nicht mehr nach Hause und fing an, bitterlich zu weinen. Schon begann es zu dämmern, und das Kind fürchtete sich vor der Nacht und den Wölfen. In seiner Not stieg es auf einen Baum, um zu sehen, ob nicht ein Dorf oder ein Gehöft in der Nähe wäre. Doch weit und breit war nichts zu sehen als nur die Wipfel der Bäume. Plötzlich sah das Margretle fern, mitten im Wald, eine Rauchsäule aufsteigen. Nun lief es geradewegs dorthin. Da kam es zu einem großen Felsen, der mit einer kleinen Türe verschlossen war. Das Mädchen klinkte die Türe auf.
Da vernahm es eine Stimme: »Wer ist da?«
»Ich bin's, das Margretle. Ich bitte um ein Nachtlager.«
»Ich lasse dich nur herein, wenn du mir versprichst, daß du deiner Lebtag bei mir bleibst, niemandem die Tür öffnest und mich nicht verrätst.«
Das Margretle versprach alles und durfte nun eintreten. Doch es sah keinen Menschen. Nur auf der Ofenbank lag eine schneeweiße Hirschkuh. Obwohl es eine Hirschkuh war, hatte sie doch ein Geweih, und das war wie aus purem Silber.
Die Hirschkuh aber sprach mit menschlicher Stimme: »Du mußt mich jeden Morgen vor Sonnenaufgang und je-

den Abend vor Sonnenuntergang melken. Die Milch darfst du trinken. Du wirst das beste Leben bei mir haben. Ich werde dir Kleider aus Samt und Seide bringen. Doch laß niemanden herein, nicht einmal deine leibliche Schwester. Wenn du es dennoch tust und mich verrätst, so ist es um mich geschehen.«
Das Margretle versprach alles und legte sich sodann müde auf das Bett, das in der Ecke stand. Als es am Morgen vor Sonnenaufgang erwachte, melkte es die Hirschkuh. Diese ging auf die Weide und kam erst vor Sonnenuntergang wieder. Sie hatte dem Margretle die schönsten Kleider mitgebracht, so daß es aussah wie eine Prinzessin.
Lange Zeit lebten die beiden glücklich und zufrieden miteinander. Währenddessen hatte das Annele es doch bereut, daß es seine Schwester ins Unglück gebracht hatte. Und es beschloß, sie zu suchen. Eines Morgens sagte die Anne zu ihren Eltern, sie wolle im Wald Holz suchen. Sie ging immer tiefer in den Wald hinein, und bald hatte sie den Weg verloren. Da weinte sie und spürte am eigenen Leibe, was sie ihrer Schwester zugefügt hatte. Es wurde dämmerig und dunkel, und sie fürchtete sich sehr. In ihrer Not stieg sie auf einen Baum, um zu sehen, ob nicht irgendwo ein Haus wäre. Da sah sie fern, mitten im Wald, eine dünne Rauchsäule aufsteigen und ging darauf zu. Sie kam zu dem großen Felsen und klopfte an die Tür. Doch niemand antwortete ihr. Da legte sie sich in einem hohlen Baum schlafen. Am nächsten Morgen ging sie wieder zu der Tür im Felsen und bettelte: »Laßt mich doch ein, um Gottes Barmherzigkeit willen! Ich habe mich im Wald verirrt und bin hungrig und durstig.«
Nun erkannte das Margretle die Stimme der Schwester. Aber es dachte an das Versprechen, das es der weißen Hirschkuh gegeben hatte, und sprach: »Ich darf keine Menschenseele hereinlassen. Wenn ich es auch wollte, nicht einmal meine leibliche Schwester. Darum geh fort,

denn wenn ich nicht gehorche, wird es ein großes Unglück geben.«
Da fing die Schwester an zu weinen und zu jammern, daß es einen Stein erbarmt hätte. Das Margretle hatte ein gutes und weiches Herz. Und so konnte es dem Flehen seiner Schwester nicht länger widerstehen. Es öffnete zuletzt die Tür und ließ das Annele ein. Als diese nun das Margretle erkannte, bat sie es um Verzeihung für all das Leid, das sie ihm angetan hatte. Nun wollte die Schwester wissen, woher das Margretle die schönen Kleider habe und bei wem es denn wohne. Das Margretle dachte an sein Versprechen und gebrauchte allerhand Ausflüchte. Doch die Schwester schmeichelte dem Margretle so lange, bis dieses ihr alles erzählte.
Als es sich aber verraten hatte, wurde das Margretle sehr traurig. Es hätte sich am liebsten die Zunge abgebissen, denn es dachte an sein Versprechen, das es der weißen Hirschkuh gegeben und nicht gehalten hatte.
Im Annele aber wachte die alte Bosheit wieder auf, und sie wurde neidisch auf die schönen Kleider. Sie sagte: »Begleite mich ein Stückchen des Weges, damit ich nach Hause finde.«
Als das Annele nun zu Hause war, war sie voll von Erzählen, von den schönen Kleidern der Schwester und wie gut es diese habe.
Da wurde die Stiefmutter gelb und grün vor Neid und sprach: »Wir wollen morgen in den Wald gehen und die Felsenwohnung suchen. Dann holen wir das Margretle samt seiner weißen Hirschkuh. Die schönen Kleider nehmen wir für uns, und die Hirschkuh werden wir schlachten und essen.«
Als die weiße Hirschkuh am Abend heimkam, war sie sehr traurig, denn sie wußte schon alles, was geschehen war. Sie legte sich still hinter den Ofen. Das Margretle wagte vor lauter Scham kaum, die Hirschkuh anzusehen.

Zuletzt aber fragte es sie doch: »Weshalb bist du so still heute abend, liebe Hirschkuh?«

»Weshalb soll ich nicht still sein, wenn du so viel geredet hast? Du hast mein Gebot nicht befolgt, und nun ist alles zu Ende. Deine Stiefmutter und deine Schwester werden dich holen, und du mußt in deinen alten Jammer zurück. Und ich kann dir nicht mehr helfen, denn sie werden mich töten.«

Da wollte es dem Margretle vor Kummer schier das Herz abdrücken. Die weiße Hirschkuh tröstete es und sprach: »Wenn ich jetzt um deinetwillen sterben muß, wird sich doch alles zu deinem Glück wenden. Bitte deine Stiefmutter um drei Dinge, wenn sie mich getötet hat: mein Herz, mein Geweih und meinen linken Hinterhuf. Lege dann mein Herz in die Erde, pflanze mein Geweih darüber und hänge an seine obere Gabel meinen Huf. Wenn du dann nach drei Tagen an mein Grab kommst, wird dort ein Kirschbaum stehen, und die Kirschen werden alle die Form eines Herzens haben. Der Baum wird im Sommer und im Winter Früchte tragen. Nur du allein wirst die Kirschen pflücken können. Sie werden dich zur mächtigsten und glücklichsten Frau von ganz Lothringen machen.«

Am andern Morgen kam wirklich die Stiefmutter mit der Schwester zur Felsenhöhle, und sie holten das Margretle und führten die Hirschkuh davon. Diese wehrte sich nicht, denn die Stiefmutter hatte einen Zauber über sie geworfen, daß sie tun mußte, was diese wollte.

Als nun die Hirschkuh tot war, weinte das Margretle aus ganzem Herzen um sie. Doch dieses Mal vergaß es nicht, ihre guten Ratschläge zu befolgen. Es ließ sich das Herz, das Geweih und den linken Hinterhuf geben. Sie tat damit, wie ihr die Hirschkuh geraten hatte. Siehe, da stand nach drei Tagen an der Stelle, wo sie das Herz eingegraben und das Geweih mit dem Huf eingepflanzt hatte, ein Baum mit wunderschönen Kirschen, jede so rot wie Blut und wie ein kleines Herz geformt, Kirschen, wie man noch nie welche in Lothringen gesehen hatte.

Nun geschah es aber, daß mitten im Winter der Herzog von Lothringen mit seinem einzigen Sohn an dem Garten, in dem der wunderbare Kirschbaum stand, vorüberritt. Sie kamen von einer Pilgerfahrt aus dem Heiligen Land. Dort war der Prinz von einer vergifteten Pfeilspitze getroffen worden, und kein Mensch konnte ihm Heilung bringen. Als nun der Herzog mitten im Schnee den Baum mit den Kirschen sah, dachte er: »Dies muß ein Wunder sein. Vielleicht können diese Kirschen meinen Sohn heilen.«

Im selben Augenblick öffnete der Prinz die Augen und verlangte nach den Kirschen. Da rief der Herzog in das Haus, man möge ihm doch einige von den Kirschen geben. Sofort kam die Anne gelaufen und wollte Kirschen pflücken. Doch die Zweige stellten sich störrisch nach oben, und sie konnte keine einzige Kirsche bekommen, so sehr sie sich auch bemühte. Da kam die Stiefmutter gelaufen. Doch als diese den Ast berührte, schlugen ihr die Zweige die Hände blutig und zogen sich ganz in die Höhe, so daß sie keine einzige Kirsche erreichen konnte.

Der Herzog verwunderte sich sehr und sprach: »Ist denn niemand in dem Haus, der die Kirschen pflücken kann?«

Die Stiefmutter und die Tochter sprachen beide wie aus einem Munde, es wäre niemand mehr da. Doch in dem Augenblick kam das Margretle aus dem Haus. Und als es zu dem Kirschbaum trat, neigten sich alle Zweige von selbst herab, und die Kirschen fielen ihr in die Schürze. Das Margretle reichte sie dem Prinzen. Und als dieser die Kirschen gegessen hatte, war er im gleichen Augenblick gesund. Und er sprach: »Margretle, du sollst meine Frau werden.«

Und auch der alte Herzog war von Herzen froh. Das Mar-

gretle erzählte ihnen nun die ganze Geschichte, erzählte, daß die Hirschkuh auf so falsche Art hatte sterben müssen. Dann nahm es seinen alten Vater und den Kirschbaum mit zum Schloß. Den Baum pflanzte sie unter ihrem Kammerfenster ein.
Die beiden Weiber aber sind vor Neid zersprungen.
Das Margretle und der junge Herzog feierten die Hochzeit miteinander. Der Herzog befahl, daß in ganz Lothringen kein Hirsch mehr getötet werden dürfe. Und überall im Lande ließ das Herzogspaar Herzkirschen anpflanzen. Und die wachsen dort bis auf den heutigen Tag.
[Märchen aus Lothringen]

Die kluge Witwe und ihr Sohn

Es war einmal eine arme Witwe, die hatte einen Sohn. Der Knabe aber war klug und verständig, und die Mutter lehrte ihn allerlei Künste und Weisheiten. Als er nun zu einem Jüngling herangewachsen war, sprach er eines Tages: »Mutter, ich werde nun in die Ferne ziehen und mich bei einem Meister verdingen, auf daß wir beide keine Not mehr zu leiden brauchen.«

Da segnete die Witwe ihren Sohn zum Abschied. Dieser wanderte vergnügt mit seinem Bündel hinweg.

Er war noch nicht weit gegangen, da kam er in einen großen dunklen Wald. Plötzlich hörte er Räder rasseln und Pferde stampfen. Wie er sich umblickte, fuhr eine schwarze Kutsche, die mit vier Rappen bespannt war, hinter ihm drein. Der Jüngling grüßte und wollte die Kutsche vorbeifahren lassen. Der Kutscher aber ließ anhalten, und ein Herr im dunklen Rock fragte ihn, wohin seine Reise gehe.

»Ich will mich bei einem Meister verdingen, auf daß meine arme Mutter und ich keine Not mehr zu leiden brauchen.«

»Kannst du lesen und schreiben?«

»Lesen und schreiben verstehe ich so gut wie der gelehrteste Mann.«

»Dann kann ich dich nicht gebrauchen.«

Mit diesen Worten stieg der Herr wieder in die Kutsche und fuhr davon. Da dachte der Jüngling bei sich: »Das ist mir aber einmal ein seltsamer Herr, mit dem will ich's noch anders versuchen.«

Schnell zog er seinen Sonntagsrock aus, den er getragen hatte, legte seine armseligen Alltagskleider an, rieb sich das Gesicht mit Erde ein, lief auf einem schmalen Pfad quer durch den Wald und schnitt der Kutsche den Weg ab. Wieder fuhr die Kutsche hinter ihm drein. Da trat er zur Seite, um sie vorbeizulassen. Doch wie beim erstenmal hielt der Kutscher an, und der schwarzgekleidete Herr fragte den Jüngling, wohin die Reise gehe.
»Ich will mich bei einem Meister verdingen.«
»Kannst du lesen und schreiben?«
»Lesen und schreiben freilich kann ich so gut, wie der Ochs es auch kann.«
»So steig ein und komm mit mir, denn solch einen Burschen wie dich kann ich gut gebrauchen.«
Als sie viele Stunden gefahren waren, kamen sie an ein prächtiges Schloß, das stand mitten im Wald. Der Herr gab dem Jüngling nun zu essen und zu trinken. Dann fragte er ihn nach seinem Lohn, den er verlange, und als sie sich darüber eins geworden waren, zeigte er ihm einen Vertrag, den er unterschreiben solle. Der Jüngling aber tat, als könne er seinen Namen nicht schreiben. Da befahl ihm der Herr, den Vertrag zu lesen. Der Jüngling aber stellte sich dumm, so dumm wie der Ochs im Stall. Da lachte der Herr, und er zeigte ihm das ganze Schloß und sprach:
»Es ist nicht viel, was ich von dir verlange. Halte mein Schloß in Ordnung und pflege alles gut.«
Schließlich sperrte er einen Saal auf, der war vom Fußboden bis zur Decke ganz mit Büchern angefüllt, und sprach:
»Dieser Saal ist dir ganz besonders anvertraut. Du sollst den Staub von den Büchern blasen und sie in gutem Stand halten. Des Abends aber gibst du mir den Schlüssel wieder zurück. In diesen Saal darfst du keinen Menschen einlassen, hörst du, denn sonst wird es dir schlimm ergehen.«
Der Jüngling versprach alles und er besorgte alle Arbeiten

zur Zufriedenheit seines Meisters. Tagsüber aber war der Meister außer Hause, und des Abends brachte er kostbare Schätze, Gold, Silber und Edelsteine mit. Der Jüngling aber blieb stets allein im Schloß zurück. Vom ersten Tag seines Dienstes an hatte ihn die Neugier gepackt, und er wollte wissen, was in all den geheimnisvollen Büchern stand, die in dem Saal aufbewahrt wurden. Und er las und las, studierte und lernte. Er war aber auf der Hut und wurde auch niemals entdeckt.

Als nun sieben Jahre vorüber waren, da hatte er all die Bücher gelesen, und er bat seinen Meister um den Abschied. Nur ungern ließ sein Herr ihn ziehen, und er gab ihm noch etliche Goldstücke zum versprochenen Lohn hinzu, als er ihn entließ, denn er ahnte ja nichts vom heimlichen Tun seines Dieners. Dieser verließ eilends das Schloß, wanderte durch den Wald hindurch, bis er endlich zur Stadt Namur kam. Dort kaufte er sich kostbare Gewänder, ein edles Roß samt Zaumzeug und Zügel, Geschenke für seine Mutter, und ritt nach Hause.

Die Mutter erkannte ihn kaum, denn er sah aus wie ein Edelmann. Sie umarmten und herzten sich, aßen und tranken nach Herzenslust und ließen es sich wohl sein.

Eine gute Zeit lebten sie in Saus und Braus, geradezu wie die Vögel im Hanfsamen.

Eines Tages aber war das Geld aufgebraucht. Da sprach der Sohn:

»Sei nur ohne Sorge, liebe Mutter. Komm mit mir in den Stall und lege mir den Strick um den Hals, den ich von meinem Meister mitgebracht habe. Alsdann werde ich mich in einen fetten Ochsen verwandeln. Gehe mit diesem Tier in die Stadt und verkaufe es dort an den, der dir am meisten bietet. Vergiß aber nicht, den Strick vom Käufer zurückzuverlangen, und ich werde wieder zu dir zurückkehren.«

Da ging die Mutter mit ihrem Sohn in den Stall, legte ihm

den Strick um den Hals, und siehe, er verwandelte sich in einen fetten Ochsen. Sie trieb ihn auf den Viehmarkt in die Stadt und bot ihn dort feil. Gar bald stellten sich viele Käufer ein. Alle bewunderten das prächtige Tier. Die Witwe aber verlangte so viel, daß keiner eine solche Summe bezahlen konnte. Plötzlich trat ein Herr in dunklem Rock zu ihr und fragte sie:
»Was ist dein Preis für diesen herrlichen Ochsen?«
»Ach, Herr, tausend Dukaten ist er mir schon wert.«
Sie dachte nicht anders, als daß der Herr nun einen niedrigeren Preis nennen würde. Dieser aber besann sich nicht lange, schlug sogleich ein, und der Handel wurde gemacht.
»Den Strick, Herr, den müßt Ihr mir aber lassen, denn ich habe nur den einen.«
Der Herr war's zufrieden und führte den Ochsen mit sich. Er band ihn hinten an seine Kutsche und fuhr durch den Wald. Indessen verwandelte sich der junge Mann wieder in einen Menschen und eilte so schnell er konnte zu seiner Mutter heim. Als der schwarze Herr statt des Ochsen nur noch das lose Seil hinten an der Kutsche entdeckte, da ahnte er, wer der Ochse in Wirklichkeit gewesen war. Zornig sann er auf Rache. Lange Zeit lebten die Witwe und ihr Sohn glücklich und zufrieden miteinander. Eines Tages aber war wieder das Geld aufgebraucht, hatten sie doch keinen Bettler abgewiesen und waren freigebig zu jedermann.
Da sprach der Sohn:
»Mutter, führe mich in den Stall und lege mir das Zaumzeug um, das ich von meinem Meister mitgebracht habe. Ich werde mich dann in ein feuriges schwarzes Roß verwandeln. Du wirst viel Gold dafür auf dem Viehmarkt erhalten, und wir werden wiederum keinen Mangel leiden.«
Er pfiff vergnügt ein Liedchen und freute sich auf den Spaß mit dem Handel. Dabei hatte er ganz vergessen sei-

ner Mutter zu sagen, sie solle das Zaumzeug vom Käufer zurückverlangen.

Die Mutter, die diesmal böse Träume gehabt und nichts Gutes geahnt hatte, führte den Sohn dennoch auf dessen Drängen in den Stall, legte ihm das Zaumzeug um, und siehe, er verwandelte sich in ein feuriges schwarzes Roß. Sie ritt darauf zum Markte und bot es feil. Alle bewunderten das prächtige Tier, allen aber erschien der Preis zu teuer.

Endlich erschien wieder jener Herr im schwarzen Rock und fragte:

»Was ist dein Preis für diesen herrlichen Rappen?«

»Dreitausend Dukaten ist er mir wohl wert.«

Da besann der Fremde sich nicht lange und schlug sogleich ein. Er gab der Frau die dreitausend Dukaten und schwang sich auf das Roß. Diesmal wußte er wohl, was es mit dem Rappen auf sich hatte, denn er hatte die Witwe sogleich wiedererkannt. Er gab ihm die Sporen, daß das Blut troff, und hetzte ihn im Galopp durch die Straßen und Gassen, daß die Steine Funken stoben. Er ritt durch Wälder und Felder ohne Rast und Ruh. Endlich kam er in ein großes Dorf, kehrte dort in einem Gasthaus ein und band das schwarze Roß an einem Baum fest. Unterdessen kamen ein paar Kinder am Gasthause vorbei und sahen dort das schöne schwarze Pferd stehen. Ein Knabe sprach:

»Der Herr muß weit geritten sein, sein Pferd ist ja ganz naß von Schweiß.«

Das Pferd stand müde da und ließ den Kopf hängen. Die Kinder umringten es und betrachteten es voller Mitleid. Da sahen sie auf einmal, wie der Rappe ständig das Haupt hin und her bewegte und versuchte, das Zaumzeug abzuschütteln. Und plötzlich sprach er mit menschlicher Stimme:

»Ach, nehmt mir doch das Zaumzeug ab, ach, nehmt mir doch das Zaumzeug ab!«

Da erschraken die Kinder und stoben in alle Windrichtungen davon. Nur ein kleines Mädchen war dageblieben, und es faßte sich ein Herz und nahm dem Tier das Zaumzeug ab. Sofort verwandelte sich das Pferd in eine weiße Taube und flog davon.
Im selben Augenblick sah der schwarze Herr zum Fenster hinaus, und wie er die weiße Taube erblickte, verwandelte er sich flugs in einen Habicht und flog der Taube nach. Er verfolgte sie weit. Als sie durch eine kleine Stadt flogen, sah die Taube auf einmal eine wunderschöne Jungfrau am Fenster stehen. Sie hörte die beiden Vögel flattern und sah auch, wie der Habicht der Taube zusetzte. Da flog die Taube auf die Jungfrau zu, und der Habicht stieß ihr nach. Die Jungfrau aber öffnete ihre Hand, um der Taube zu helfen. Als die Taube von der Jungfrau Hand umschlungen war, verwandelte sie sich in einen Ring an ihrem Finger. Da konnte der Habicht ihr nichts mehr anhaben und mußte hinwegfliegen. Er flog aber geradewegs zu seinem Schloß und verwandelte sich wieder in den schwarzen Herrn. Rasch verkleidete er sich in einen Goldwarenhändler, nahm ein feines Köfferchen und machte sich auf den Weg zum Hause der Jungfrau.
Unterdessen hatte die Mutter des Jünglings voll Entsetzen gesehen, wie der schwarze Herr ihrem Sohn, dem Rappen, die Sporen gab und davonsprengte. Da besann sie sich nicht lange, kaufte das schnellste Roß, das es in der Stadt gab, und ritt in gestrecktem Galopp dem Bösewicht hinterher. Auch hatte sie gesehen, daß das Pferd sich in eine Taube und der schwarze Herr in einen Habicht verwandelte, und sie hatte gesehen, wohin die Taube geflogen war. Sie ritt zum Hause der schönen Jungfrau, und sie erkannte gleich, was es mit dem goldenen Ring an ihrem Finger auf sich hatte. Da sprach sie zu der Jungfrau:
»Schöne Jungfrau, der Ring, den du am Finger trägst, ist kein gewöhnlicher Ring. Nimm den Ring nicht vom Fin-

ger und gib ihn niemandem in die Hand, auch nicht zur Ansicht, denn sonst muß mein Sohn eines jämmerlichen Todes sterben. Wenn aber nun einer kommt und dir den Ring abhandeln will, so verlange von ihm so viel Gold und Edelsteine, daß man ein Leben in Saus und Braus davon fristen kann und seiner Lebtag ausgesorgt hat. Wenn er dir nun die Schätze herbeibringt, so ziehe den Ring langsam vom Finger, gehe dabei aber immer rückwärts bis in die dunkle Küche. Dort laß den Ring zu Boden fallen. Dann möge Gott euch beide beschützen.«

Bald darauf pochte der schwarzgekleidete Herr an der Tür. Die Jungfrau öffnete ihm und fragte nach seinem Begehr.

»Ich bin ein Goldwarenhändler. Habt Ihr keinen Schmuck zu verkaufen? Ich will ihn Euch auch gut bezahlen.«

»Ach, Herr, Reichtümer haben wir nicht, und ich nenne keine Kleinodien mein eigen.«

»Ihr tragt aber doch einen Ring am Finger, verkauft mir doch den. Ich gebe Euch pures Gold dafür.«

»Dieser Ring ist nicht feil, ich kann und will ihn nicht verkaufen.«

Endlich sprach der Fremde:

»Ich will Euch so viel Gold und Edelsteine dafür geben, daß Ihr Euer Lebtag genug habt und in Reichtum leben könnt.«

Da willigte die Jungfrau ein. Als der Goldwarenhändler all die Schätze vor ihr ausgebreitet hatte, schob sie den Ring ganz langsam vom Finger und ging dabei stets rückwärts, bis sie in die dunkle Küche gelangte. Dort ließ sie den Ring zu Boden fallen. Kaum aber hatte der Ring den Boden berührt, da verwandelte er sich in eine Erbse. Im selben Augenblick war der schwarze Herr verschwunden, und statt seiner pickte ein schwarzer Hahn nach der Erbse. Die Erbse aber rollte der Jungfrau unter den Rock. Immer gie-

riger versuchte der Hahn nach der Erbse zu picken, aber sie rollte nur um so geschickter davon, und wenn die Jungfrau nach rückwärts sprang, rollte sie ihr immer nach, so daß der Hahn sie nicht erwischen konnte, wie sehr er auch Hals und Schnabel reckte. Schließlich wurde der Hahn müde und verlor die Erbse für einen Augenblick aus den Augen. Da konnte die Jungfrau diese berühren, und siehe, die Erbse verwandelte sich in einen Fuchs, und ehe sichs der Hahn versah, biß der Fuchs ihm den Hals ab. So hatte der Fuchs den bösen Zauberer, denn das war der schwarze Herr, überwunden. Er verwandelte sich wieder in einen Jüngling, umarmte und küßte die schöne Jungfrau und dankte ihr für all die Treue, durch die sie ihm das Leben gerettet hatte. Dann gingen sie zu seiner Mutter, die ihrem Sohne doch an Klugheit in nichts nachstand, und sie feierten das Hochzeitsfest.
Alle lebten sie noch lange in Glück und in Freuden.

[Märchen aus Lothringen]

Des kleinen Hirten Glückstraum

Es war einmal ein sehr armer Bauersmann, der war in einem Dörflein Hirte, und das schon seit vielen Jahren. Seine Familie war klein, er hatte ein Weib und nur ein einziges Kind, einen Knaben. Doch diesen hatte er sehr frühzeitig mit hinaus auf die Weide genommen und ihm die Pflichten eines treuen Hirten eingeprägt, und so konnte er, als der Knabe nur einigermaßen herangewachsen war, sich ganz auf ihn verlassen, konnte ihm die Herde allein anvertrauen und unterdessen daheim noch einige Dreier mit Körbeflechten verdienen. Der kleine Hirte trieb seine Herde munter hinaus auf die Triften und Raine; er pfiff oder sang manch helles Liedlein und ließ dazwischen gar laut seine Hirtenpeitsche knallen; dabei wurde ihm die Zeit nicht lang. Des Mittags lagerte er sich gemächlich neben seine Herde, aß sein Brot und trank aus der Quelle dazu, und dann schlief er auch wohl ein Weilchen, bis es Zeit war, weiter zu treiben. Eines Tages hatte er sich unter einen schattigen Baum zur Mittagsruhe gelagert, schlief ein und träumte einen gar wunderlichen Traum: Er reise fort, unendlich weit fort, ein lautes Klingen, wie wenn eine Masse Münzen zu Boden fielen, ein Donnern, wie wenn Schüsse knallten, eine endlose Schar Soldaten mit Waffen und in blitzenden Rüstungen, das alles umkreiste, umschwirrte, umtoste ihn. Dabei wanderte er immerzu und stieg immer bergan, bis er endlich oben auf der Höhe war, wo ein Thron aufgebaut war, darauf er sich setzte und ganz ernst und feierlich sprach: »Ich bin König von Hispanien.« Aber in demselben Augenblick wachte er auf.

Des Abends erzählte er daheim seinen Eltern, die vor der Türe saßen und Weiden schnitzten, seinen wunderlichen Traum und sprach zum Schluß: »Wahrlich, wenn ich noch einmal so träume, gehe ich fort nach Hispanien und will doch einmal sehen, ob ich nicht König werde!«
»Dummer Junge«, murmelte der alte Vater: »Dich macht man zum König, laß dich nicht auslachen!« Und seine Mutter klatschte in die Hände und wiederholte ganz verwundert: »König von Hispanien, König von Hispanien!«
Am andern Tage zu Mittag lag der kleine Hirte zeitig unter jenem Baum, und, o Wunder! derselbe Traum umfing wieder seine Sinne.
Kaum hielt es ihn bis zum Abend auf der Hut, er wäre gern nach Hause gelaufen und wäre aufgebrochen zur Reise nach Hispanien. Zu Hause verkündete er seinen abermaligen Traum und sprach: »Wenn mir aber noch einmal so träumt, so gehe ich auf der Stelle fort, gleich auf der Stelle!« Am dritten Tag lagerte er sich denn wieder unter jenem Baum, und ganz derselbe Traum kam zum dritten Male wieder. Der Knabe richtete sich im Traume empor und sprach: »Ich bin König von Hispanien«, und darüber erwachte er wieder, raffte aber auch sogleich Hut, Peitsche und Brotsäcklein von dem Lager auf, trieb die Herde zusammen und geradenwegs dem Dorfe zu. Da fingen die Leute an, mit ihm zu zanken, daß er so bald und so lange vor der Vesperzeit eintreibe, aber der Knabe war so begeistert, daß er nicht auf das Schelten der Nachbarn und der eigenen Eltern hörte, sondern seine wenigen Kleidungsstücke, die er des Sonntags trug, in ein Bündel schnürte, dies an ein Nußholzstöcklein hing, über die Achsel nahm und so mir nichts dir nichts fortwanderte. Gar flüchtig war der Knabe auf den Beinen; er lief so rasch, als sollte er noch vor Nacht in Hispanien eintreffen. Doch erreichte er nur an diesem Tage einen Wald, nirgends war ein Dorf oder ein einzelnes Haus, und er beschloß, in einem dichten

Busch sein Nachtlager zu suchen. Kaum hatte er aber sich zur Ruhe niedergelegt und war entschlummert, als ein Geräusch ihn wieder erweckte: es zog eine Schar Männer in lautem Gespräch an dem Busch vorüber. Leise machte der Knabe sich hervor und ging den Männern in einer kleinen Entfernung nach und dachte, vielleicht findest du doch noch eine Herberge; wo diese Männer heute schlafen, kannst du gewiß auch schlafen. Gar nicht lange waren sie weiter gewandert, als ein ziemlich ansehnliches Haus vor ihnen stand, aber so recht mitten im dunklen Walde. Die Männer klopften an, es wurde aufgetan, und neben den Männern schlüpfte auch der Hirtenknabe mit hinein in das Haus. Drinnen öffnete sich wieder eine Tür, und alle traten in ein großes, sehr spärlich erhelltes Zimmer, wo auf dem Fußboden umher viele Strohbunde, Betten und Deckbetten lagen, die zum Nachtlager der Männer bereit gehalten schienen. Der kleine Hirtenbub verkroch sich schnell unter einen Strohhaufen, der nahe an der Tür aufgeschichtet war, und lauschte nun auf alles, was er aus seinem Versteck hören und wahrnehmen konnte. Bald kam er dahinter, daß diese Männerschar eine Räuberbande sei, deren Hauptmann der Herr dieses Hauses war. Dieser bestieg, als die neuangelangten Mitglieder der Bande sich hingelagert hatten, einen etwas erhöhten Sitz und sprach mit tiefer Baßstimme: »Meine braven Genossen, tut mir Bericht von eurem heutigen Tagewerk, wo ihr eingebrochen seid und was ihr erbeutet habt!« Da richtete sich zuerst ein langer Mann mit kohlschwarzem Bart empor und antwortete: »Mein lieber Hauptmann, ich habe heute früh einen reichen Edelmann seiner ledernen Hose beraubt, diese hat zwei Taschen, und so oft man sie von unterst zuoberst kehrt und tüchtig schüttelt, fällt ein Häuflein Dukaten heraus auf den Boden.«

»Das klingt sehr gut!« sprach der Hauptmann. Ein anderer der Männer trat auf und berichtete: »Ich habe heute einem General seinen dreieckigen Hut gestohlen, dieser Hut hat die Eigenschaft, wenn man ihn auf dem Kopfe dreht, daß unaufhörlich aus den drei Ecken Schüsse knallen.«

»Das läßt sich hören!« sprach der Hauptmann wieder. Und ein dritter richtete sich auf und sprach: »Ich habe einen Ritter seines Schwertes beraubt; so man es mit der Spitze in die Erde stößt, ersteht augenblicklich ein Regiment Soldaten.«

»Eine tapfere Tat!« belobte der Hauptmann. Ein vierter Räuber erhob sich nun und begann: »Ich habe einem schlafenden Reisenden seine Stiefel abgezogen, und wenn man diese anzieht, legt man mit jedem Schritt sieben Meilen zurück.«

»Rasche Tat lobe ich!« sprach der Hauptmann zufrieden. »Hänget eure Beute an die Wand, und dann esset und trinket und schlafet wohl.« Somit verließ er das Schlafzimmer der Räuber; diese zechten noch weidlich und fielen dann in festen Schlaf. Als alles stille und ruhig war und die Männer allesamt schliefen, machte sich der kleine Hirte hervor, zog die ledernen Hosen an, setzte den Hut auf, gürtete das Schwert um, fuhr in die Stiefel und schlich dann leise aus dem Haus. Draußen aber zeigten die Stiefel zur Freude des Kleinen schon ihre Wunderkraft, und es währte gar nicht lange, so schritt das Bürschchen zur großen Hauptstadt Hispaniens hinein.

Hier fragte er den ersten besten, den er traf, nach dem größten Gasthof, aber er erhielt zur Antwort: »Kleiner Wicht, geh' du hin, wo deinesgleichen einkehrt, und nicht, wo reiche Herren pfeifen.« Doch ein blankes Goldstück machte jenen gleich höflicher, so daß er nun gerne der Führer des kleinen Hirten wurde und ihm den besten Gasthof zeigte. Dort angelangt, mietete der Jüngling sogleich die schönsten Zimmer und fragte freundlich seinen Wirt: »Nun, wie steht es in eurer Stadt? Was gibt es hier

Neues?« Der Wirt zog ein langes Gesicht und antwortete: »Herrlein, Ihr seid hierzulande wohl fremd? Wie es scheint, habt Ihr noch nicht gehört, daß unser König, Majestät, sich rüstet mit einem Heere von zwanzigtausend Mann? Geht, wir haben Feinde, o, es ist eine gar schlimme Zeit! Herrlein, wollt Ihr auch etwa unters Militär gehen?«

»Freilich, freilich«, sprach der zarte Jüngling, und sein Gesicht glänzte vor Freude. Als der Wirt sich entfernt hatte, zog er flugs seine ledernen Hosen aus, schüttelte sich ein Häuflein Goldstücke und kaufte sich kostbare Kleider und Waffen und Schmuck, tat alles an und ließ dann beim König um eine Unterredung bitten. Und wie er in das Schloß kam und von zwei Kammerherren durch einen großen, herrlichen Saal geführt wurde, begegnete ihnen eine wunderliebliche junge Dame, die sich anmutig vor dem schönen Jüngling, der in der Mitte der Herren ging und sie zierlich grüßte, verneigte, und die Herren flüsterten: »Das ist die Prinzessin, Tochter des Königs.« Der junge Mann war nicht wenig von der Schönheit der Königstochter entzückt, und seine Begeisterung ließ ihn keck und mutvoll vor dem Könige reden. Er sprach: »Königliche Majestät! Ich biete hiermit untertänigst meine Dienste als Krieger an. Mein Heer, das ich Euch zuführe, soll Euch den Sieg erfechten, mein Heer soll alles erobern, was mein König zu erobern befiehlt. Aber eine Belohnung bitte ich mir aus, daß ich, sofern ich den Sieg davontrage, Eure holde Tochter als Gemahlin heimführen darf. Wollt Ihr das, mein gnädigster König?« Und der König erstaunte ob der kühnen Rede des Jünglings und sprach: »Wohl, ich gehe in deine Forderung ein; kehrst du heim als Sieger, so will ich dich als meinen Nachfolger einsetzen und dir meine Tochter zur Gemahlin geben.«

Jetzt begab sich der ehemalige Hirte ganz allein hinaus auf das freie Feld und begann sein Schwert drauf und drein in

die Erde zu stoßen und in wenigen Minuten standen viele
Tausende kampfgerüsteter Streiter auf dem Platz, und
der Jüngling saß als Feldherr kostbar gewaffnet und geschmückt auf einem herrlichen Roß, das mit goldgewirk-
ten Decken behangen war; der Zaum blitzte von Edelsteinen, und der junge Feldherr zog aus und dem Feind
entgegen. Da gab es eine große, blutige Schlacht; aus dem
Hut des Feldherrn donnerten unaufhörlich tödliche
Schüsse, und sein Schwert rief ein Regiment nach dem andern aus der Erde hervor, so daß in wenigen Stunden der
Feind geschlagen und zerstreut war, und die Siegesfahnen
wehten. Der Sieger aber folgte nach und nahm dem Feind
auch noch den besten Teil seines Landes hinweg. Siegreich
und glorreich kehrte er dann zurück nach Hispanien, wo
ihn das holdeste Glück noch erwartete. Die schöne Königstochter war nicht minder entzückt von dem schmuk-
ken Jüngling gewesen, wie sie ihm im Saale begegnet war,
als er von ihr; und der König wußte die großen Verdienste
des tapfern Jünglings gebührend zu schätzen, hielt sein
Wort, gab ihm seine Tochter zur Gemahlin und machte
ihn zu seinem Nachfolger und Thronerben.
Die Hochzeit wurde prunkvoll und glänzend vollzogen,
und der ehemalige Hirte saß ganz im Glück. Bald nach der
Hochzeit legte der alte König Krone und Zepter in die
Hände seines Schwiegersohns, der saß stolz auf dem
Thron und neben ihm seine holde Gemahlin, und es
wurde ihm, als dem neuen Könige, von seinem Volke Hul-
digung gebracht. Da gedachte er seines so schön erfüllten
Traumes und gedachte seiner armen Eltern und sprach, als
er wieder allein bei seiner Gemahlin war: »Meine Liebe,
ich habe noch Eltern, aber sie sind sehr arm, mein Vater ist
Dorfhirte, weit von hier, und ich selbst habe als Knabe das
Vieh gehütet, bis mir durch einen wunderbaren Traum offenbart wurde, daß ich noch König von Hispanien werde.
Und das Glück war mir hold, sieh, ich bin nun König, aber

meine Eltern möcht' ich auch gern noch glücklich sehen, daher ich mit deiner gütigen Zustimmung nach Hause reisen und die Eltern holen will.« Die Königin war's gerne zufrieden und ließ ihren Gemahl ziehen, der sehr schnell zog, weil er die Siebenmeilenstiefel anhatte. Unterwegs stellte der junge König die Wunderdinge, die er den Räubern abgenommen, ihren rechtmäßigen Eigentümern wieder zu, bis auf die Stiefel, holte seine armen Eltern, die vor Freude ganz außer sich waren, und dem Eigentümer der Stiefel gab er ein Herzogtum. Dann lebte er glücklich und würdiglich als König von Hispanien bis an sein Ende.

[Märchen aus Thüringen]

La Bella und der Orco

Es war einmal ein armer Bauer, der hatte drei schöne Töchter, die Jüngste aber war so schön, daß man sie nur La Bella, die Schöne, nannte. Eines Tages wurde der Vater krank, und es dauerte nicht mehr lange, da lag er auf dem Sterbebett. Er rief die älteste Tochter zu sich und sagte: »Hör zu, mein Kind, ich kann euch nur drei Ziegen hinterlassen, sie sind mein ganzer Besitz. Sag, wie hütet man die Ziegen?«
»Im Winter bringt man sie auf die Weide und im Sommer läßt man sie im Stall«, antwortete das Mädchen. »Dann«, sprach der Vater, »bist du nicht die rechte Ziegenhirtin.«
Nun rief er nach der zweiten Tochter und fragte auch sie: »Wie hütet man die Ziegen?«
»Im Winter bringt man sie auf die Weide und im Sommer läßt man sie im Stall«, antwortete auch diese Tochter. Da rief der Vater La Bella zu sich: »Sag mir, mein liebstes Kind, wie hütet man die Ziegen?«
Und La Bella antwortete: »Im Sommer bringt man sie auf die Weide und im Winter läßt man sie im Stall.«
»Also sollst du die Ziegen bekommen«, sagte der Vater, »es ist alles, was ich hinterlasse, und du bist die rechte Ziegenhirtin.« Das waren seine letzten Worte.
Nun suchten sich die älteren Schwestern eine Anstellung in der Stadt, La Bella aber zog mit den Ziegen auf die Weide. Den ganzen Sommer über hütete sie die Ziegen, aber als der vorüber war und der kalte Wind zu blasen anfing, da wollte sie nach Hause zurückkehren, um die Ziegen in den Stall zu bringen. Da verirrte sie sich, ging

dahin und dorthin, es regnete und stürmte, und La Bella und die Ziegen froren jämmerlich.

Endlich sah sie von weitem ein Haus, sie eilten darauf zu und klopften an, das Mädchen mit der Hand, die Ziegen mit den Füßen, denn in dieser Gegend hier, das wissen alle, gibt es ganz gescheite Ziegen.

»Ah, La Bella ist gekommen«, rief drinnen eine tiefe Stimme, »geh ums Haus herum, die kleine Türe führt in den Stall, da bring die Ziegen hinein, du aber sollst zum Fenster hereinsteigen, das steht offen.«

Da ging sie ums Haus herum, brachte die Ziegen durch die Türe in den Stall, sie selbst aber stieg zum Fenster hinein. Wie sie aber in der Stube stand, erblickte sie den Orco, der saß auf dem Herd, in dem kein Feuer und keine Glut war. Das Mädchen erschrak und wollte wieder fort, aber dann kamen ihr die Ziegen in den Sinn, die es nun gut hatten im Stall, und sie sagte mutig: »Wenn du mir versprichst, daß du mir nichts tust, werde ich Holz holen und Feuer machen.«

Das gefiel dem Orco, und er ließ sie in den Wald gehen. Als sie im Wald das Holz suchte, sprang auf einmal ein Hündchen zu ihr, bellte und schmiegte sich an sie und sagte: »Nimm mich mit.« Was sollte sie machen? Sie hatte Erbarmen und wollte es nicht in der Kälte zurücklassen, kam mit dem Holz zurück zum Haus, stieg durch das Fenster in die Stube, und das Hündchen sprang hinterdrein und legte sich schnell unter den Tisch, ohne daß es der Orco bemerkte. Dann machte sie Feuer im Herd, und bald wurde es warm im Haus. Plötzlich sagte der Orco: »Ich habe Hunger, du wärst ein guter Bissen für mich.«

»Ach, lieber Orco!« rief sie. »Ich will dir etwas Besseres holen – vielleicht einen Blumenkohl?«

Das gefiel dem Orco, und er ließ La Bella nochmals aus dem Haus. Das Hündchen blieb zurück und bewachte den Orco und die Ziegen. Die Schöne ging aufs Feld hinaus, da

waren noch viele Blumenkohlköpfe, die niemand abgeerntet hatte. Sie entdeckte den allergrößten und zog ihn aus der Erde, da tat sich ein Loch auf, und sie fiel hinunter. Dort unten war ein langer Gang, an dessen Ende hockte ein Hund, der war an einer eisernen Kette angebunden. Die Schöne ging und löste die Kette, da sprach der Hund: »Nimm mich mit.« Sie hatte Mitleid mit ihm und wollte ihn nicht allein zurücklassen, also lief er neben ihr her. Als sie zu der Stelle kamen, wo das Mädchen hinuntergefallen war, legte sie Steine aufeinander, dann stellte sich der Hund auf die Steine und das Mädchen auf den Hund. Es sprang auf die Erde, hob den Hund herauf, nahm den Blumenkohl, ging zum Haus des Orco zurück, stieg zum Fenster hinein, und der Hund mit einem Satz hinterher. Und bevor der Orco ihn sehen konnte, versteckte er sich unter dem Tisch, und das Hündchen, das dort lag und auf alles acht gab, machte große Augen.
La Bella kochte nun den Blumenkohl, und dem Orco lief schon das Wasser im Mund zusammen. Da kam ihm in den Sinn, daß nichts zum Trinken im Hause war. »Hätte ich dein Fleisch gegessen, so hätte ich auch dein Blut getrunken«, sagte er ganz verdrießlich zu der Schönen, »am Ende ist es doch besser, wenn ich dich verspeise.«
Das Mädchen aber malte ihm in den herrlichsten Farben aus, wie köstlich ein Trunk frischen Wassers wäre, und endlich war der Orco damit einverstanden, daß sie noch einmal aus dem Haus gehe, um Wasser zu holen. Das Hündchen und der Hund blieben zurück und bewachten den Orco und die Ziegen. La Bella lief zum Brunnen, der war weit weg, noch viel weiter als das Blumenkohlfeld. Als sie hinkam, freute sie sich über das frische Wasser, aber o weh!, sie hatte vergessen, einen Krug mitzunehmen. Wie sollte sie nun Wasser schöpfen?
Da sah sie auf einmal einen riesengroßen Hund, der spielte mit einem alten Topf herum. »Lieber Hund«, sagte sie,

»ich bitte dich, gib mir doch den Topf, ich soll frisches Wasser in das Haus des Orco bringen und habe vergessen, einen Krug mitzunehmen. Wenn ich ohne Wasser zurückkomme, frißt mich der Orco und trinkt mein Blut, denn er hat Hunger und Durst.«
Da kam der riesengroße Hund zum Brunnen, ließ den Topf los, und das Mädchen konnte Wasser schöpfen. Dann ging der Hund neben ihr her, sie stieg zum Fenster hinein in die Stube und gab dem Orco zu trinken, während der Riesenhund schnell wie der Blitz unter dem Tisch verschwand.
Als der Orco satt war, legte er sich auf den Boden, um seinen Mittagsschlaf zu halten. Da sah er unter dem Tisch sechs Augen, die auf ihn gerichtet waren. Er rollte sich zu ihnen hin und dachte, das wäre etwas zum Auffressen, wollte nach ihnen greifen – die Hunde aber waren schneller und stürzten sich auf ihn.
Da sprang die Schöne dazwischen und rief: »Haltet ein, haltet ein! Er hat mir ein Dach über dem Kopf gegeben, er hat meine Ziegen in seinen Stall aufgenommen, er hat mich dreimal aus dem Haus gehen lassen. Nun, da er schlaftrunken ist, wollt ihr ihn töten?«
Da ließen die Hunde ab von ihm, er aber stand schwerfällig auf und sagte: »La Bella hat Feuer im Herd gemacht, sie hat mir zu essen und zu trinken gegeben und hat mich vor dem Tod gerettet, jetzt will ich euch auch helfen.«
Er ging zum Herd, schaufelte Asche heraus und streute sie auf die Hunde, und im Augenblick standen drei Burschen in der Stube, ein kleiner, einer, der schon halb erwachsen war, und ein großer, der war schon ganz erwachsen. Wie La Bella den anschaute, erfaßte ihr Herz sofort eine tiefe Liebe zu ihm, sie ging auf ihn zu und umarmte ihn. Da tat sich die vordere Tür auf, und das Mädchen und die drei erlösten Burschen traten ins Freie. Der Sommer war angebrochen, und die Luft war mild. Sie gingen hinters Haus

und ließen die Ziegen aus dem Stall, da waren es aber nicht nur drei, sondern eine ganze Herde. Und dann zogen sie alle in großer Freude weit fort vom Haus des Orco.
Ist das nicht eine schöne Geschichte?

[Märchen aus Ligurien]

Der Wettstreit der Zauberer

Es war einmal ein Dorf von siebenhundert Zelten. In dem siebenhundertsten Zelt stritten sich die Kinder, sie spielten und stritten sich. Einige sagten: »Bei uns gibt es einen besseren Zauberer.«

Die anderen aber: »Bei uns gibt es einen besseren.«

Als sie sich so stritten, fingen auch die Zauberer selbst an, sich im Zelt zu streiten. Sie stritten und stritten, indem jeder sich für den besseren hielt. Endlich sagte der eine von den beiden: »Der ist ein rechter Zauberer, der den Mond auf die flache Hand stellen kann.«

»Das kann niemand«, meinte der andere.

»Das kann ich«, sprach der erste.

»Zeige, daß du es kannst«, erwiderte der andere.

Da stellte der Zauberer den Mond auf die flache Hand. Als nun der Mond auf seiner flachen Hand lag, wurde es in dem Zelt kalt, so kalt, daß die Leute sich davor nicht schützen konnten. Sie entzündeten ein Feuer nach dem andern, sie hüllten sich in ihre Pelze, aber dennoch froren sie. Da bat der schlechtere Zauberer den besseren, daß er den Mond wieder an den Himmel stellen möge, was der auch tat.

Wiederum fingen die Zauberer an, sich zu streiten. Der schlechtere Zauberer hielt sich immer noch für ebensogut wie der, der den Mond auf seine flache Hand gezaubert und wiederum an den Himmel gestellt hatte. Der bessere Zauberer sprach: »Keiner ist ein Zauberer, der nicht die Sonne auf die flache Hand stellen kann.«

»Und das kannst du?« fragte der andere.

»Das kann ich«, sagte der bessere Zauberer und stellte sogleich die Sonne auf die flache Hand.

Da aber wurde es so heiß im Zelt, daß die Leute fast vor Hitze umkamen. Der schlechtere Zauberer bat den besseren, die Sonne wieder an den Himmel zu stellen. Da stellte der bessere Zauberer die Sonne wieder an den Himmel und sagte zu dem schlechteren: »Laß uns zu Gänsen werden und so eine Zeitlang leben.«

Gesagt, getan, die beiden Zauberer wurden zu Gänsen und flogen fort, weit fort bis nach Nowaja Semlja. Dort errichtete jeder sein Zelt; der bessere verfertigte sein Zelt aus Tuch, der schlechtere aus Rentierschädeln.

Als der Frühling kam, sprach der schlechtere Zauberer: »Wir wollen Weibchen sammeln wie die anderen Gänse.«

»Das taugt nichts«, antwortete der bessere, »denn sammeln wir Weibchen, so bekommen wir Junge, und haben wir Junge, dann fängt man uns. Nein, laß uns weiter fortfliegen, denn bald verlieren wir unsere Flügel, und diese Stelle hier ist nicht sicher.«

So flogen sie denn fort und kamen zu einem Fluß, der voll von Gänsen war. Die Gänse hielten Tag und Nacht Wache. Jede von ihnen mußte, wenn die Reihe an sie kam, wachen. Nun kam die Reihe an einen der beiden Zauberer, an den, der sich ein Zelt aus Rentierschädeln gebaut hatte. Als er auf der Wache stand, kam ein einäugiger Samojede, um zu jagen. Er hatte einen Hund bei sich, der auf drei Füßen lief. Der Hund trieb die Gänse, er trieb sie und erlegte viele. Der Samojede folgte ihm und sammelte die Gänse, die der Hund erbeutet hatte. Nun wollte der Hund, der die Gänse trieb, den schlechteren Zauberer packen und biß ihn in den Schnabel. Doch der bessere Zauberer, der ein Stück voraus war, kehrte um und befreite seinen Gefährten. Dreimal griff der Hund den schlechteren Zauberer an, dreimal befreite ihn der bessere. Der Hund trieb die Gänse immer weiter und weiter, der

Fluß ward schmaler und schmaler und endlich so flach, daß die Gänse nicht mehr untertauchen konnten.

»Wir sind verloren«, sagte der schlechtere Zauberer, »was sollen wir tun? Hier können wir nicht untertauchen, und wenn wir ans Land gehn, dann vermögen wir nicht, mit dem Hunde um die Wette zu laufen.«

Der bessere Zauberer erwiderte: »Laß es uns versuchen; das Land ist nicht groß. Wir kommen bald zum Meer, und dort gibt es eine Insel, dahin wollen wir unsern Lauf richten.«

Da fingen sie an, auf dem Boden zu laufen, liefen über das Land, schwammen über den Sund und kamen zur Insel. Hier fing der schlechtere Zauberer an, Gras zu essen, der bessere aber Moos. Der Schlechtere sprach zu dem Besseren: »Du mußt Gras essen, damit deine Flügel wachsen und wir von hier fortkommen. Siehst du, wie groß meine Flügel schon gewachsen sind, und du hast gar keine. Bald fliege ich fort und muß dich hier lassen.«

So sprach der Schlechtere, der Bessere aber fuhr fort, Moos zu essen. Seine Flügel wuchsen nicht, der Schlechtere aber bekam vollwüchsige Flügel und flog davon. Er flog auf eine andere Insel und verwandelte sich dort in eine Taucherente. Da kamen Kinder herbei und schlugen ihn tot.

Als der schlechtere Zauberer fortgeflogen war, fing der bessere an, Gras zu essen, und seine Flügel wuchsen sofort klafterlang. Dann flog er wieder in seine Heimat und lebte dort als Mensch.

[Märchen der Eskimo]

Die Madonna und der Drache

In unserem Tal gab es einen Ort, da konnte man um Mitternacht die Glocken läuten hören, obschon weit und breit kein Dorf und keine Kirche war. Viele lachten darüber und sagten, es ist eine Geschichte, ein Märchen. Aber einige behaupteten, wenn dort um Mitternacht die Glocken geläutet haben, hätte sich die Erde einen Spaltbreit aufgetan, und wer genug Mut gehabt hat, hätte hinuntersteigen und sich umsehen können.
Es wird also erzählt, daß sich einmal eine Frau an jenen Ort begab, eine Frau, die hatte ein großes Kreuz zu tragen, das heißt ein schweres Leben, nichts als Arbeit und Sorgen. Zwölf Kinder hatte sie geboren, davon waren einige gestorben, und mit dem dreizehnten ging sie schwanger. Ein paar Schafe, ein paar Ziegen, das war der ganze Besitz, der Mann war mehr im Wirtshaus als bei der Arbeit, und sie ging, um für das Nötigste aufzukommen, als Wäscherin zu den reichen Leuten. Sie wurde immer trübsinniger, redete wenig, lachte kaum noch, und seit sie das letzte Lied gesungen hatte, war auch schon eine lange Zeit vergangen. Dabei hatte sie eine wunderschöne Stimme, und als es ihr noch nicht so schlecht ging, hat sie viel gesungen bei der Arbeit, und den Kindern hat sie am Abend Schlaflieder gesungen. Als sie ein Mädchen war, wollte sie jemand sogar auf die Gesangsschule schicken, aber sie blieb im Dorf, denn sie war schon verlobt.
Nun war es so weit gekommen, daß sie aus lauter Verzweiflung über das tägliche Elend in der Nacht an jenen Ort ging und dachte: »Wenn es wahr ist, daß dort die

Glocken läuten, obschon keine Kirche in der Nähe ist, dann kann auch ein anderes Wunder geschehen. Vielleicht sehe ich die Madonna, nur sie allein kann mir noch helfen.«

Sie kam hin, da war's gerade Mitternacht, und sie hörte die Glocken läuten. Dann tat sich ein Spaltbreit die Erde auf, und sie ging ohne weiteres hinunter und dachte: »Wenn ich nicht mehr zurückkomme, bin ich wenigstens mein armseliges Leben los, die Madonna wird dann für meine Kinder sorgen, daran glaube ich.«

Wie sie aber tiefer und tiefer stieg, wurde es nicht finsterer, sondern heller. Auf einmal sah sie einen ungeheuren Drachen, der stand unbeweglich da und lauschte den Glockentönen, und aus seinem riesigen Maul loderte Feuer. Die Glocken aber wurden von der heiligen Madonna geläutet, die hatte die Stränge um ihre Hände gewickelt und war ganz in ihre Arbeit vertieft. Wie nun die Stunde nach Mitternacht vorbei war, sank der Drache zu Boden und fiel in tiefen Schlaf, und die Madonna hörte auf mit Läuten.

»Weshalb bist du gekommen?« fragte die Madonna. Die Frau sagte: »Ich kann mein Leben nicht mehr ertragen«, und begann zu weinen. »Ich habe es auch schwer«, sagte die Madonna, »jede Nacht muß ich eine Stunde lang die Glocken läuten. Es ist die Zeit, in der der Drache wach ist und auf die Erde hinauf will, um sich seine Opfer zu holen. Diese Klänge allein besänftigen ihn, ich muß nur achtgeben, daß ich keine Sekunde zu früh damit aufhöre. Manchmal schaffe ich es nur mit knapper Not.«

In der nächsten Mitternacht erwachte der Drache wie gewohnt, und die Madonna machte sich ans Läuten. Aber nach einer halben Stunde verließen sie ihre Kräfte, und die Glocken gaben nur noch leise Töne von sich. Da wurde der Drache unruhig, seine Augen traten hervor, und aus seinem Maul loderte so viel Feuer, daß die Hitze beinahe die Glocken zum Schmelzen gebracht hätte. Da nahm die Frau die Glockenstränge selber in die Hände und läutete und läutete, und der Drache stand unbeweglich, bis die Stunde um war. Und in der dritten Mitternacht ging die Frau von selbst zu den Glocken, nahm die Stränge und läutete, und der Drache hörte ganz versunken zu.

Doch als die nächste Mitternacht kam, da vermochte auch die Frau nur noch ganz kurze Zeit zu läuten, dann hatte sie keine Kraft mehr in ihren Händen. Schon bewegte der Drache den Kopf und begann die Krallen zu bewegen, da fing die Frau auf einmal zu singen an. Und weil sie so lange Zeit nicht mehr gesungen hatte, war ihre Stimme zuerst leise, doch dann wurde sie voll und kräftig wie in ihren jungen Jahren, und der Drache, der sich an diese neuen Töne erst gewöhnen mußte, stand wie angewurzelt da und hörte zu.

Als die Zeit um war, und der Drache wieder eingeschlafen war, sagte die Madonna: »Durch deine Hilfe konnte das Unglück abgewendet werden. Und weil du mir bei der Arbeit geholfen hast, will auch ich dir in Zukunft bei der Arbeit helfen.«

Sie verließen den unterirdischen Ort, stiegen hinauf und pflanzten einen Baum über dem Erdspalt. Als der Drache in der kommenden Mitternacht kein Glockengeläut und keine menschliche Stimme hörte, schnaufte er vor Zorn so gewaltig, daß die Luft, die er ausstieß, die Glocken in Bewegung setzte und sie anfingen zu läuten. Ganz verzaubert stand der Drache da und lauschte und lauschte. Die Madonna aber ging mit der Frau in ihr Dorf und half ihr bei aller Arbeit, beim Waschen, Saubermachen und Kochen. Und als das dreizehnte Kind zur Welt kam, trug sie es zur Taufe.

Manche Leute aber gehen immer noch an jenen Ort und behaupten, man höre die Glocken läuten um Mitternacht. Ganz genau weiß es allerdings niemand.

Einmal seien viele Soldaten hingegangen, die gehörten zu einem feindlichen Heer, das unsere Heimat wegnehmen wollte. Sie gingen hin, weil sie von dem Wunder gehört hatten. Aber sie waren voller Spott und grölten betrunken durch die Nacht. Ein Mann, der auch dort war und sich verstecken konnte, hat alles gesehen. Sie haben den Baum umgehauen und sind hinuntergestiegen, aber bald sei ihr Gelächter verstummt. Und keiner sei mehr zum Vorschein gekommen. Sicher haben sie ihre gerechte Strafe bekommen. Aus dem Baumstrunk ist ein neuer Baum gewachsen. Manchmal sieht man eine Gestalt zwischen Mitternacht und ein Uhr in den Ästen sitzen, um den Glockenklängen zu lauschen, die von unten kommen.

[Märchen aus den Abruzzen]

Das Feld der Bruderliebe

Ein Vater ließ seinen zwei Söhnen ein Getreidefeld als Erbstück zurück. Sie teilten das Feld ehrlich unter sich. Der eine Sohn war reich und unverheiratet, der andere arm und mit Kindern gesegnet.

Einmal, zur Zeit der Getreideernte, lag der Reiche in der Nacht auf seinem Lager und sagte zu sich: »Ich bin reich, wozu brauche ich die Garben? Mein Bruder ist arm, und das einzige, was er für seine Familie braucht, sind die Garben.« Er stand vom Bette auf, ging auf seinen Feldanteil, nahm eine ganze Menge von Garben und brachte sie auf das Feld seines Bruders.

In derselben Nacht dachte sein Bruder: »Mein Bruder hat keine Frau und keine Kinder. Das einzige, woran er Freude hat, ist sein Reichtum. Ich will ihn vermehren.«

Er stand von seinem Lager auf, ging auf seinen Feldanteil und brachte seine Garben auf das Feld seines Bruders.

Als beide in der Frühe ihr Feld besuchten, staunten sie darüber, daß das Getreide nicht weniger geworden war. Ihr Staunen nahm kein Ende.

Auch in den folgenden Nächten taten sie dasselbe. Jeder brachte seine Garben auf das Feld des anderen. Und da sie an jedem Morgen merkten, daß nichts weniger geworden war, waren sie davon überzeugt, daß der Himmel sie für ihre Güte beschenkt hatte.

Aber in einer Nacht geschah es, daß beide Brüder, die Hände voller Garben, sich auf ihrem Wege begegneten. Da erkannten sie, was geschehen war, sie fielen einander um den Hals und küßten sich.

Da hörten sie eine Stimme vom Himmel: »Dieser Platz, auf dem sich so viel Bruderliebe offenbart hat, soll würdig sein, daß auf ihm mein Tempel errichtet werden soll – der Tempel der Bruderliebe.«
Und tatsächlich wählte König Salomon diesen Platz für den Tempelbau. (Wajikra Rabba 13)

[Jüdisches Märchen]

Von den klugen Frauen

Es war einmal ein Herr, nicht ein Mann, sondern ein Herr, du verstehst! Reich war er und angesehen. Er führte ein großes Haus mit allem, was dazugehört, mit prächtigen Tischen und Sesseln und Truhen und Bildern, mit Dienern, Gärtnern und Köchen. Und eine Frau hatte er, die war sein ganzer Stolz, die war nicht nur wunderschön, sondern auch klug, sie hatte viele Bücher gelesen! Doch sie war schüchtern, liebte nicht die großen Gesellschaften, sondern bevorzugte das Gespräch im kleinen Kreis. Dennoch verstand sie es, dem Haus als Herrin vorzustehen, sie war eine richtige Dame, und den Gästen, die sich zum Zeitvertreib oder zu Regierungsgeschäften einfanden, war sie eine gute Gastgeberin.

Was sie störte, war einzig und allein der Umstand, daß ihr Gemahl sich gerne und leidenschaftlich mit dem Krieg beschäftigte, Feldzüge plante und seinen ganzen Ehrgeiz in die Eroberung fremder Länder setzte.

»Krieg«, sagte sich die junge Frau, »bedeutet Gewalt, Schmerz und Tod. Niemand wünscht sich Gewalt, Schmerz und Tod, der auch nur ein bißchen Verstand hat. Wer glorreich ins Feld zieht, weiß nicht, ob er wieder nach Hause kommt. Denken die Männer nicht so weit? Sie spielen Krieg wie unvernünftige Kinder, während die Frauen zu Hause bleiben, für die täglichen Bedürfnisse sorgen und warten. Man müßte etwas unternehmen, um diesem Unsinn ein Ende zu bereiten. Aber wie? Die Frauen müßten zusammenstehen und eine eigene Strategie entwickeln, eine Strategie des Friedens.«

Drei Tage lang sann die junge Frau darüber nach, dann kam sie auf eine Idee. Drei weitere Tage brauchte sie, um sich die Idee gut zu überlegen, und als nochmals drei Tage verstrichen waren, hatte sie sich entschlossen, ihre Schüchternheit zu überwinden und zu handeln. Sie stand auf, verließ ihr Haus und begab sich zu der berühmten *Fata delle Grazie**. Diese lebte zurückgezogen in den Dünen, wie es in der Stadt hieß, aber noch niemand hatte je ihr Haus gesehen. Sie war eine schöne und stolze Frau, groß und kräftig, und ihr Haar leuchtete wie die Sonne. Sie war bekannt für ihren weisen Rat und ihre Schlagfertigkeit, auch hielt sie sich zeitweise in den Häusern und Palästen der städtischen Herrschaften auf. Sie war freundlich und hilfsbereit, erteilte den Frauen gute Ratschläge, lehrte die Kinder neue Spiele, mit den Männern sprach sie über Geschäfte und Politik. Und wahrscheinlich noch über anderes, denn sie wurde mit Geschenken überhäuft. Und einmal, als sie wieder in die Dünen zurückging, trug sie ein neugeborenes Kind in ihren Armen.

Die junge Frau, die mit der Fee sprechen wollte, wußte, wo sie sich aufhielt. Es war eines der ersten Häuser der Stadt, in dem die Fee den Winter über lebte. Sie hörte der jungen Frau lange und gut zu, dachte darüber nach und fragte: »Und was denkst du, was man tun kann, damit es nicht immer wieder Krieg gibt?«

»Ich weiß es nicht«, klagte die junge Frau, »ich bin zu dir gekommen, weil du vielleicht raten kannst, wie man die Welt verändert.«

»Ich brauche Zeit«, erwiderte die Fee, »dreimal drei Tage, erstens um eine Idee zu finden, zweitens um über die Idee nachzudenken und drittens um Pläne zu schmieden.«

Die junge Frau geriet in Verzeiflung: »Ich weiß nicht, ob wir so lange Zeit haben. Schon wieder verhandelt mein

---

* Fee der Anmut, Gnade, Gunst.

Gemahl mit Regierungen und Generälen. Es kann sein, daß es schon bald wieder Krieg gibt.«
»Dann laß mir wenigstens drei Tage Zeit, den ersten, um eine Idee zu finden, den zweiten, um über die Idee nachzudenken, und den dritten, um Pläne zu schmieden.«
Die Frau kehrte nach Hause zurück, halb getröstet und halb verzweifelt. Die folgenden drei Tage fand sie keine Ruhe, von morgens bis abends lief sie durch ihr Haus, und in der Nacht quälten sie schreckliche Träume, während die Männer über Strategien und Waffen redeten. Als die drei Tage vorüber waren, fand sie sich wieder bei der Fee ein. Sie wurde freundlich empfangen. »Höre, was ich dir zu sagen habe. Wir müssen den Männern die Kräfte für den Krieg nehmen. Wenn alle Frauen mitmachen, wird es gelingen, die Männer zu Hause zu behalten. Nicht Gewalt und Schmerz und Tod wird in der Welt sein, sondern Friede und ein gutes Leben für alle. Die Väter werden mit ihren Kindern spielen, der Bräutigam muß nicht mehr die Braut verlassen, um ins Feld zu ziehen, die Äcker können bestellt und der Wein gekeltert werden, und Mann und Frau genießen gemeinsam die Freuden des Lebens.«
»Und wie soll das geschehen?« rief die junge Frau, »ich will gern alles tun, alles was ich kann.«
»Es braucht viel Liebe dazu«, sprach die Fee. »Durch Liebe soll der Krieg aus der Welt verbannt werden.«
»Wie können wir den Männern die Freude am Krieg nehmen? Schon die Knaben erfreuen sich an den Kriegsspielen.«
Da lächelte die Fee und sagte: »Die Väter haben keine Zeit für neue Spiele. Sie lehren die Knaben nur, was sie selbst am meisten beschäftigt. Kriegsspiele! Aber wenn wir Frauen uns mehr um die Männer kümmern, wenn wir uns sorgfältiger schmücken und bewegen – auch in den innersten Gemächern des Hauses –, wenn wir so werden, daß kein Mann auf uns verzichten kann, daß es schöner ist,

sich mit den Frauen statt mit dem Krieg zu beschäftigen, dann wird die Leidenschaft in andere Bahnen gelenkt und, wir sind auf dem Weg in eine bessere Welt. Denn wie du aus Erfahrung weißt, verleiht die Liebe nicht nur Freude und Wonne – sie erschöpft auch die Kräfte und braucht Erholung und Schlaf, um gestärkt zu werden für neuen Genuß.«

Das alles sagte die Fee zu der jungen Frau. »Du brauchst nicht zu erröten«, meinte die Fee, »wie wäre ein Gottesgeschenk besser einzusetzen als gegen den Krieg? Und die Liebe ist ein Gottesgeschenk, wie alle wissen, die sie je erfahren haben.«

Nun besprachen sie miteinander den Plan. Sowohl die Fee wie die junge Frau redeten mit den Frauen. Sie weihten sie in die List und den Ernst der Liebe ein, und die Frauen sagten es den anderen Frauen weiter, bis alle es wußten. Den Mädchen erklärten sie mit großer Geduld die Notwendigkeit des Friedens und was dafür getan werden muß, und den Knaben versprachen sie neue Spiele für die Zukunft. Und alle verstanden einander. Nur die Männer konnten nicht recht begreifen, was es mit der Liebe der Frauen für eine Bewandtnis hatte, die auf einmal so überreichlich floß.

Aber das macht nichts, Hauptsache, es blieben keine Kräfte mehr übrig, um Krieg zu führen. Auf diese Weise veränderte sich die Welt.

[Märchen aus Kalabrien]

Die Mauren in der Höhle

Ein Ziegenhirte aus Rafal des Porchs sah, daß Mauren in einer Barke kamen. Bevor sie das Ufer erreichten, zog der Hirte seine Schleuder hervor und warf Steine auf die Mauren, so daß sie nicht anlegen konnten.
Erschöpft riefen sie ihm zu: »Komm näher, komm nur näher; bei unserem Glauben, wir wollen dir nichts zuleide tun!«
Er näherte sich ihnen, die Mauren landeten, sie lernten sich kennen, und dann gingen sie fort.
Nach einigen Tagen kehrten die Mauren wieder zurück, und wieder schleuderte er Steine nach ihnen, bis sie endlich sagten: »Komm näher, komm nur näher, bei Allah, wir werden dir nichts tun.«
Er ging zu ihnen hin, und sie rauchten und aßen zusammen.
Dann kehrten sie zurück. Eines Tages ging der Ziegenhirt zur Drachenhöhle, um dort eine Ziege zu suchen, die er verloren hatte, und am Eingang der Höhle hörte er eine Stimme, die rief: »Töte mich nicht, töte mich nicht, bei Allah!«
Es war ein Maure, der an Land zurückgeblieben war, als die anderen wegfuhren, und der sich hier versteckt hatte.
Der Hirt nahm sogleich Brot und Käse aus seiner Tasche und gab es dem Mauren. Von nun an brachte er ihm jeden Tag zu essen. Und der Maure sagte ihm, wenn er fortgehe, dann werde er einen Zweig von einem Mastixstrauch oberhalb des Höhleneingangs hinstecken zum Zeichen, daß er entflohen sei.

Nach einigen Tagen kamen zahlreiche Mauren und nahmen den Ziegenhirten gefangen, und sie führten ihn mit sich fort.
In Algier brachten sie ihn auf den Sklavenmarkt. Der Maure, den er in der Höhle mit Essen versorgt hatte, erwartete schon, daß man den Hirten dorthin bringen würde und war jeden Tag dorthingegangen, um nachzuschauen, ob er dort angekommen sei.
Er fand ihn, kaufte ihn und führte ihn zu seinem Haus. Dort bekleidete er ihn, gab ihm zu essen, und nach drei Tagen fragte er ihn, ob er traurig sei. Der Hirte bejahte das, denn er hatte seine Frau und seine Kinder in Santanyi zurückgelassen. Der Maure sagte zu dem Hirten, er solle den Mut nicht verlieren, er sei derjenige, den er in der Drachenhöhle verköstigt habe. Er könne jederzeit nach Mallorca fahren, um seine Frau und seine Kinder zu sehen, aber sein Herr wollte, daß er mit seiner Familie zu ihm zurückkehre, um in Algier zu leben – es werde ihnen hier gutgehen.
Der Hirte fuhr nach Mallorca, holte seine Familie und kehrte nie mehr zurück auf die Insel.

[Märchen aus Mallorca]

Der Fuchs auf Pilgerfahrt nach Mekka

Es war einmal eine Zeit, da war niemand außer Gott.
Es war ein Fuchs, der ging eines Tages zum Spiel in ein Schilfdickicht, und beim Spielen brach er eines der Schilfgräser. Er nahm es und legte es sich wie einen Pilgerstab über die Schulter und schritt davon. Zufällig stand ein Hahn gerade auf einer Mauerkrone, der war damit beschäftigt, Gott zu preisen, indem er laut den Namen des Herrn hinausschmetterte. Als er den Fuchs erblickte, rief er aus: »Hallo, Meister Fuchs! Was für ein Theater ist das? Wozu hast du dir einen Pilgerstab über die Schulter gelegt?«
Der Fuchs antwortete: »Nicht doch, du Muezzin* Gottes, der du die Gläubigen zum Gebet rufst, dies ist kein Theaterspiel und kein Trick. All jene Übeltaten, die du gesehen hast und die ich früher begangen habe – ich habe ihnen abgeschworen. Ich gehe nun auf die Pilgerfahrt nach Mekka:

> Zu Gottes Haus meine Wallfahrt geht,
> zur Andacht und zum frommen Gebet.
> Was ich einst Übles begangen hab',
> ich bereu's und wend' von der Welt mich ab.
> Solang ich leb', ich raube nie mehr
> oder fall' über die Hühner in den Ställen her.
> Sein Gut legt' mein Vater in meine Hand,
> in Frieden und Tugend bestell' ich mein Land.«

* Muezzin = Gebetsrufer

Der Dummkopf von einem Hahn fiel auf die frommen Worte herein und sprach: »Oh, hoher Herr, ich will mit dir auf Pilgerfahrt.« – »Recht so«, sprach der Fuchs, »du bist mir sehr willkommen. Ich bitte dich, komme mit, wir wollen aufbrechen.« Da flog der Hahn von der Mauer und machte sich in Begleitung des Fuchses auf den Weg.

Als sie ein kleines Stück gegangen waren, kamen sie an das Ufer eines Flusses. Eine Ente schwamm auf dem Fluß umher, und als sie den Hahn zusammen mit dem Fuchs daherkommen sah, ließ sie sich vom Wasser her vernehmen: »O du Muezzin Gottes, hast du vergessen, das Lob Gottes zu singen, und hast dich statt dessen in die Gewalt dieses niederträchtigen Fuchses begeben?« Der Hahn antwortete: »Nein, es ist nicht, wie du meinst:

>   Zu Gottes Haus seine Wallfahrt geht,
>   zur Andacht und zum frommen Gebet.
>   Was er einst Übles begangen hat,
>   er bereut's und wendet von der Welt sich ab.
>   Solang er lebt, er raubt nie mehr
>   oder fällt über die Hühner in den Ställen her.
>   Sein Gut legt' sein Vater in seine Hand,
>   in Frieden und Tugend bestellt er sein Land.«

Die Ente rief aus: »Wenn die Dinge so stehen, möchte ich gerne mit euch beiden auf diese Pilgerfahrt gehen.« Und sie kam aus dem Wasser und schloß sich ihnen an, und alle drei setzten die Reise gemeinsam fort.

Als sie eine kurze Strecke gegangen waren, kamen sie zu einem Garten, wo ein Wiedehopf auf dem Ast eines Baumes saß. Als er den Hahn und die Ente zusammen mit dem Fuchs daherkommen sah, ließ er sich vom Baum vernehmen: »Was seid ihr für außergewöhnliche Narren! Ich frage mich, was für eine Sünde ihr begangen habt, daß ihr in die Klauen des niederträchtigen Fuchses gefallen seid!«

Aber die Ente sagte: »Nein, du Bote des Propheten Soleyman, die Sache ist nicht, wie du meinst:

> Zu Gottes Haus seine Wallfahrt geht,
> zur Andacht und zum frommen Gebet.
> Was er einst Übles begangen hat,
> er bereut's und wendet von der Welt sich ab.
> Solang er lebt, er raubt nie mehr
> oder fällt über die Hühner in den Ställen her.
> Sein Gut legt' sein Vater in seine Hand,
> in Frieden und Tugend bestellt er sein Land.«

»Wenn das so ist«, rief der Wiedehopf, »dann möchte ich gern mit euch allen auf diese Pilgerfahrt gehen.« – »Willkommen im Namen Gottes!« sagten sie. Der Wiedehopf flog also herab und brach mit ihnen auf.
Sie reisten immer weiter, bis sie die Tür des Fuchsbaus erreichten. Als sie den Bau erblickten, sahen sie Füße und Pfoten und Vogelfedern verstreut und zu Haufen geschichtet daliegen, und sie alle fingen an, in höchster Furcht zu zittern. Der Fuchs sah dies und sprach: »Nein, fürchtet euch nicht. Seit ich dem Übel der Welt abgeschworen, habe ich keinem einzigen Vogel etwas zuleide getan. Kommt her und schlaft hier, seid heute nacht meine Gäste, und wir werden morgen in der Frühe aufbrechen.«
Sie gingen also in den Fuchsbau und verbrachten die Nacht dort, so gut es ging.
Sobald es Tag war, stand der Fuchs auf und rief zuerst den Hahn. Der kam, und der Fuchs richtete die Worte an ihn: »Erinnerst du dich, als du auf dem Dachfirst saßest, welche Flüche du mir entgegengeschleudert und wie du dich über mich lustig gemacht hast?« Der Hahn begann zu bitten und zu flehen: »Oh, hoher Herr, ich bin der Muezzin Gottes und rufe die Gläubigen zum Gebet. Ich bitte dich, sieh über meine Verfehlung hinweg.« – »Nun gut«, sagte

der Fuchs, »aber welches Recht hast du, auf die Dachfirste der Männer zu klettern und unter dem Vorwand, den Gebetsruf ertönen zu lassen, ein Auge auf ihre Frauen zu werfen?« – »Oh, hoher Herr, Gott hat mich allein zu dem Zweck erschaffen, daß ich bei jedem Tagesanbruch aufwachen und die Menschen mit Gesang wecken soll, damit sie aufstehen und beten.« – Der Fuchs schrie: »Auch wenn du selbst einer der Gläubigen bist, so war doch deine Mutter jedenfalls nichts Besonderes!«
Und mit diesen Worten rannte er vorwärts, packte den Hahn am Hals, erwürgte ihn und fraß ihn auf.
Kaum hatte er den Hahn fertiggegessen, so rief er die Ente. Die kam auch. »Erinnerst du dich, als du dich vom Wasser her hast vernehmen lassen, was du über mich gesagt hast?« Der arme Vogel fing unter Tränen an, sich zu entschuldigen und zu bitten und zu flehen. »Nun denn, ich werde diese Verfehlung übergehen«, sagte der Fuchs, »wie kann ich aber über folgende große Sünde hinwegsehen? Du gehst ins Wasser und schwimmst darin herum und wühlst das Wasser auf und verunreinigst es. Dann kommt ein Gläubiger und will seine Waschungen vor dem Gebet ausführen und findet das Wasser ganz schmutzig und unrein.« Als er das sagte, stürzte er sich auf die Ente, packte sie am Hals, erwürgte sie und fraß sie auf.
Dann rief er den Wiedehopf: »Erinnerst du dich, als du auf dem Ast des Baumes saßest, was für unsinnige Worte du da geäußert hast? Woher hast du diesen vornehmen Beinamen erhalten: Bote des Propheten Soleyman? Und wie kannst du dich der Liebe rühmen, die zwischen dir und den Söhnen der Menschen bestehen soll?« – »Nun«, sagte der arme Wiedehopf, »du mußt zugeben, daß ich in des heiligen Soleymans Armee für die Wasserräder verantwortlich war und daß ich immer in der Vorhut mitflog und Wasser und Lagerplätze für sie fand.« – »Oh, du Sohn eines sündigen Vaters!« sagte der Fuchs, »wenn du tatsäch-

lich geschickt beim Wasserfinden bist, so laß es uns jetzt sehen. Finde Wasser für mich.« Der Wiedehopf flog auf den Boden und fing an, mit seinem Schnabel auf die Erde zu picken, um Wasser heraussickern zu lassen. Da stürzte sich der Fuchs von hinten auf ihn und fraß ihn auf einmal auf.
Aus dem Mund des Fuchses aber erhob der Wiedehopf seine Stimme und sprach: »Meister Fuchs, ich habe dir noch einen guten Ratschlag zu geben. Öffne gut deine Ohren.« Der Fuchs wollte sagen: »Nun zu!« Als er aber sein Maul öffnete, flog der Wiedehopf heraus.
Als er eilends davonflog, begegnete ihm zufällig ein Heer im Anmarsch, und der königliche Falke flog in der Vorhut hoch über ihnen. Der Wiedehopf flog zu dem Falken hinauf und sprach: »Wohin geht euer Weg?« Der Falke antwortete: »Oh, Bote des Propheten Soleyman, dieses Heer marschiert mit einem Auftrag.« – »Was für ein Auftrag?« fragte der Wiedehopf.

>»Die Königstochter liegt krank im Schloß,
>die Doktorschar um ihr Bett ist groß.
>Es gibt nur ein Mittel gegen Leiden und Schmerz:
>Die Galle vom Fuchs, vom Hasen das Herz.

Und nun sind wir schon drei Tage lang auf der Suche und haben bisher erst einen Hasen gefangen, aber wir sind auf keinen Fuchs gestoßen.«
»Das macht nichts«, sagte der Wiedehopf, »ich weiß einen Fuchsbau ganz in der Nähe. Komm mit, ich zeige ihn dir.«
Da flog der Wiedehopf voraus, und der Falke und die Reiter folgten, bis sie in die Nähe des Fuchsbaus kamen. Der Wiedehopf ging zum Eingang und rief aus: »Herr Fuchs, du hast mir so viel Güte gezeigt, daß ich ganz überwältigt bin. Ich bin nun zurückgekommen, um mich dafür erkenntlich zu zeigen. Da ist ein riesiges Heer auf dem

Marsch hierher, sie werden sicher dein Heim zerstören. Wenn dir daran liegt, dein Leben zu retten, mußt du sofort fliehen.«
Der Fuchs kam zur Tür seiner Höhle und sah, daß der Wiedehopf die Wahrheit sprach: Da stand tatsächlich ein Heer vor ihm. Er versuchte zu entkommen, die Reiter aber sahen ihn und hetzten die Hunde auf ihn. Er floh, bis er müde war, aber schließlich holten ihn die Hunde ein und rissen ihn in Stücke. Da kamen die Reiter heran und holten seine Galle für die Königstochter.

Und nun ist die Geschichte aus,
doch der Spatz kam nie nach Haus.

[Märchen aus Persien]

Mister Fox

Lady Mary war jung, und Lady Mary war schön. Sie hatte zwei Brüder, und Verehrer hatte sie mehr, als sie zählen konnte. Aber der tapferste und ritterlichste unter ihnen allen war ein Mister Fox, den hatte sie getroffen, als sie drunten im Landhaus ihres Vaters gewesen war. Niemand wußte, wer Mister Fox war; aber er war gewiß mutig und sicherlich reich, und von all ihren Verehrern mochte Lady Mary nur ihn allein. Schließlich kamen sie überein, daß sie heiraten wollten. Lady Mary fragte Mister Fox, wo sie leben würden, und er beschrieb ihr sein Schloß und wo es sich befände. Aber so seltsam es auch klingen mag, er forderte weder sie noch ihre Brüder auf, zu kommen und es anzusehen.
Eines Tages nun, kurz vor dem Hochzeitstag, als ihre Brüder ausgegangen waren und Mister Fox für ein oder zwei Tage in Geschäften unterwegs war, wie er sagte, machte sich Lady Mary auf den Weg nach dem Schloß von Mister Fox. Und nach langem Suchen kam sie auch endlich hin und fand ein schönes, wehrhaftes Schloß vor, mit hohen Mauern und von einem tiefen Burggraben umgeben. Als sie nun zum Brückentor kam, sah sie, daß darüber geschrieben stand:

Hab Mut, hab Mut.

Und da das Tor offen war, ging sie hindurch, sie traf jedoch keine Menschenseele an. So ging sie den Torweg weiter und fand über dem Eingang geschrieben:

> Hab Mut, hab Mut,
> doch zuviel ist nicht gut.

Sie ging weiter und weiter, bis sie in die Halle kam. Und weiter ging sie die breite Treppe hinauf, bis sie in der Galerie zu einer Tür kam, über der geschrieben stand:

> Hab Mut, hab Mut,
> doch zuviel ist nicht gut,
> sonst könnt' dir im Herzen
> gerinnen das Blut.

Aber Lady Mary war wirklich ein tapferes Mädchen. Sie öffnete die Tür, und was meint ihr, was sie da sah? Nun, nichts anderes als die Leichen und Gerippe von schönen jungen Ladies, und alle waren sie über und über mit Blut befleckt. Lady Mary fand, es sei nun höchste Zeit, sich von diesem Schreckensort auf und davon zu machen. Sie schloß die Tür, ging durch die Galerie, und gerade wollte sie die Treppe hinuntergehen und durch die Halle hinaus, da sah sie durch das Fenster keinen anderen als Mister Fox, und der schleppte eine junge und schöne Lady den Torweg entlang. Lady Mary eilte die Treppe hinunter, und sie konnte sich gerade noch rechtzeitig hinter einem großen Faß verbergen, als Mister Fox auch schon hereinkam mit der Ohnmächtigen. Gerade als er in die Nähe von Lady Mary kam, sah Mister Fox einen glitzernden Diamantring am Finger der jungen Lady, die er da schleppte, und er versuchte nun ihn abzuziehen. Der Ring aber saß zu fest, und es wollte Mister Fox nicht gelingen, ihn vom Finger abzustreifen. Da stieß er die übelsten Flüche aus und zog sein Schwert, erhob es, schwang es auf die Hand der ärmsten Lady und schlug ihr damit die Hand ab. Sie wurde hoch durch die Luft geschleudert und fiel ausgerechnet in Lady Marys Schoß. Mister Fox schaute sich um, aber es fiel ihm nicht ein, auch hinter dem Faß zu suchen, und

schließlich ging er weiter und schleppte die junge Lady die Treppe hinauf in die Schreckenskammer.
Sobald Lady Mary ihn durch die Galerie gehen hörte, schlüpfte sie zur Tür hinaus, lief durch das Brückentor und rannte nach Hause, so schnell sie nur konnte.
Nun begab es sich aber, daß schon am nächsten Tag der Ehevertrag zwischen Lady Mary und Mister Fox unterzeichnet werden sollte, und zuvor sollte es ein prächtiges Frühstück geben. Als nun Mister Fox an der Tafel Lady Mary gegenübersaß, sah er sie an: »Wie blaß Ihr heute morgen seid, meine Teure.«
»Ja«, sagte sie, »ich habe in der letzten Nacht schlecht geschlafen und hatte entsetzliche Träume.«
»Träume sind Schäume«, sagte Mister Fox, »aber erzählt uns Euren Traum. Eure liebliche Stimme wird uns die Zeit vertreiben, bis die Stunde unseres Glücks da ist.«
»Ich träumte«, sagte Lady Mary, »daß ich gestern morgen zu Eurem Schloß ging. Und ich fand es in den Wäldern. Es hatte hohe Mauern und einen tiefen Graben, und über dem Brückentor stand geschrieben: ›Hab Mut, hab Mut.‹«
»Aber das ist nicht so, noch war es jemals so«, sagte Mister Fox. »Und als ich zum Eingangstor kam, war darübergeschrieben:

›Hab Mut, hab Mut,
doch zuviel ist nicht gut.‹«

»Aber das ist nicht so, noch war es jemals so«, sagte Mister Fox. »Und dann ging ich die Treppe hinauf und kam zu einer Galerie. An ihrem Ende war eine Tür und darüber stand:

›Hab Mut, hab Mut,
doch zuviel ist nicht gut,
sonst könnt dir im Herzen
gerinnen das Blut.‹«

»Aber das ist nicht so, noch war es jemals so«, sagte Mister Fox. »Und dann öffnete ich die Tür, und ich fand den Raum voller Leichen und Gerippe von armen toten Frauen, und alle waren sie über und über mit Blut befleckt.«

»Aber das ist nicht so, noch war es jemals so. Und Gott behüte, es wäre so«, sagte Mister Fox.

»Und ich träumte weiter, daß ich die Galerie entlangeilte, und gerade als ich die Treppe hinuntergehen wollte, sah ich Euch, Mister Fox, zur Halle hereinkommen und eine junge Lady, schön und reich, hinter Euch herschleppen.«

»Aber das ist nicht so, noch war es jemals so. Und Gott behüte, es wäre so«, sagte Mister Fox.

»Ich eilte die Treppe hinunter und konnte mich gerade noch rechtzeitig hinter einem großen Faß verbergen, als auch schon Ihr, Mister Fox, hereinkamt und die junge Lady daherschlepptet. Und als Ihr, Mister Fox, an mir vorbeigingt, sah ich, wie Ihr versuchtet, ihren Diamantring abzuziehen. Und in meinem Traum, Mister Fox, da schien es mir, es wollte Euch nicht gelingen, und da zogt Ihr Euer Schwert und hacktet der armen Lady die Hand ab, um den Ring zu bekommen.«

»Aber das ist nicht so, noch war es jemals so. Und Gott behüte, es wäre so«, sagte Mister Fox.

Und er wollte gerade noch etwas anderes sagen und erhob sich dabei, aber da rief Lady Mary: »Aber das ist so und das war so. Hier ist die Hand und der Ring – ich habe sie noch und kann sie Euch zum Beweis zeigen«, und sie zog die Hand aus ihrem Gewand und richtete sie auf Mister Fox.

Und sogleich zogen ihre Brüder und ihre Verehrer die Schwerter und schlugen Mister Fox in tausend Stücke.

[Englisches Märchen]

Die drei Liebhaber

Ein schönes Mädchen hatte einmal drei Liebhaber. Keiner wußte jedoch um den anderen und jeder meinte, er sei der rechte und einzige Geliebte und das Mädchen wolle ihn heiraten. Auch konnten sie nicht zusammentreffen, denn jeder hatte seine bestimmte Stunde, wo er bei der Geliebten verweilen durfte. Es kam der Neujahrstag, und da dachte jeder der drei Glücklichen: »Heute vor Mittag geh' ich zu meiner Geliebten, um Glück zu wünschen.«
So trafen sie alle drei zusammen und sahen sich mit großen Augen an und gerieten in Streit. Da trat das Mädchen als Schiedsrichterin zwischen sie und sprach: »Streitet nicht lange, sondern geht, und wer von euch mir binnen eines Jahres ein Geschenk bringt, das mir am besten gefällt, derjenige soll mein Bräutigam sein.«
Sie gingen alle drei ein Stück des Weges miteinander und kamen endlich an eine Stelle, wo sich die Straße in drei Wege teilte. Da beschlossen sie, daß jeder einen anderen Weg gehen solle, nach Jahr und Tag aber wollten sie hier wieder zusammentreffen und sich die inzwischen gewonnenen Geschenke zeigen.
Der erste ging und wanderte lange von einer Stadt zur andern, aber er fand nichts, was ihm als Geschenk geeignet erschienen wäre. Eines Tages – es war sehr heiß und er hatte Durst – kam er an einem alten Weiblein vorüber, das an der Straße Äpfel feilhielt. »Was kostet ein Pfund Äpfel hier?« fragte er. Da lachte das Weiblein und rief: »Ei, der will gar ein ganzes Pfund! Junger Herr, ich glaube es ist

genug, wenn ihr das Geld habt, mir einen einzigen von diesen Äpfeln abzukaufen.«
»Warum nicht gar«, versetzte er fast beleidigt, »was soll denn an diesen Äpfeln so Besonderes sein?«
»Das sind keine gewöhnlichen Äpfel, Herr«, erwiderte die Alte.
»Wenn jemand sterbenskrank ist und die Ärzte ihn schon aufgegeben haben, so braucht er von einem solchen Apfel nur ein Stückchen zu essen und er wird augenblicklich wieder gesund werden.«
Da besann er sich nicht lange, sondern kaufte um einen sehr hohen Preis einen solchen Apfel, um ihn der Geliebten zum Geschenk zu bringen.
Der zweite Liebhaber war ebenfalls sehr lange auf der Wanderung, ohne etwas Rechtes zu finden. Da kam er eines Tages in einer Stadt an einem Tischlergewölbe vorüber. Dort waren alle Arten von Tischen, Stühlen und Sesseln ausgestellt, und weil er gerade müde war, setzte er sich auf einen schönen Sessel und fragte nach dem Preis. Soundso viel, lautete die Antwort.
»Und was kostet der alte Plunder dort?« fragte er und zeigte auf einen alten Stuhl. Der Tischler nannte einen sehr hohen Preis.
»Ihr wollt mich wohl zum besten halten?« antwortete der andere und stand auf.
»Herr, ich halte niemanden zum besten. Ihr könnt es freilich dem Stuhl nicht ansehen, daß er eine ganz besondere Eigenschaft hat«, entgegnete der Tischler.
»Was ist denn das für eine besondere Eigenschaft?« fragte der junge Mann.
»Nun, wenn man sich auf diesen Stuhl setzt und sich an einen Ort wünscht, ist man sogleich dort«, lautete die Antwort. Da besann der Liebhaber sich nicht lange und kaufte den Stuhl um all sein Geld. »Das ist das rechte Geschenk für meine Braut!« jubelte er und rieb sich die Hände.

Der dritte machte auch lange Kreuz- und Querzüge wie die beiden ersten, ehe ihn Glück und Zufall zu einem schönen Laden führten, wo eine Menge großer und kleiner Spiegel zum Verkauf ausgestellt war. Er fragte bei vielen nach dem Preis, endlich aber sah er in einem Winkel einen unscheinbaren kleinen Spiegel und fragte mehr aus Scherz als im Ernst auch nach dessen Preis. Man nannte ihm eine so hohe Summe, daß er kaum so viel Geld hatte. Allein der Händler bedeutete ihm, das sei ein Zauberspiegel, in dem man alles sehen könne, was man nur wolle. Der junge Mann blickte sogleich mit dem Wunsch hinein, seine Geliebte zu sehen – und er sah sie auch wirklich, wie sie sich gerade kämmte und ihr üppiges Haar in Zöpfe flocht. Da besann er sich nicht lange, nahm sein ganzes Geld zusammen und kaufte den Spiegel.
»Ein schöneres Geschenk als dieses«, dachte er, »können ihr die beiden anderen gewiß nicht bringen!«
Als das Jahr um war, fanden sich alle drei an der Wegkreuzung wieder ein, und jeder zeigte, was er gekauft hatte. Nun wollte ein jeder gerne sehen, was denn ihre Geliebte gerade tue. Die drei schauten in den Spiegel – aber, o weh! sie sahen ihre Liebste todkrank im Bett liegen, und weinend und verzweifelt standen die Eltern und Ärzte darum.
Da rief der erste: »Oh, wenn ich nur mit meinem Apfel jetzt dort wäre!«
Und der zweite fiel ein: »Setzen wir uns doch auf meinen Stuhl!«
Gesagt, getan – im Nu waren sie alle drei im Zimmer ihrer kranken Geliebten. Da schnitt der erste ein Stück von seinem Apfel ab und gab es ihr zu essen. Sogleich schlug sie die Augen auf, bewegte Kopf und Arme und verließ bald frisch, gesund und munter das Krankenlager.
Welchen von den dreien hat nun das Mädchen wohl geheiratet?

[Märchen aus Wälschtirol]

Der Mann von Grimsö und der Bär

Es geschah einmal auf Grimsö, daß das Feuer im Winter erlosch, so daß auf keinem Hof Feuer oder Licht angezündet werden konnte. Es war damals ruhiges Wetter, und der Frost war so scharf, daß der Grimsösund zugefroren war, und man glaubte, daß das Eis tragen könne. Da entschlossen sich die Bewohner von Grimsö, ein paar Leute auf das Festland zu senden, die Feuer holen sollten, und wählten dazu drei von den tüchtigsten Männern der Insel.
Sie zogen früh morgens bei hellem Wetter davon, und eine Menge Bewohner begleiteten sie auf das Eis hinaus und wünschten ihnen einen glücklichen Weg und baldige Heimkunft. Es wird nichts von der Wanderung der Ausgesandten berichtet, bis sie mitten im Sund an eine Wake kamen, die so lang war, daß sie ihr Ende nicht sehen konnten, und so breit, daß nur zwei mit knapper Not hinüberzuspringen vermochten, während der dritte sich nicht dazu imstande glaubte. Die anderen rieten ihm deshalb, nach der Insel zurückzukehren und setzten ihre Wanderung fort; er aber blieb am Rande der Wake zurück und verfolgte sie mit den Augen. Er wollte ungern unverrichteter Sache zurückkehren und entschloß sich daher, an der Wake entlang zu gehen, um zu versuchen, ob sie vielleicht an einer anderen Stelle schmaler wäre. Im Laufe des Tages wurde das Wetter trübe, und es zogen von Süden Sturm und Regen auf. Das Eis löste sich, und schließlich stand der Mann auf einer Eisscholle, die dem Meere zutrieb. Am Abend stieß die Scholle gegen einen großen Eisberg, den der Mann bestieg. Da entdeckte er unweit von sich einen

Bären, der auf seinen Jungen lag. Er aber war verklammt und hungrig, und ihm graute jetzt vor dem Leben. Als der Bär den Mann erblickte, betrachtete er ihn eine Weile, erhob sich dann, ging auf ihn zu, umkreiste ihn und gab ihm ein Zeichen, daß er sich auf das Lager zu den Jungen legen sollte. Er tat das mit Furcht im Herzen. Dann legte sich das Tier selbst bei ihm nieder, breitete sich über ihn und säugte ihn mit seinen Jungen zugleich. Die Nacht verstrich; am nächsten Tag stand das Tier auf, entfernte sich ein kleines Stück vom Lager und winkte dem Manne nachzukommen. Als er auf das Eis hinausgekommen war, legte sich der Bär vor seine Füße nieder und gab ihm ein Zeichen, sich auf seinen Rücken zu setzen. Als er den Rücken des Bären bestiegen hatte, erhob sich dieser, rüttelte und schüttelte sich, bis der Mann von ihm heruntergefallen war. Mit dieser Probe war er für diesmal zufrieden, der Mann aber wunderte sich darüber. Es vergingen nun drei Tage; nachts lag der Mann auf dem Lager des Bären und saugte seine Milch, jeden Morgen aber hieß ihn der Bär sich auf seinen Rücken setzen, und dann schüttelte er sich, bis der Mann sich nicht mehr festhalten konnte. Am vierten Morgen konnte sich der Mann auf dem Rücken des Tieres halten, so viel es sich auch schüttelte. Gegen Abend ging es aufs Eis hinunter, den Mann auf dem Rücken, und schwamm mit ihm nach der Insel.

Als der Mann an Land gekommen war, ging er auf die Insel hinauf und gab dem Bären ein Zeichen, ihm zu folgen. Er ging voran nach seinem Heim und ließ sogleich die beste Kuh im Stall melken und ließ ihn so viel frisch gemolkene Milch trinken, wie er nur konnte; dann ging er vor dem Bären in seinen Schafstall, ließ die beiden besten Schafe aus seiner Herde herausnehmen und schlachten, band sie an den Hörnern zusammen und legte sie quer über den Rücken des Bären. Dieser kehrte nach dem Meere zurück und schwamm zu seinen Jungen hinaus.

Und nun war viel Freude auf Grimsö; denn während die Inselbewohner mit Erstaunen dem Bären nachschauten, sahen sie ein Boot vom Festland kommen und mit gutem Wind nach der Insel segeln. Darin hofften sie die beiden anderen Abgesandten mit dem Feuer zu sehen.

[Isländisches Märchen]

Die zwölf Töchter

Es war einmal ein armer Häusler, der zwölf Töchter hatte, unter ihnen zwei Paar Zwillinge. Die hübschen Mädchen waren alle gesund und frisch und von zierlichem Wesen. Da die Eltern es so knapp hatten, mochte es manchem unbegreiflich sein, wie sie den vielen Kindern Nahrung und Kleidung schaffen konnten. Die Kinder waren täglich gewaschen und gekämmt und trugen immer reine Hemden. Einige meinten, der Häusler habe einen heimlichen Schatzträger, andere hielten ihn für einen Hexenmeister, wieder andere für einen Windzauberer, der im Wirbelwinde einen verborgenen Schatz zusammenzuraffen wußte. In Wahrheit aber verhielt sich die Sache ganz anders.
Die Frau des Häuslers hatte eine heimliche Segenspenderin, welche die Kinder nährte, säuberte und kämmte. Als sie nämlich noch als Mädchen auf einem fremden Bauernhofe diente, sah sie drei Nächte hintereinander im Traume eine stattliche Frau, welche zu ihr trat und ihr befahl, in der Johannisnacht zur Quelle des Dorfes zu gehen. Sie hätte nun wohl auf diesen Traum nicht weiter geachtet, wenn nicht am Johannisabend ein Stimmchen ihr immerwährend wie eine Mücke ins Ohr gesummt hätte: »Geh zur Quelle, geh zur Quelle, wo deines Glückes Wasseradern rieseln!« Obgleich sie den heimlichen Ratschlag nicht ohne Schrecken vernahm, faßte sie sich doch endlich ein Herz, verließ die andern Mädchen, die bei der Fiedel um das Feuer herumlärmten, und schritt auf die Quelle zu. Aber je näher sie kam, desto banger wurde ihr ums

Herz; sie wäre umgekehrt, wenn ihr das Mückenstimmchen Ruhe gelassen hätte. Tapfer ging sie weiter. Als sie zur Quelle kam, sah sie eine Frau in weißen Kleidern auf einem Stein sitzen. Als die Frau des Mädchens Furcht gewahrte, ging sie ihm einige Schritte entgegen, bot die Hand zum Gruß und sagte: »Fürchte dich nicht, liebes Kind, ich tue dir ja nichts zuleide! Merke auf und behalte genau, was ich dir sage. Auf den Herbst wird man dich freien; der Mann ist so arm wie du, aber mach dir deshalb keine Sorge, sondern nimm seine Werbung an. Da ihr beide gut seid, will ich euch Glück bringen und euch forthelfen; aber seid immer ehrlich und barmherzig, sonst kann euer Glück nicht von Dauer sein. Nimm dieses Säckchen und stecke es in die Tasche, es sind nur einige Steinchen darin. Nachdem du das erste Kind zur Welt gebracht hast, wirf ein Steinchen in den Brunnen, damit ich komme, dich zu sehen. Wenn das Kind zur Taufe geführt wird, will ich zu Gevatter stehen. Von unserer nächtlichen Zusammenkunft laß gegen niemanden etwas verlauten – für dieses Mal sage ich dir Lebewohl!«
Mit diesen Worten war die Fremde entschwunden, als wäre sie unter die Erde gesunken. Vielleicht hätte das Mädchen auch diesen Vorfall für einen Traum gehalten, wenn nicht das Säckchen in ihrer Hand das Gegenteil bezeugt hätte; sie fand darin zwölf Steinchen.
Die Prophezeiung traf ein, das Mädchen wurde im Herbst verheiratet, und der Mann war ein armer Knecht. Im folgenden Jahre brachte die junge Frau die erste Tochter zur Welt, besann sich auf das, was ihr in der Johannisnacht begegnet war, stand heimlich aus dem Bette auf, ging an den Brunnen und warf ein Steinchen hinein. Sofort stand die freundliche Frau weiß gekleidet vor ihr und sagte: »Ich danke dir, daß du mich nicht vergessen hast. Sonntag über vierzehn Tage laß das Kind zur Taufe bringen, dann komme ich auch in die Kirche und will beim Kinde Gevat-

ter stehen.« Als an dem bezeichneten Tage das Kind in die Kirche gebracht wurde, trat eine fremde Dame hinzu, nahm es auf den Schoß und ließ es taufen. Als dies geschehen war, band sie einen silbernen Rubel in die Windel des Kindes und sandte es der Mutter zurück. Ganz ebenso geschah es später bei jeder neuen Taufe, bis das Dutzend voll war. Bei der Geburt des letzten Kindes hatte die Frau zur Mutter gesagt: »Von heute an wird dein Auge mich nicht mehr schauen, obwohl ich ungesehen täglich um dich und deine Kinder sein werde. Das Wasser des Brunnens wird den Kindern mehr Gedeihen bringen als die beste Kost. Wenn die Zeit herankommt, daß deine Töchter heiraten, so mußt du einer jeden den Rubel mitgeben, den ich zum Patengeschenk brachte. Solange sie ledig sind, sollen sie keinen größeren Staat machen, als daß sie alltags und sonntags saubere Hemden und Tücher tragen.«
Die Kinder wuchsen und gediehen, daß es ein Lust war, sie anzusehen; Brot gab es im Hause zur Genüge, auch zuweilen dünne Zukost, doch am meisten wurden Eltern und Kinder offenbar durch das Brunnenwasser gestärkt. Die älteste Tochter wurde dann an einen wohlhabenden Wirtssohn verheiratet. Wiewohl sie ihm außer der notdürftigsten Kleidung nichts zubrachte, so wurde doch ein Brautkasten gemacht und Kleider und Paten-Rubel hineingelegt. Als die Männer den Kasten auf den Wagen hoben, fanden sie ihn so schwer, daß sie glaubten, es seien Steine darin, denn der arme Häusler hatte doch seiner Tochter sonst nichts Wertvolles mitzugeben. Weit mehr aber war die junge Frau erstaunt, als sie im Hause des Bräutigams den Kasten öffnete und ihn mit Stücken Leinwand angefüllt und auf dem Grunde einen ledernen Beutel mit hundert Silberrubeln fand. Dasselbe wiederholte sich nachher bei jeder neuen Verheiratung; und die Töchter wurden bald alle weggeholt, als bekanntgeworden war, welchen Brautschatz eine jede mitbekam.

Einer der Schwiegersöhne war aber sehr habsüchtig und mochte sich mit der Mitgift seiner Frau nicht zufriedengeben. Er dachte nämlich: Die Eltern müssen wohl selbst noch viel Reichtum besitzen, wenn sie schon jeder Tochter so viel mitgeben konnten. Er ging daher eines Tages zu seinem Schwiegervater und suchte ihm den Schatz abzuzwacken. Der Häusler sagte ganz der Wahrheit gemäß: »Ich habe nichts an Hab und Gut, und auch meinen Töchtern konnte ich nichts weiter mitgeben als den Kasten. Was jede in ihrem Kasten gefunden hat, das rührt nicht von mir her, sondern war die Patengabe der Taufmutter, welche jedem Kind an seinem Tauftage einen Rubel schenkte. Diese Liebesgabe hat sich im Kasten vervielfältigt.«

Der habsüchtige Schwiegersohn glaubte indessen den Worten des Schwiegervaters nicht, sondern drohte, vor Gericht die Anklage zu erheben, daß der Alte ein Hexenmeister und ein Windbeschwörer sei, der mit Hilfe des Bösen einen großen Schatz zusammengebracht habe. Da der Häusler ein reines Gewissen hatte, so flößte ihm die Drohung seines Schwiegersohnes keine Furcht ein. Dieser aber klagte wirklich. Das Gericht ließ darauf die andern Schwiegersöhne des Häuslers vorladen und befragte sie, ob jeder von ihnen dieselbe Mitgift erhalten habe. Die Männer sagten aus, daß jeder einen Kasten voll Leinwand und hundert Silberrubel erhalten habe. Das erregte große Verwunderung, denn die ganze Nachbarschaft wußte recht gut, daß der Häusler arm war und keinen anderen Schatz hatte als zwölf hübsche Töchter. Daß diese Töchter von klein auf stets reine weiße Hemden getragen hatten, wußten die Leute wohl, aber niemand hatte sonst einen Prunk an ihnen bemerkt, weder Brustspangen noch bunte Halstücher. Die Richter beschlossen jetzt, die wunderliche Sache näher zu untersuchen, um herauszubringen, ob der Alte wirklich ein Hexenmeister sei.

Eines Tages verließen die Richter, von einer Häscherschar

begleitet, die Stadt. Sie wollten das Haus des Häuslers mit Wachen umstellen, damit niemand heraus und kein Schatz auf die Seite gebracht werden könne. Der habsüchtige Schwiegersohn machte den Führer. Als sie an den Wald gekommen waren, in welchem die Hütte des Häuslers stand, wurden von allen Seiten Wachen ausgestellt, die keinen Menschen durchlassen sollten, bis die Sache aufgeklärt sei. Man ließ hier die Pferde zurück und schlug den Weg zur Hütte ein. Der Schwiegersohn mahnte zu leisem Auftreten und zum Schweigen, damit der Hexenmeister nicht aufmerksam werde und sich auf Windesflügeln davonmache. Schon waren sie nahe bei der Hütte, als plötzlich ein Glanz sie blendete, der durch die Bäume drang. Als sie weitergingen, wurde ein großes schönes Haus sichtbar; es war ganz aus Glas, und viele hundert Kerzen brannten darin, obgleich die Sonne schien und Helligkeit genug gab. Vor der Tür standen zwei Krieger Wache, die ganz in Erz gehüllt waren und lange bloße Schwerter in der Hand hielten. Die Gerichtsherren wußten nicht, was sie denken sollten, alles schien ihnen mehr Traum als Wirklichkeit zu sein. Da öffnete sich die Tür: Ein schmucker Jüngling in seidenen Kleidern trat heraus und sagte: »Unsere Königin hat befohlen, daß der oberste Gerichtsherr vor ihr erscheine.« Obgleich dieser einige Furcht empfand, folgte er doch dem Jüngling ins Haus. Wer beschriebe die Pracht und Herrlichkeit, die sich vor seinen Augen auftat! In der prächtigen Halle, welche die Größe einer Kirche hatte, saß auf einem Throne eine mit Seide, Samt und Gold geschmückte Frau. Einige Fuß tiefer saßen auf kleineren goldenen Sesseln zwölf schöne Fräulein, ebenso prächtig geschmückt wie die Königin, nur daß sie keine goldene Krone trugen. Zu beiden Seiten standen zahlreiche Diener, alle in hellen seidenen Kleidern, mit goldenen Ketten um den Hals. Als der oberste Gerichtsherr unter Verbeugungen näher trat, fragte die Königin:

»Weshalb seid Ihr heute mit einer Schar von Häschern gekommen, als hättet Ihr Übeltäter einzufangen?« Der Gerichtsherr wollte antworten, aber der Schrecken band ihm die Zunge, so daß er kein Wörtchen vorbringen konnte. »Ich kenne die boshafte und lügnerische Anklage«, fuhr die Frau fort, »denn meinen Augen bleibt nichts verborgen. Lasset den falschen Kläger hereinkommen, aber legt ihm zuvor Hände und Füße in Ketten, dann will ich ihm Recht sprechen. Auch die übrigen Richter und die Diener sollen eintreten, damit die Sache offenkundig wird und sie bezeugen können, daß hier niemandem Unrecht geschieht.« Einer ihrer Diener eilte hinaus, um den Befehl zu vollziehen. Nach einiger Zeit wurde der Kläger vorgeführt, an Händen und Füßen gefesselt und von sechs Geharnischten bewacht. Die anderen Gerichtsherren und deren Diener folgten.
Dann begann die Königin also: »Bevor ich über das Unrecht die verdiente Strafe verhänge, muß ich euch kurz erzählen, wie die Sache zusammenhängt. Ich bin die oberste Wasserbeherrscherin, alle Wasseradern, welche aus der Erde quillen, stehen unter meiner Herrschaft. Des Windkönigs ältester Sohn war mein Liebster, aber da sein Vater ihm nicht erlaubte, eine Frau zu nehmen, so mußten wir unsere Ehe geheimhalten solange der Vater lebte. Da ich nun meine Kinder nicht zu Hause aufziehen konnte, so vertauschte ich jedesmal, wenn des Häuslers Frau niederkam, sein Kind gegen das meine. Des Häuslers Kinder aber wuchsen als Pfleglinge auf dem Hofe meiner Tante auf. Kam die Zeit, daß eine von den Töchtern des Häuslers heiraten wollte, so wurde ein abermaliger Tausch vorgenommen. Jedesmal ließ ich in der Nacht vor der Hochzeit meine Tochter wegholen und dafür des Häuslers Kind hinbringen. Der alte Windkönig lag schon lange krank darnieder, so daß er von unserem Betruge nichts merkte. Am Tauftage schenkte ich jedem Kinde ein Rubelstück,

welches die Mitgift im Kasten vermehren sollte. Die Schwiegersöhne waren denn auch alle mit ihren jungen Frauen und dem, was sie mitbrachten, zufrieden, nur dieser habgierige Frevler, den ihr hier in Ketten seht, erlaubte sich, falsche Klage gegen seinen Schwiegervater zu führen. Vor zwei Wochen ist nun der Windkönig gestorben und mein Gemahl zur Herrschaft gelangt. Jetzt brauchen wir unsere Ehe und unsere Kinder nicht länger zu verheimlichen. Hier vor euch sitzen meine zwölf Töchter. Die Pflegeeltern, der Häusler und sein Weib, werden bis an ihren Tod bei mir das Gnadenbrot essen. Aber der verworfene Schwiegersohn, den ich habe fesseln lassen, soll sogleich den verdienten Lohn erhalten. In Ketten soll er in einem Goldberge gefangensitzen, damit seine gierigen Augen das Gold beständig sehen, ohne daß ihm ein Körnchen davon zuteil wird. Siebenhundert Jahre soll er diese Qual erdulden, ehe der Tod ihn erlösen wird. Das ist mein Richterspruch.«
Als die Königin bis dahin gesprochen hatte, hörte man ein Krachen und Donnern, so daß die Erde bebte und die Richter samt ihren Dienern betäubt niederfielen. Als sie wieder zu sich kamen, fanden sie sich zwar in dem Walde, zu welchem der Führer sie geleitet hatte, aber da, wo eben noch das gläserne Haus in aller Pracht gestanden hatte, sprudelte jetzt aus einer kleinen Quelle klares, kaltes Wasser hervor.
Von dem Häusler, seiner Frau und dem habsüchtigen Schwiegersohn ist später nie mehr etwas vernommen worden. Die Witwe des Undankbaren hatte im Herbst einen anderen Mann geheiratet, mit dem sie glücklich lebte bis an ihr Ende.

[Märchen aus Estland]

Die Kristallkugel
[63]

Es war einmal eine Zauberin, die hatte drei Söhne, die sich brüderlich liebten; aber die Alte traute ihnen nicht und dachte, sie wollten ihr die Macht rauben. Da verwandelte sie den ältesten in einen Adler, der mußte auf einem Felsengebirge hausen, und man sah ihn manchmal am Himmel in großen Kreisen auf- und niederschweben. Den zweiten verwandelte sie in einen Walfisch, der lebte im tiefen Meer, und man sah nur, wie er zuweilen einen mächtigen Wasserstrahl in die Höhe warf. Beide hatten nur zwei Stunden jeden Tag ihre menschliche Gestalt. Der dritte Sohn fürchtete, sie möchte ihn auch in ein reißendes Tier verwandeln, in einen Bären oder einen Wolf, und ging heimlich fort. Er hatte aber gehört, daß auf dem Schloß der goldenen Sonne eine verwünschte Königstochter säße, die auf Erlösung harrte; es müßte aber jeder sein Leben daran wagen, schon dreiundzwanzig Jünglinge wären eines jämmerlichen Todes gestorben und nur noch einer übrig, dann dürfte keiner mehr kommen. Und da sein Herz ohne Furcht war, so faßte er den Entschluß, das Schloß von der goldenen Sonne aufzusuchen. Er war schon lange Zeit herumgezogen und hatte es nicht finden können, da geriet er in einen großen Wald und wußte nicht, wo der Ausgang war. Auf einmal erblickte er in der Ferne zwei Riesen, die winkten ihm mit der Hand, und als er zu ihnen kam, sprachen sie: »Wir streiten um einen Hut, wem er zugehören soll, und da wir beide gleich stark sind, so kann keiner den andern überwältigen; die kleinen Menschen sind klüger als wir, daher wollen wir dir die Entscheidung überlassen.« »Wie könnt ihr euch um einen alten Hut streiten?« sagte der Jüngling. »Du weißt nicht, was er für Eigenschaften hat, es ist ein Wünschhut, wer den aufsetzt, der kann sich hinwünschen, wohin er will, und im Augenblick ist er dort.« »Gebt mir den Hut«, sagte der Jüngling, »ich will ein Stück Wegs gehen, und wenn ich euch dann rufe, so lauft um die Wette, und wer am ersten bei mir ist, dem soll er gehören.« Er setzte den Hut auf und ging fort, dachte aber an die Königstochter und vergaß die Riesen und ging immer weiter. Einmal seufzte er aus Herzensgrund und rief: »Ach, wäre ich doch auf dem Schloß der goldenen Sonne!« Und kaum waren die Worte über seine Lippen, so stand er auf einem hohen Berg vor dem Tor des Schlosses.

Er trat hinein und ging durch alle Zimmer, bis er in dem letzten die Königstochter fand. Aber wie erschrak er, als er sie anblickte: sie hatte ein aschgraues Gesicht voll Runzeln, trübe Augen und rote Haare. »Seid Ihr die Königstochter, deren Schönheit alle Welt rühmt?« rief er aus. »Ach«, erwiderte sie, »das ist meine Gestalt nicht, die Augen der Menschen können mich nur in dieser Häßlichkeit erblicken, aber damit du weißt, wie ich in Wahrheit aussehe, so schaue in den Spiegel, der läßt sich nicht irremachen, der zeigt dir mein Bild, wie es in Wahrheit ist.« Sie gab ihm den Spiegel in die Hand, und er sah darin das Abbild der schönsten Jungfrau, die auf der Welt war, und sah, wie ihr vor Traurigkeit die Tränen über die Wangen rollten. Da sprach er: »Wie kannst du erlöst werden? Ich scheue keine Gefahr.« Sie sprach: »Wer die kristallne Kugel erlangt und hält sie dem Zauberer vor, der bricht damit seine Macht, und ich kehre in meine wahre Gestalt zurück. Ach«, setzte sie hinzu, »schon so mancher ist darum in seinen Tod gegangen, und du junges Blut, du jammerst mich, wenn du dich in die großen Gefährlichkeiten begibst.«

»Mich kann nichts abhalten«, sprach er, »aber sage mir, was ich tun muß.«
»Du sollst alles wissen«, sprach die Königstochter, »wenn du den Berg, auf dem das Schloß steht, hinabgehst, so wird unten an einer Quelle ein wilder Auerochs stehen, mit dem mußt du kämpfen. Und wenn es dir glückt, ihn zu töten, so wird sich aus ihm ein feuriger Vogel erheben, der trägt in seinem Leib ein glühendes Ei, und in dem Ei steckt als Dotter die Kristallkugel. Er läßt aber das Ei nicht fallen, bis er dazu gedrängt wird, fällt es aber auf die Erde, so zündet es und verbrennt alles in seiner Nähe, und das Ei selbst zerschmilzt und mit ihm die kristallne Kugel, und alle deine Mühe ist vergeblich gewesen.«
Der Jüngling stieg hinab zu der Quelle, wo der Auerochse schnaubte und ihn anbrüllte. Nach langem Kampf stieß er ihm sein Schwert in den Leib, und er sank nieder. Augenblicklich erhob sich aus ihm der Feuervogel und wollte fortfliegen, aber der Adler, der Bruder des Jünglings, der zwischen den Wolken daherzog, stürzte auf ihn herab, jagte ihn nach dem Meer hin und stieß ihn mit seinem Schnabel an, so daß er in der Bedrängnis das Ei fallen ließ. Es fiel aber nicht in das Meer, sondern auf eine Fischerhütte, die am Ufer stand, und die fing gleich an zu rauchen und wollte in Flammen aufgehen. Da erhoben sich im Meer haushohe Wellen, strömten über die Hütte und bezwangen das Feuer. Der andere Bruder, der Walfisch, war herangeschwommen und hatte das Wasser in die Höhe getrieben. Als der Brand gelöscht war, suchte der Jüngling nach dem Ei und fand es glücklicherweise; es war noch nicht geschmolzen, aber die Schale war von der plötzlichen Abkühlung durch das kalte Wasser zerbröckelt, und er konnte die Kristallkugel unversehrt herausnehmen.
Als der Jüngling zu dem Zauberer ging und sie ihm vorhielt, so sagte er: »Meine Macht ist zerstört, und du bist von nun an der König vom Schloß der goldenen Sonne.

Auch deinen Brüdern kannst du die menschliche Gestalt damit zurückgeben.« Da eilte der Jüngling zu der Königstochter, und als er in ihr Zimmer trat, so stand sie da in vollem Glanz ihrer Schönheit, und beide wechselten voll Freude ihre Ringe miteinander.

[Märchen der Brüder Grimm]

Die verwunschene Mühle

Es lebte einmal ein Mann, dem seine Frau gestorben war. Er hatte eine Tochter, die hieß Florine. Als das Mädchen fünfzehn Jahre alt geworden war, verheiratete er sich wieder mit einer Witwe. Diese hatte eine Tochter im gleichen Alter wie Florine, die aber war ebenso häßlich wie Florine schön und lieblich anzusehen war.
Die Stiefmutter konnte Florines Schönheit nicht ertragen. Sie ließ sie den ganzen Tag hart arbeiten und gab ihr fast nichts zu essen. Schmuck und schöne Kleider, die der Vater aus der Stadt mitbrachte, gab sie nur ihrer Tochter Truitonne. Diese besaß alles, was das Herz begehrte, und wenn ihr etwas nicht gefiel, so gab sie es Florine. Florine aber gehorchte ihr schweigend.
Eines Tages war die Stiefmutter der Meinung, daß Florine nicht genug arbeitete. Da schickte sie sie jede Nacht zum Kornmahlen in die alte Mühle, die verwunschen war.
Florine nahm ihren kleinen Hund und ihre kleine Katze mit sich. Ihre Stiefmutter hatte ihr zwei Stücke Brot mitgegeben, ein vertrocknetes und ein frischgebackenes. Sie hob stets das vertrocknete Brot für sich auf und gab den Tieren das frischgebackene. Eines Nachts, als es gerade Mitternacht geschlagen hatte, hörte sie jemand an die Tür der alten Mühle klopfen.
»Wer ist draußen?« fragte sie.
»Ich bin's«, antwortete eine gewaltig dröhnende Stimme. Es war ein Gespenst.
»Was soll ich tun, kleiner Hund, kleine Katze?« fragte Florine.

»Sag dem Gespenst da draußen, daß es dir ein prächtiges Kleid und einen kostbaren Hut bringen soll«, antworteten die Tiere.

Sie verlangte das Kleid und den Hut, wie es ihr der kleine Hund und die kleine Katze geraten hatten.

Einige Zeit später hörte sie wieder, wie jemand an die Tür klopfte, und die gleiche Stimme donnerte: »Mach mir auf, ich bringe dir dein Kleid und deinen Hut.«

»Was soll ich tun, kleiner Hund, kleine Katze?«

»Sag ihm«, antworteten die Tiere, »daß es dir Pferde, eine Kutsche, Diener und Lakaien, wie sie einer Prinzessin würdig sind, bringen soll.«

Sie verlangte all dieses. Kurz darauf vernahm sie wieder die Stimme, die rief: »Mach mir auf, ich habe alles mitgebracht, wie du es befohlen hast.«

Da fragte Florine erneut ihre Tiere um Rat, und diese sprachen: »Sag ihm, es soll dir Wasser in einem Korb bringen und nicht damit aufhören, bis daß die Hähne krähen.«

Sie verlangte dies, und siehe, das Gespenst kehrte nicht wieder in jener Nacht.

Als die Stiefmutter am anderen Morgen Florine so prächtig geschmückt und gekleidet in all ihrem Reichtum von der Mühle zurückkommen sah, da beschloß sie, ihre eigene Tochter in der folgenden Nacht dorthin zu schicken.

Truitonne machte sich auf den Weg. Sie gab aber dem kleinen Hund und der kleinen Katze das vertrocknete Brot, und das frischgebackene aß sie selbst.

Um Mitternacht klopfte der Tote an die Tür. Da fragte sie zitternd die Tiere, was zu tun sei. Diese aber antworteten ihr: »Das mußt du selbst wissen, du hast das frischgebackene Brot verzehrt.«

In diesem Augenblick kam das Gespenst zur Türe herein. Truitonne hatte so große Angst, daß sie dachte, sie könnte es gütig stimmen, wenn sie es mit »mein Onkel« anspracht.

Und sie sagte:

»Oh, mein Onkel, was habt ihr für große Hände?«
»Damit ich dich besser greifen kann, mein Kind.«
»Oh, mein Onkel, was habt ihr für große Augen?«
»Damit ich dich besser sehen kann, mein Kind.«
»Oh, mein Onkel, was habt ihr für eine große Nase?«
»Damit ich dich besser riechen kann, mein Kind.«
»Oh, mein Onkel, was habt ihr für große Zähne?«
»Damit ich dich besser fressen kann, mein Kind.«
Und mit diesen Worten stürzte es sich auf Truitonne und verschlang sie.
Florine aber lebte reich und glücklich und heiratete später einen Königssohn. [Märchen aus den Hochpyrenäen]

Die Hexe und ihr Ehemann

Vor langer Zeit lebten in Schottland ein alter Mann und seine Frau. Der Alte war friedfertig und gut und bei jedermann beliebt. Die Frau aber war wankelmütig und sonderbar. Die Nachbarn sahen sie schief an und flüsterten einander zu, sie sei eine Hexe. Ihr Mann befürchtete das auch, denn von Zeit zu Zeit verschwand seine Frau in der Dämmerung und blieb die ganze Nacht fern von daheim. Wenn sie morgens heimkehrte, sah sie ganz blaß und erschöpft aus, als sei sie weit fort gewesen oder habe harte Arbeit hinter sich. Obwohl er sie sorgsam beobachtete und zu ergründen suchte, wohin sie eigentlich gehe, gelang ihm das niemals. Immer schlüpfte sie aus der Tür, wenn er einmal nicht achtgab, und bevor er ihr folgen konnte, war sie verschwunden. Als er schließlich die Ungewißheit nicht länger ertragen wollte, frage er sie geradeheraus: »Bist du eine Hexe oder nicht?«

Das Blut gerann ihm in den Adern vor Schrecken, als sie ihm ohne zu zögern antwortete: »Ja, ich bin eine Hexe, und wenn du mir versprichst, daß du es niemandem weitererzählst, werde ich dir nach dem nächsten Hexenausflug alles berichten.« Der gute Mann versprach es, denn er wollte so viel wie nur möglich über die Zauberkünste seiner Frau erfahren.

Er brauchte nicht lange zu warten. In der folgenden Woche war Neumond, und jeder weiß ja, daß Neumond die beste Zeit für die Hexen ist. In der ersten Neumondnacht schon verschwand die Alte und kehrte erst bei Morgengrauen wieder zurück.

Als er sie fragte, wo sie gewesen, fing sie fröhlich an zu erzählen.
»In der alten Heide hinter der Kirche traf ich mich mit meinen vier Gefährtinnen. Wir bestiegen grüne Lorbeerzweige und Schierlingstengel. Diese verwandelten sich sogleich in Pferde, und wir ritten auf ihnen schnell wie der Wind über das Land, um Füchse, Wiesel und Eulen zu jagen. Danach durchschwammen wir eine Furt und erreichten den Gipfel des Bell-Lomond. Dort sprangen wir von den Pferden und tranken Bier, das in keiner irdischen Brauerei gebraut, aus Hörnern, die keine sterbliche Hand geformt. Danach kam ein winzig kleines Männchen unter einem bemoosten Stein hervor, das einen zierlichen Dudelsack unter dem Arm trug. Das Männchen blies so schön, daß die Forellen aus dem Wasser hochschnellten und die Hermeline aus ihren Löchern hervorhuschten. Und die Raben und die Reiher kamen im Finstern und setzten sich auf die Bäume, um zu lauschen. Wir Hexen tanzten, bis wir müde wurden und kaum mehr auf unsern Rössern reiten konnten, als wir vor dem Hahnenschrei heimkehren sollten.«
Schweigend lausche der brave Mann der langen Geschichte. Mehrmals schüttelte er den Kopf und sagte: »Ihr hättet es daheim gemütlicher gehabt. Was habt ihr nur von all dem Getanze?«
Beim nächsten Neumond verschwand die Alte wiederum zur Nacht, und als sie bei Morgengrauen zurückkehrte, erzählte sie: »Dieses Mal haben wir Herzmuschelschalen als Boote genommen und sind über die stürmische See bis Norwegen gesegelt. Dort bestiegen wir unsichtbare Sturmpferde und sind über Berge, Schluchten und Gletscher bis ins Land der Lappen geritten, wo noch Schnee lag. Hier aber feierten alle Elfen, Feen und Meerfrauen des Nordens ein Fest mit den Zwergen, Zauberern und Kobolden, die noch nie ein menschliches Augen erblickt

hatte. Sogar der wilde Jäger selbst ist zu dem Fest gekommen. Und wir Hexen tanzten, schlemmten und sangen mit ihnen. Auch lernten wir neue Zauberworte von ihnen, Worte, die durch die Lüfte tragen, alle Riegel und Schranken sprengen und zu jedem Ort Zutritt verschaffen, an den man sich wünscht. Trunken von all der neuen Weisheit sind wir dann heimgekehrt.«

»Wie seid ihr nur auf ein solches Land verfallen«, brummte der Alte. »In euren Betten wär's ein gut Teil wärmer gewesen.«

Doch als die Frau von ihrem nächsten Abenteuer heimkehrte, wurde er aufmerksamer auf ihr Treiben. Sie erzählte ihm nämlich, daß sie und ihre Freundinnen in einer Hütte zusammengekommen wären, und dort sei ihnen zu Ohren gekommen, daß der Lordbischof von Carlisle einige seltene Weine in seinem Keller liegen habe. Rasch hätten sie ihre Füße auf den großen Haken gesetzt, an dem der Wasserkessel im Kamin hing, und die Zauberformeln von Lappland gesprochen. Und ehe sie sich versahen, flogen sie wie Rauchschwaden durch den Kamin und segelten wie Federwölkchen durch die Lüfte. Schneller als es sich berichten ließe seien sie zum Bischofspalast gekommen. Riegel und Schranken seien zurückgewichen, sie seien in den Keller hinabgestiegen und hätten den Wein gekostet. Doch beim ersten Hahnenschrei seien sie nüchterner als andere alte Weiber zurückgekommen.

Als der Alte dies hörte, erhob er sich von seinem Stuhl, denn er liebte guten Wein über alles, fand aber selten Gelegenheit, welchen zu kosten.

»Meiner Treu!« rief er. »Du bist wahrlich ein Weib, auf das man stolz sein kann. Sage mir doch die Zauberworte, denn ich will mich auch aufmachen und seiner Lordschaft Wein persönlich versuchen.«

Doch die Frau schüttelte den Kopf und sprach: »Nein, nein, das darf ich nicht. Täte ich's, so sagtest du es weiter,

und bald würde die ganze Welt auf dem Kopf stehen. Jedermann würde seine Arbeit im Stich lassen, über die Erde dahinfliegen und nach den Leckerbissen der andern gierig sein. Sei zufrieden, Alter, du hast genug und kommst schon durchs Leben mit dem, was du weißt.«
Obgleich der Mann versuchte, sie mit den zärtlichsten Beteuerungen zu überreden, wollte sie ihm ihr Geheimnis nicht preisgeben. Aber der Alte war schlau, und der Gedanke an den Wein des Bischofs ließ ihn nicht ruhen. So ging er Nacht für Nacht zu jener Hütte, denn er hoffte, seine Frau und ihre Gefährtinnen würden sich dort wieder treffen.
Eine lange Zeit hindurch war alles vergeblich. Aber endlich, eines Abends, versammelten sich die fünf Weiber wieder, liefen zur Feuerstelle, kletterten eine nach der andern auf einen Stuhl und setzten ihren Fuß auf den rußigen Haken im Kamin. Darauf flüsterten sie die Zauberformel, und hui wie der Blitz verschwanden sie den Rauchfang hinauf, bevor der Alte nur Atem schöpfen konnte.
Das kann ich auch, sagte sich der Alte, kroch aus seinem Versteck hervor und lief zur Feuerstelle. Hier setzte er seinen Fuß auf den Haken, wiederholte die Zauberworte und hinauf ging's durch den Schornstein, und er flog durch die Lüfte, seiner Frau und ihren Hexen nach. Da Hexen nie über die Schultern sehen, bemerkten sie ihn erst, als sie den Bischofspalast erreicht hatten und in den Keller schlüpften. Sie waren höchst verwundert und nicht allzu erfreut, ihn zwischen sich zu finden. Immerhin half nun alles nichts, und sie ließen sich mit ihm zusammen nieder, zapften erst dieses Faß und dann jenes, tranken von jedem ein wenig, doch nicht zuviel, denn sie waren vernünftige Weiber und wußten, daß sie klare Köpfe behalten mußten, um beim ersten Hahnenschrei zurückzufliegen. Doch der Alte war nicht so weise. Er schlürfte und schlürfte und trank, bis er ganz schläfrig wurde. Und zuletzt fiel er auf

den Boden nieder und schlief ein. Als seine Frau dies sah, meinte sie, das sei eine gerechte Bestrafung für seine Neugierde, und als der Hahn krähte, machten sich die fünf Weiber auf, ohne ihn zu wecken.

Indessen schlief er friedlich einige Stunden, und als zwei Diener des Bischofs in den Keller kamen, um Wein für ihres Herrn Tafel zu holen, wären sie in der Dunkelheit fast über ihn gefallen. Höchst erstaunt, ihn hier vorzufinden, da der Keller fest verschlossen war, schleppten sie ihn ans Tageslicht, schüttelten und knufften ihn und fragten ihn, wie er durch die verschlossenen Türen gekommen sei. Der arme Alte war so verwirrt von alledem. In seinem Kopf drehte sich alles, und er stammelte, er sei mit dem mitternächtlichen Wind gekommen.

Als die Diener dies hörten, schrien sie, das sei ein Zauberer, und zerrten ihn vor den Bischof. Und da die Bischöfe in jenen Tagen einen Schrecken vor Zauberern und Hexen hatten, wollte ihn der Bischof lebendig verbrennen lassen. Als das Urteil verkündet wurde, bebte und zitterte der arme alte Mann und wünschte sich, er wäre lieber daheim in seinem Bett geblieben als des Bischofs Wein zu kosten. Aber nun war es zu spät, sich das zu wünschen. Die Knechte legten ihn in Ketten, trugen ihn hinaus auf den Hof und fesselten ihn an einen großen eisernen Pfahl. Dann schichteten sie Reisigbündel um seine Füße und zündeten sie an.

Als die ersten Flammen emporzüngelten, glaubte der arme Alte, seine letzte Stunde sei gekommen. Doch hatte er bei dem Schrecken völlig vergessen, daß seine Frau eine Hexe war. Gerade als die Flammenspitzen begannen, seine Kleider zu versengen, erhob sich ein Sausen und Flattern in der Luft, und am Himmel erschien ein großer, grauer Vogel mit ausgebreiteten Schwingen. Im Schnabel trug er eine kleine rote Nachtmütze. Der Vogel stieß herab, setzte sich auf die Schultern des Mannes und stülpte zum Erstaunen aller dem Gefangenen die Mütze über. Dann ließ er ein grimmiges Krächzen hören und flog wieder davon. Aber für des Alten Ohren war dies Gekrächze die schönste Musik, die er je gehört, denn er erkannte, daß dies nicht das Krächzen eines irdischen Vogels war, sondern die Stimme seiner Frau, die ihm Zauberworte zuraunte. Kaum hatte er diese wiederholt, da fielen seine Ketten ab, und er stieg in die Lüfte, höher und höher, während ihm die Blicke der Zuschauer in ehrfürchtigem Schweigen folgten.

Er flog geradewegs nach Hause, ohne ihnen Lebewohl zu sagen, und als er sich wieder geborgen zu Hause fand, versuchte er nie wieder – das könnt ihr glauben –, die Geheimnisse seiner Frau nachzuforschen, und in Zukunft ließ er sie allein bei ihren Künsten.

[Märchen aus Schottland]

Nal und Damajanti

Einst lebte im Widarbalande ein König namens Bima, dem wurde durch die Gunst der Götter eine wunderschöne Tochter geschenkt, und er gab ihr den Namen Damajanti.
Das Leben der Prinzessin Damajanti verlief wie ein Traum. Eines Nachts aber hatte Damajanti einen wirklichen Traum: Sie sah zwölf goldgefiederte Vögel in ihren Hof fliegen, und sie fing einen davon. Da hub der Vogel an zu sprechen:
»Wisse, Damajanti, wir sind die Schicksalsvögel; und wir sind gekommen, um dir König Nal als Gatten anzusagen, denn so wie du die Perle unter den Frauen, ist er wie der Blitz in den Wolken unter den Männern. Und wir, die wir durch die Welten der Götter, Halbgötter und Menschen fliegen, haben nie seinesgleichen gesehen.«
Der goldene Vogel entflog, und von dieser Zeit an war Damajanti traurig. Da sprach ihr Vater, König Bima: »Es wird Zeit, daß ich die Freier für meine Tochter lade.« Und er ließ die Kunde ausgehen in alle Reiche und Länder. Da kamen die Freier gezogen. Sie kamen geritten auf ihren reichgeschmückten Elefanten, und sie kamen gezogen in ihren goldbeschlagenen Wagen. Selbst die Götter hatten beschlossen, um die schöne Damajanti zu freien. Und es war Indra, der Gott der Luft, Agni, der Gott des Feuers, Waruna, der Gott des Wassers und Yama, der Rote, der Gott des Todes und der Gerechtigkeit. Sie zogen des Weges und suchten einen Boten unter den Menschen. Da sahen sie König Nal heranziehen. Er stand in

seinem goldgeschmückten Wagen und glich dem Liebesgotte.

»Halt, König Nal«, rief Indra, »wir haben beschlossen, daß du unser Bote sein sollst.«

»Gern will ich euer Bote sein, ihr Götter«, sprach Nal und zügelte die Rosse, »denn ich sehe, daß ihr die Unsterblichen seid.«

»Wir sind es«, sprach Indra, »und wir bitten dich, daß du zu Prinzessin Damajanti gehen und ihr sagen sollst, daß sich ihr die Weltenhüter nahen.«

»Ach«, klagte Nal, »sendet mich nicht. Ich bin doch selbst ausgezogen, um zu freien.«

»Was ist das für eine Rede?« zürnte Indra, »erst wolltest du unser Bote sein, jetzt willst du es nicht. So spricht man nicht mit Göttern!«

Da zog König Nal traurig zum Hofe König Bimas. Es gelang ihm aber, am Vorabend des Festes heimlich in das Gemach Damajantis zu gelangen, und als ihn Damajanti sah, färbte sich ihr Antlitz wie der Himmel vor der aufgehenden Sonne.

»Weshalb bist du gekommen, Nal?« sprach sie. »Bist du gekommen, um das auszuschlagen, was dir schon gehört?«

»Ach, Damajanti«, klagte Nal, »du sollst wissen, daß die Weltenhüter selbst um dich freien, und es ist nicht gut, die Götter zu beleidigen.«

Aber Damajanti antwortete: »Immer gehört meine Verehrung den Göttern, aber dir gehört mein Herz.«

»Ach, Damajanti, wer sich den Göttern widersetzt, den verderben sie!«

Da sprach Damajanti: »Keiner der Freier wird morgen wagen, um mich zu freien. Ich selbst werde wählen! Und ich werde morgen bei meiner Gattenwahl dir den Kranz auf die Schultern legen, dann bist du ohne Schuld.«

Die vier Götter aber hatten dieses Zwiegespräch belauscht. Und als am nächsten Morgen Damajanti zu ihrer Gattenwahl schritt, da sah sie fünf Männer alle von gleicher Gestalt vor sich, denn die vier Götter hatten die Gestalt König Nals angenommen. Da nahm Prinzessin Damajanti ihren ganzen Mut zusammen, trat einen Schritt vor, verneigte sich und sprach: »Immer gehört euch meine Verehrung, ihr Unsterblichen. Doch der goldene Schicksalsvogel hat gesprochen, und seitdem gehört mein Herz König Nal. Soll ich nun meinem Herzen untreu werden?« Da waren die Götter gerührt und traten einen Schritt zurück, und da sah Damajanti, daß sie mit den Füßen nicht auf der Erde standen, daß sie keinen Schatten warfen und daß ihr Blick ohne Bewegung war. Nur König Nal stand mit den Füßen auf der Erde, er warf einen Schatten und sein Blick war voll Bewegung. Da trat Damajanti zu ihm und legte ihm den Kranz auf die Schultern. Und alle freuten sich neidlos des Glückes der beiden Verlobten. Die zwei aber verneigten sich vor den vier Göttern, baten um ihre Huld und ihren Beistand, und das wurde ihnen verheißen. Dann aber machten sich die Vier wieder unsichtbar und zogen ihres Weges.

Wie nun die Vier ihres Weges zogen, begegneten ihnen zwei dunkle Gestalten. Es war der üble Kali mit seinem Gesellen. »Wohin des Weges, Kali?« rief Indra.

»Gehe mir aus dem Weg, Indra!« rief Kali, »ich will zu Damajantis Gattenwahl, denn mich soll die Schöne freien!«

»Da bist du zu spät dran«, lachten die Vier, »denn Prinzessin Damajanti hat König Nal gewählt.«

»Das soll mir diese Törin büßen!« knirschte Kali, »sie, die die Wahl unter den Unsterblichen hatte und nun einen Sterblichen zum Manne nimmt.«

Und er beschloß das Verderben der beiden.

Nal und Damajanti waren aber immer von der Gunst der vier Götter beschützt. Nun waren sie schon sieben Jahre

verheiratet und sie hatten zwei Kinder. Da geschah es einmal, daß König Nal erhitzt von der Jagd zurückkehrte und die vorgeschriebenen Reinigungen vergaß und siehe, da konnte Kali von ihm Besitz nehmen.
Noch am selben Tage kam des Königs Halbbruder Puschkara, von Kali angestiftet, und lud den König zum Würfelspiel ein. König Nal – von Kali beherrscht – würfelte und würfelte. Er verlor seine Rosse und sein Gold. Seine Freunde und Damajanti traten immer wieder zu ihm und baten ihn, das Würfelspiel zu unterlassen. Doch Nal war von Kali beherrscht und hörte nicht auf sie. Da eilte Damajanti, ehe noch Schlimmeres passieren würde, zu dem Wagenlenker ihres Gatten und bat ihn, daß er die zwei Kinder in das Reich ihres Vaters bringen solle. Dann trat Damajanti wiederum zu Nal, und in diesem Augenblick hatte dieser sein ganzes Reich verspielt.
Puschkara sprach hohnlachend: »Jetzt laßt uns doch noch um die schöne Damajanti würfeln!«
Da erhob sich Nal wie im Traum, faßte Damajanti bei der Hand und ging mit ihr aus dem Palast. Ihren früheren Untertanen hatte Puschkara bei Todesstrafe verboten, ihnen zu helfen. Sie hatten nichts als das, was sie auf dem Leibe trugen. So betraten sie die Wildnis. Da flogen plötzlich zwei Vögel herbei. Nal warf sein Gewand über die Vögel und dachte, daß sie ein Abendbrot für sie abgeben würden. Doch auch diese Vögel waren von Kali abgesandt, um ihn um seine letzte Habe zu bringen. Sie erhoben sich mit seinem Gewand und flogen von dannen. Da trat Damajanti zu Nal und legte die Hälfte ihres Gewandes um ihn, und so, von einem Gewand umhüllt, schritten sie weiter. Als sie nun zu einem Kreuzweg kamen, sprach Nal: »Gehe, Damajanti! Hier ist der Weg nah, in das Reich deines Vaters. Du sollst dein Geschick nicht an das eines Mannes hängen, der durch eigene Schuld ins Unglück geriet.«

Doch Damajanti sprach: »War ich bei dir, als die Sonne des Glücks über dir schien, werde ich auch bei dir sein, da die Nacht des Unglücks gekommen ist.«
Sie legten sich nieder, und die nackte Erde war ihr Bett. Doch als Damajanti eingeschlafen war, erhob sich Nal und sprach: »Es ist nicht recht, daß ich Damajanti auf dem Weg des Unglücks mit mir nehme.«
Und er entfernte sich leise. Als Damajanti erwachte und Nal nicht mehr vorfand, klagte sie laut um ihn, doch dann ging sie in das Reich ihres Vaters und wurde von diesem und ihren beiden Kindern mit Freude empfangen.
Nal aber irrte immer weiter in der Wildnis. Sooft er an einem Wasserspiegel vorüberkam, klagte er laut um seine Wohlgestalt und bat die Götter, ihn unkenntlich zu machen. Wie er so des Weges ging, kam er an einem Flammenherd vorüber; darin ringelte sich ein Geschöpf, halb Mensch, halb Schlange: es war der Schlangenkönig Karkotaka. Als er Nal erblickte, rief er: »Springe in die Flammen, o Nal! Ich habe einst die Götter beleidigt, und sie haben mich in diesen Flammenherd gebannt. Ihr Spruch war: bleibe so lange in den Flammen, bis König Nal des Weges kommen wird. Er allein kann dich aus diesen Flammen tragen.«
Da sprang Nal in die Flammen, faßte den Schlangenkönig und trug ihn heraus. In dem Augenblick aber, da er die Schlange berührte, mußte Kali von ihm weichen, und der Feuergott Agni konnte ihn wiederum beschützen. Der Schlangenkönig aber biß Nal, und da wurde dieser mißgestaltet.
»Sei nicht traurig«, sprach Karkotaka, »ich habe dich verändert, wie du gewünscht. Möchtest du aber deine alte Wohlgestalt wiedererhalten, dann nimm dieses Hemd«, und er reichte Nal ein einfaches Leinenhemd, »ziehe es über und denke dabei an mich. Und nun höre mich an: gehe in das Reich König Ritujparjnas! Der, der um das

Geheimnis der Zahlen weiß und die unfehlbaren Würfel besitzt. Er sucht einen Wagenlenker, und in diesem Dienst wirst du ihm einmal eine Hilfe erweisen, für die er dir die unfehlbaren Würfel schenken wird. Damit kannst du dann dein verlorenes Reich wiedergewinnen.«
Damit kroch der Schlangenkönig ins Gebüsch. Nal aber ging nun in das Reich König Ritujparjnas, verdingte sich dort als Wagenlenker und wurde diesem bald unentbehrlich.
Im Widarbalande aber hatte Prinzessin Damajanti immer Sehnsucht nach König Nal, und die erste Bitte, die sie an ihren Vater herantrug, war: »Laßt Boten aussenden in alle Lande. Laßt nach dem vertriebenen König Nal forschen. Und als Erkennungsspruch sollen die Boten sagen:

> Spieler, wo bist du hingegangen?
> Im Leid vom halben Kleid umhangen.«

Da gingen die Boten in alle Lande, und ein jeder kehrte unverrichteter Dinge zurück. Nun war noch ein Bote aus, der kam in das Reich König Ritujparjnas. Doch auch der kluge Würfelbesitzer, samt seinem ganzen Gesinde, konnte mit diesem Spruch nichts beginnen. Da machte sich der Bote traurig auf den Heimweg. Doch der Wagenlenker eilte ihm nach, denn auch er wollte den Spruch hören, und der Bote sprach: »Der Spruch, den uns Damajanti mitgab, er lautet:

> Spieler, wo bist du hingegangen?
> Im Leid vom halben Kleid umhangen.«

Da seufzte der Wagenlenker auf und rief: »Wird sie denn je dem Verblendeten verzeihen, der sie allein in der Wildnis verließ?«
Als nun der Bote mit dieser Antwort des Wagenlenkers ins Widarbaland kam, da rief Damajanti:
»Dies war König Nal und kein anderer. Nur er konnte dir

diese Antwort geben, in welcher Gestalt er dir auch erschienen ist.«

Nun ersann Prinzessin Damajanti eine List. Sie ging wiederum zu ihrem Vater und sprach: »Laßt noch einmal einen Boten aussenden, in das Reich König Ritujparjnas, und der Bote soll sagen: ›Wisse, daß sich die Prinzessin Damajanti einen neuen Gatten wählen wird. Und es würde sie besonders freuen, wenn du, o Ritujparjna, bei ihrer Gattenwahl sein würdest. Du müßtest aber da sein, ehe sich die Sonne dem Untergang neiget.‹«

Als nun der Bote mit dieser Nachricht zu König Ritujparjna kam, war der kluge Würfelbesitzer sehr geschmeichelt. Er ließ seinen Wagenlenker kommen und sprach: »Schon viele Dienste hast du mir erwiesen, doch heute gilt es einen Dienst vor allen anderen. Ehe sich die Sonne dem Untergang zuneigt, müssen wir im Widarbalande sein, bei Prinzessin Damajantis neuer Gattenwahl.«

Nal wurde traurig und dachte: »Hat mich nun Damajanti vergessen?« Aber dann sprach er: »Und was soll der Lohn des Wagenlenkers sein?«

»Wenn wir im Widarbalande sein werden, ehe sich die Sonne dem Untergang zuneigt, erhältst du die unfehlbaren Würfel«, antwortete Ritujparjna.

Nun spannte Nal zwei dürre Mähren ein, und Ritujparjna sprach entsetzt: »Was sollen diese dürren Mähren?«

»O König, der du doch um das Geheimnis der Zahlen weißt, siehst du nicht ihre sieben Zeichen? Zwei Wirbel auf der Stirn, zwei Wirbel auf der Brust, zwei Wirbel an den Hufen und ein Wirbel auf dem Rücken«, antwortete Nal, und er fuhr mit dem König hinweg. Sie waren schneller als der Blitz. Ehe die Sonne sich neigte, fuhren sie im Widarbalande ein, und Ritujparjna wunderte sich, daß er keine Anstalten zu einem Fest sah. Er ging in den Palast. Nal aber zog das Hemd des Schlangenkönigs über und dachte an diesen, und im selben Augenblick sah Prinzessin

Damajanti aus dem Fenster. Sie erkannte Nal, lief in den Hof und umarmte und küßte ihn. Alle freuten sich neidlos des Glückes der Wiedergefundenen. Vor ihnen aber standen die vier Götter auf einer weißen Wolke und streuten Lotosblüten über das Paar.
Ritujparjna aber sprach: »Gern gebe ich dem edlen Nal die unfehlbaren Würfel, auf daß er damit sein ehemaliges Reich wiedergewinne.«
Nal blieb nun sieben Wochen im Reich seines Schwiegervaters. Dann machte er sich auf in sein ehemaliges Reich, und er sprach zu Puschkara: »Wiederum haben mich die Götter mit Reichtum gesegnet. Laßt uns noch einmal würfeln.«
Da freute sich Puschkara und dachte, daß er nun wiederum Nal alles abnehmen könnte. Doch siehe, dieses Mal fielen die Würfel immer zugunsten König Nals, und als dieser alles zurückgewonnen, was er einstmals verloren hatte, erhob sich Puschkara zitternd und dachte, daß nun Böses mit Bösem vergolten würde. Doch Nal sprach: »Dies sei mir fern. Gehe du in dein ehemaliges Reich und herrsche dort im Guten, wie du einst im Bösen geherrscht.« Da verneigte sich Puschkara tief und rief: »Lang lebe der edle Nal und die treue Damajanti!«
Der Name der Prinzessin Damajanti aber ist unvergessen geblieben, bis auf unsere Tage.

[Altindisches Märchen]

Das Eimerchen

Es war einmal eine Mutter, die hatte zwei Töchter. Eine herzensgute und eine schlechte. Und was merkwürdig war, die Mutter liebte viel mehr das schlechte Mädchen.
Eines Tages sagte sie zu der Bösen: »Nimm dieses Eimerchen und geh zum Ziehbrunnen, um Wasser zu holen.«
Die Unfolgsame wollte aber nicht gehen. Da kam die gute Tochter herbeigesprungen, trat vor die Mutter und sagte: »So will ich gehen, liebe Mutter.«
Aber als sie an die Zisterne kam und am Seil zog, riß das Seil und fiel samt dem Eimer in den Brunnen.
»O weh, ich Arme!« rief das Mädchen aus. »Wenn ich ohne Eimerchen nach Hause komme, wer weiß, was mir die Mutter antun wird!«
Mutig und unerschrocken stieg sie daher in den Ziehbrunnen hinab, wobei sie sich mit den Händen und Füßen half. Zum Glück war er nicht allzu tief. Noch ehe sie jedoch zum Wasserspiegel hinabgelangte, bemerkte sie an der Mauer eine kleine Tür. Sie klopfte an und fragte: »Habt ihr den Fisch und das Fischlein, das Seil und das Eimerchen nicht gefunden?«
Da kam ein heiliger Waldbruder hervor und antwortete: »Nein, mein Töchterlein.«
Darauf ging sie weiter, fand eine andere kleine Tür, klopfte an und fragte wieder: »Habt ihr den Fisch und das Fischlein, das Seil und das Eimerchen nicht gefunden?«
Aber es wohnte der Teufel dort, und als er sah, daß er es mit einem guten Mädchen zu tun hatte, schrie er ihm wütend zu: »Nein!«

Das Mädchen ging also weiter, fand eine dritte Tür, klopfte und fragte wiederum: »Habt ihr den Fisch und das Fischlein, das Seil und das Eimerchen nicht gefunden?«
Es wohnte aber dort die Himmelskönigin Maria. Die sprach mit sanfter Stimme: »Ja, mein liebes Mädchen, aber höre. Willst du bleiben, während ich eine Weile fortgehe? Ich habe hier mein Söhnchen, dem kannst du Brot und Milch geben. Dann kannst du wischen und alle Hausgeschäfte besorgen. Wenn ich zurückkomme, so werde ich dir das Seil und das Eimerchen geben.«
Und damit ging die Madonna fort. Das gute Mädchen blieb also da, gab dem Büblein Brot und Milch und fing dann an zu wischen. Aber anstatt Staub und Schmutz fand es Perlen und andere Kostbarkeiten von großem Wert. Es legte diese Kleinodien beiseite, um sie ihrer Herrin zu übergeben. Nicht lange danach kam diese und fragte: »Hast du alles besorgt, was ich dir aufgetragen habe?«
»Ja, gnädige Frau, aber schaut einmal die schönen Dinge an, die ich fand, als ich den Boden wischte!«
»Nun gut, die darfst du für dich behalten, mein liebes Kind. Und jetzt sage mir: Möchtest du lieber ein Kleid aus Baumwollstoff oder aus Seide?«
»Oh, gnädige Frau, die Bauernmädchen tragen keine seidenen Kleider. Gebt mir lieber eines aus Baumwolle.«
Die Madonna gab dem Kind ein Kleid aus prächtiger Seide. Dann fragte sie weiter: »Möchtest du lieber einen Fingerhut aus Messing oder einen aus Silber?«
»Die Bauernmädchen verwenden keine silbernen Fingerhüte«, sagte es bescheiden, »gebt mir lieber einen aus Messing.«
»Nein«, versetzte die holde Frau, »Du sollst einen silbernen haben. Und da nimm, dies ist dein Eimer und das Seil. Und wenn du am Ende dieses Ganges ankommst, so blicke in die Höhe!«
Als das Mädchen ans Ende des unterirdischen Ganges ge-

langte, schaute es in die Höhe, und da fiel ihm ein wunderlieblicher Stern gerade mitten auf die Stirn. Darauf kehrte es nach Hause zurück.

Die Mutter lief ihrer Tochter voller Zorn entgegen und schalt sie heftig, daß sie so lange weggeblieben sei. Sie wollte sie schon schlagen, als sie den prächtigen Stern auf des Mädchens Stirn erblickte, der einen zauberhaften Glanz ausstrahlte.

»Wo bist du denn gewesen die ganze Zeit? Und wer hat dir jenes Ding auf die Stirne gesetzt?« fragte die Mutter.

»Ich weiß nicht, was ich auf der Stirn habe«, antwortete das Mädchen. Die neidische Mutter wollte den Stern wegwaschen, aber je mehr sie ihn wusch, desto herrlicher strahlte der Stern. Darauf erzählte das Mädchen ganz genau, was ihr begegnet war.

Jetzt wollte die böse Schwester auch zum Brunnen gehen. Sie lief zur Zisterne und tat, was ihre gute Schwester gemacht hatte. Dann ließ sie den Eimer und das Seil mit Absicht in den Brunnen fallen. Hernach stieg sie hinab und klopfte an die Tür des Heiligen mit den Worten: »Habt Ihr den Fisch und das Fischlein, das Seil und das Eimerchen nicht gefunden?«

»Nein, mein schönes Töchterlein«, war die Antwort. Darauf ging sie zur nächsten Tür und klopfte wieder: »Habt Ihr den Fisch und das Fischlein, das Seil und das Eimerchen nicht gefunden?«

»O nein, ich habe nichts gefunden«, antwortete der Teufel, »aber komm herein zu mir, mein hübsches Mädchen, komm hierher!«

»Nein, nein, ich will vorwärtsgehen.«

Endlich kam es zur Tür der Madonna und fragte: »Habt Ihr den Fisch und das Fischlein, das Seil und den Eimer nicht gefunden?«

»Ja freilich«, erwiderte die glorreiche Mutter. »Aber höre, ich muß jetzt fortgehen. Du bleibst da und gibst meinem

Kindchen Brot und Milch zu trinken. Und dann kannst du den Boden wischen. Wenn ich zurückkomme, will ich dir das Seil und das Eimerchen wiedergeben.«

Und damit ließ sie das Mädchen allein. Die böse Tochter aber aß und trank alles selber auf. »O wie fein ist das gewesen!« rief sie aus. Dann machte sie sich ans Wischen, fand aber nur Staub und Unrat. »Ach, ich Arme«, sagte sie, »meine Schwester hat so viele schöne und wertvolle Dinge gefunden.«

Nach einer Weile kam die Madonna zurück. »Hast du alles getan, was ich dir aufgetragen habe?«

»Ja.«

»Und nun, möchtest du lieber einen Fingerhut aus Messing oder aus Silber?«

»Oh, ich will jenen aus Silber.«

Da gab ihm die Madonna einen aus Messing. »Möchtest du lieber ein Kleid aus Baumwolle oder aus Seide?«

»Gebt mir das von Seide.«

Aber die Frau gab ihr das baumwollene Kleid. »Da nimm, hier ist dein Eimerchen und das Seil. Und wenn du hinauskommst von hier, so schau in die Höhe!«

Am Ende des Ganges schaute das Mädchen in die Höhe. Aber siehe, da fiel ihr anstatt eines schönen Sterns Kuhmist auf die Stirn und verschmierte ihr das ganze Gesicht. Wütend kehrte die Böse nach Hause zurück und weinte. Dort fing sie sofort mit der Schwester Streit an, weil jene einen wundervollen Stern hatte, während sie mit jenem Unrat im Gesicht herumlaufen mußte. Die Mutter wollte ihr sogleich das Gesicht waschen; aber es nützte gerade so viel, wie wenn man schwarze Wolle weiß waschen wollte. Der Flecken verschwand nie mehr.

»Nun begreife ich«, sagte die Mutter, »die Madonna tat dies, weil sie mir zeigen wollte, daß ich die böse Tochter lieber habe und jene gute vernachlässige.«

[Märchen aus dem Tessin]

Honig der wilden Bienen

Drei Jahre nachdem Bobaran, der Dichterdruide, mit dem Beinamen Bobaran der Weiße, von Innis Manainn nach den Inseln des Nordens zog, bekam er eine Botschaft von der Heiligen Insel, daß er vor drei Dingen auf der Hut sein sollte: Dem Gedanken im Hirn der Schwalbe, dem Pfeil auf der Zunge des Fisches, und dem Honig der wilden Bienen.

Bobaran lebte auf der Insel Emhain Abhlach, der Insel der Apfelbäume, mit seinen Pflegekindern Gaer und Aevgrain, den beiden Kindern von Naois und Deirdrê. Gaer war ein Jüngling, anmutig und hoheitsvoll, liebenswürdig und stolz wie ein Königssohn. Die sonnengleiche Aevgrain war die Lieblichkeit selbst. Sie war so schön anzusehen, daß sie es würdig war, die Tochter jener Deirdrê zu sein, deren Schönheit die ganze alte Welt in Flammen gesetzt hatte.

Als Bobaran der Weiße diese Botschaft von Manannan, dem Herrn der Heiligen Insel und der Insel der Kelten, empfing, war sein Herz voll Unruhe. Dieser Hochkönig spielte nicht mit Worten. Manannan wußte, daß der Dichterdruide die Weisheit der Symbole verstand. Da er fürchtete, daß irgendein Unberufener seine Botschaft deuten könnte, hatte er ihm die Warnung in dieser Geheimsprache übersandt. Manannan war alt und hatte Kenntnis von dem ungestillten Verlangen und von unerfüllten Dingen. Zweifellos hatte er Gefahr für Gaer und Aevgrain vorhergesehen. Doch Bobaran konnte diese Botschaft nicht deuten. Nach langem Nachdenken nahm er seine Harfe, ging durch den Wald und stieg auf den Gipfel des höchsten Berges von Emhain Abhlach hinauf.

Während er ging, spielte er sanft auf seiner Harfe, so daß kein wildes Tier ihn belästigte. Die braunen Wölfe heulten und ihre Fangzähne schimmerten weiß unter ihren Schnauzen. Aber alle sprangen beiseite und schlichen knurrend aus seinem Blickfeld. Die grauen Wölfe standen stumm und wachten mit wilden, roten Augen, aber sie folgten ihm nicht. Als Bobaran zu dem letzten Baum des Waldes kam, schaute er hinter sich und sah einen alten, weißen Wolf. Er blieb stehen.

»Warum folgst du mir, o Wolf?« fragte er. Der Wolf beäugte ihn und sog träge den Bergwind ein. »Warum folgst du mir, o Wolf?« fragte Bobaran ein zweites Mal. Der alte weiße Wolf erhob seinen Kopf und heulte. Bobaran nahm neun getrocknete Beeren der Eberesche. Drei warf er nach dem weißen Wolf und rief: »Ich lege Sprache auf dein altes Wissen!«

Drei warf er in die Luft und rief: »Zerreiße den Nebel, o Wind!«

Und drei legte er in seinen Mund und murmelte: »Bei dem Gott des Haselstrauches und beim Salm der Erkenntnis, gebt mir die Gabe des Sehens!« Dann fragte er zum dritten Male: »Warum folgst du mir, o Wolf?«

Als der Wolf sprach, geschah es mit menschlicher Zunge: »Der Frühling ist gekommen. Der rote Fisch ist wieder im Fluß. Die rote Quaste ist wieder an der Lärche und der geheime Gedanke ist im Hirn der Schwalbe.«

»Es ist noch keine Schwalbe hier auf Emhain Abhlach, alter Wolf.«

»Eben jetzt ist eine Schwalbe da, sie macht drei Flüge über deinem Haupt und sie wird dir zu Füßen fallen.«

Bobaran sah einen Schatten dreimal vor seinen Augen kreisen, und ehe er sich noch regen konnte, fiel eine Schwalbe tot zu seinen Füßen. Er schaute in das Hirn des

Vogels, als dieser noch nicht erkaltet war. Kraft der drei heiligen Beeren, die er geschluckt hatte, konnte Bobaran sehen: Er erschrak, denn er schaute einen wilden Eber, der gestellt war, und er sah, daß Gaer, der schöne Jüngling, niedergestürzt war und in seinem Fall den Speer zerbrochen hatte. Er sah, daß der Eber mit seinen roten, wilden Augen rollte und den Schaum zwischen seinen großen Hauern schüttelte und sich anschickte, sich auf Gaer zu stürzen und ihn, den Sohn der schönen Deirdrê, den Königssohn, zu erschlagen, der doch über die Kelten in Irland herrschen sollte.

Da schlug Bobaran drei schrille Töne auf seiner Harfe an und eilte durch den großen Wald nach Westen. Und Gaer lag auf der Erde und blickte auf: Er sah eine tanzende Flamme vor sich; und vor dem Eber ergoß sich ein wilder Wasserfall in dessen Mitte ein Schwert wirbelte, das strahlte und glänzte wie tausend Sternenfeuer. Jene tanzende Flamme und jener wilde Wasserfall und jenes wirbelnde, glänzende Schwert waren die drei schrillen Töne aus der Harfe des Bobaran.

Dann geschah dies: Als der Druide in die Lichtung zu Gaer eilte, nahm er seine Harfe und spielte einen Zauberbann auf den Eber, so daß der Sohn des Naois sich erhob und seinen zerbrochenen Speer aufnahm, fest die beiden Bruchstücke zusammenband und mit einem lauten Schrei dem Eber den Speer durch die rote Kehle trieb, so daß er auf der anderen Seite durch das borstige Fell herauskam und eine Handbreit tief in den Stamm einer alten Eiche fuhr.

In jener Nacht hatten Bobaran, Gaer und Aevgrain große Freude an den Feuern. Gaer spielte auf seiner Harfe und sang das Lied vom Tode des Ebers; und Bobaran sang die lange Geschichte von Naois, dem ersten der drei Helden von Alba und von seiner großen Liebe zu Deirdrê; und als die Sterne aufgegangen waren und niemand im Schatten ihr Antlitz erkannte, sang Aevgrain die Liebeslieder von Deirdrê und das Liebeslied, das in ihrem eigenen Frauenherzen war.

Die beiden Männer wurden unruhig durch den Gesang von Aevgrain. Bobaran quälte die Erinnerung, Gaer die Sehnsucht. Beide seufzten, als Aevgrains Gesang verstummte.

»Ich höre das Rauschen des Meeres«, sprach Gaer.

»Ich höre den Gesang eines blinden Vogels«, sprach Bobaran.

»Ich höre das Schweigen«, flüsterte Aevgrain und ihr Antlitz rötete sich.

Bobaran war sehr froh in jener Nacht, denn er hatte den Gedanken im Hirn der Schwalbe gesehen, jenen, vor dem Manannan ihn gewarnt hatte. Jetzt mochte die Prophezeiung erfüllt werden, daß Gaer vom Stamme Usnas und aus dem Schloß der Deirdrê, Hochkönig der Kelten sowohl in Irland als auch in Alba werden sollte. So schlief er ein.

Am siebenten Tage, nachdem der Eber erschlagen war, wandelte Bobaran der Weiße unter dem fallenden Schnee der Apfelblüte auf den Lichtungen am Strand hinter der großen Insel, die damals Inshroin, Insel der Robben, genannt wurde.

Er blickte ruhig auf die See, als er plötzlich wie vom Pfeil durchbohrt stehenblieb. Er sah in der Bucht eine Galeere, gestaltet wie ein großer Fisch, und der Bug geteilt wie das Maul eines vom Speer durchbohrten Salmes. Es war eine Birlinn von den Innse Gall.

Er hörte eine seltsame Musik, aber das Ohr konnte nicht sagen, woher sie kam, denn sie war wie ein süßer verwirrender Schwarm zarter Töne. Und sie war in den Spitzen des Grases und den Wölkchen des Distelflaums; sie war in den Glocken des Fingerhutes und in der rauschenden Menge der kleinen Blätter.

Da erkannte er, daß es ein Zaubergesang war. Er nahm seine Harfe und spielte einen alten Runenzauber von der See, den Manannan ihn gelehrt hatte, Manannan, der aus göttlichem Geschlecht stammte.
Als sein Spiel zu Ende war, nahm er neun getrocknete Beeren der Eberesche. Er warf drei davon in die Wogen und rief: »O Element, das älter ist als die alte Erde! O Element, das schon alt war, als das Alter noch jung war! O zweites der heiligen Drei, aus dem die Saat des großen Gottes Alldai aufging, aus dem die Saat des Unnennbaren zum Bogen der ganzen Welt wurde, aus dem die alten Götter, die lichten Geistwesen und die Söhne der Menschen hervorgingen! O Element der Elemente, zeig mir den Fisch der Insel Manainn, zeig mir Manannans Fisch mit dem Pfeil auf der Zunge!«
Als Bobaran diesen Zauberspruch gerufen hatte, nahm er noch drei von den Vogelbeeren und warf sie auf die Erde, und sie verwandelten sich in schnelle rote Hundezungen, die einem schattenhaften Wild nachjagten. Dann, als er die drei übrigen Vogelbeeren verschluckt hatte, sah er Gaer an einem Felsen an der Klippe stehen und Gaer schaute nach der Galeere, von der der verwirrende, süße Zaubergesang kam. Und Gaer schaute zurück nach dem Wald, wo er das fröhliche Bellen der Hunde hörte, die einen Hirsch im Lager aufspürten.
Während Bobaran noch staunte, sah er ein schönes nacktes Weib im Bug der Birlinn stehen und die Saiten einer kleinen Muschelharfe schlagen und sie sang dazu. Als er nach Gaer schaute, war der Sohn des Naois in der See und schwamm behend von Woge zu Woge. Er rief den Namen derer, die ihn geboren hatte, Deirdrê, die Flamme der Liebe.
Aber Bobaran der Druide sah, daß das schöne Weib eine Königin des Bösen war, daß in der Höhle des Fischmauls ein Mann aus Lochlin kauerte und dieser hielt einen ge-

spannten Bogen in seinen Händen mit einem großen Pfeil. Da rief Bobaran nochmals: »O Element, im Namen Manannans des Sohnes von Lir!« Und er nahm seine Harfe und schlug auf ihr drei schrille Klänge.

Da geschah es, daß dort, wo Gaer der süßen Lust seiner Augen entgegenschwamm, drei große Wogen sich erhoben. Die erste Woge trug ihn hinunter in die Tiefen, so daß der Pfeil, der gegen seine Brust flog, wie ein Schatten durch das Wasser glitt. Die zweite Woge wirbelte ihn hin und her, so daß der Pfeil, der gegen seinen Rücken flog, wie ein Blitz durch das Wasser an ihm vorüberschoß. Die dritte Woge schleuderte ihn auf den Strand, inmitten von Wolken von Sand.

Bobaran stürzte zu dem Ort an dem Gaer lag. Er stellte sich vor ihn und ließ durch sein Spiel einen Sturm gegen die Pfeile aufziehen. Dann spielte er einen Zauber auf die See, so daß die drei Flutwogen sich vereinigten und seewärts stürzten, in einer hohen, schrecklichen, überwältigenden Woge, die die Birlinn emporhob und sie auf die Felsen schleuderte, so daß alle, die auf ihr waren, in die See gespült wurden und ertranken.

Da war Bobaran glücklich, denn er erinnerte sich, was er auf Innis Manainn gehörte hatte, daß eine schöne Königin von Innse Gall versuchen würde, Gaer, den Sohn der Deirdrê in den Tod zu locken, als Vergeltung dafür, was Naois und die Söhne des Usna ihrem Land angetan hatten.

In jener Nacht, vor den Feuern, erzählte er von den Heldenkriegen des Naois und der Söhne Usnas und davon, wie die Königin der Innse Gall in ihrer Schönheit zu Naois kam und dieser Deirdrê anschaute und dem goldhaarigen Weib mit der goldenen Krone gebot, davonzugehen. Und er sang von der unendlichen, bitteren Sehnsucht und dem langen Leid und dem unaufhörlichen, ungestillten Verlangen, das Liebe genannt wird.

Als er aufhörte, sah er, daß weder Gaer noch Aevgrain dem Sang seiner Stimme lauschten. Aber in den Augen Gaers sah er die Sehnsucht und in den Augen Aevgrains das Leid und das Verlangen unerweckter Liebe.
Am Morgen wandelte Bobaran in schweren Gedanken. Der Tag war nahe, an dem neues Unheil über die Kinder des Naois und der Deirdrê kommen sollte. Auch fürchtete er, daß er ein Feuer in den Herzen Gaers und Aevgrains entfacht hatte.
Während er noch darüber nachsann, sah er drei Gestalten auf sich zukommen. Die eine war Aevgrain, sonnengleich in ihrer lieblichen Schönheit, aber mit einem seltsam ernsten und schwermütigen Blick in ihren Augen. In der anderen Gestalt erkannte er Gaer, er sah aus wie Naois, als jener von Deirdrê in den Wäldern Conchobars gesehen wurde, lachend und freudestrahlend. Und Bobaran gewahrte einen Jüngling, den schönsten und anmutigsten, den er jemals gesehen hatte, er war ganz grün gekleidet, trug ein goldenes Stirnband, die Gürtelspange war ein leuchtender Edelstein und sein Haar war lang und golden. Doch war er keiner der Männer aus Lochlin.
Als er herangekommen war, verbeugte er sich. Bobaran sah, daß er drei Beeren des Mistelstrauches auf die Erde warf und er fragte ihn, was dies bedeute.
»Es ist mein Gelübde, und ich halte es stets so«, sprach der Fremde, »daß ich drei Beeren der Mistel zur Erde werfe, bevor ich mit einem ehrwürdigen Druiden spreche.«
Bobaran nahm diese Antwort an, denn solche Dinge waren Brauch in jenen Tagen. Und weil er selbst unter dem Gelübde stand, nicht mehr als zwei Fragen an einen Fremden zu richten, sprach er sogleich, um nicht nichtige Dinge zu fragen: »Bist du von Emhain Abblach, schöner Herr?«
»Ja, ich komme von der Insel der Apfelbäume«, antwortete der Jüngling mit ernstem Blick.

»Und sind dein Name und der Name deines Vaters mir bekannt?«
»Ich bin Rinn, der Sohn von Eochaidh Juil.«
»Ohne Zweifel ist Eochaidh Juil ein König in ... in ...?«
»Wie steht es um dein Gelübde, o Bobaran?«
Da beugte der Druide beschämt sein Haupt, denn er hatte sein Gelübde gebrochen. Er erschrak und verwunderte sich, woher Rinn um sein Gelübde wissen konnte.
»Ich bin hierhergekommen«, sprach Rinn langsam, »um der Erscheinung zu folgen, die ich im Traume hatte.« Der Jüngling hatte mit einer so süßen Stimme gesprochen, wie Bobaran sie nie wieder gehört hatte, seit Deirdrê sang, als sie mit Naois Schach spielte.
»Das war, als Gaer in ihrem Schoße schlief«, sprach Rinn.
Als Bobaran gewahr wurde, daß der Fremde in seinem Herzen lesen konnte, fürchtete er sich vor der Kraft seiner zauberischen Macht. Als er die Hand an seine Harfe legen wollte, siehe, da war diese verschwunden. Als er sich nach ihr umschaute, da sah er, daß Rinn seine Harfe vom Boden aufgenommen hatte. Und er wollte sprechen. Da erkannte er, daß der Fremde mit der dritten Mistelbeere Schweigen auf seine Lippen gelegt hatte. So folgte er mit schwerem Herzen den dreien in den Palast.
In der Abenddämmerung vor den Feuern erzählte und sang Rinn herrliche Geschichten voller Wunder. Plötzlich fühlte Gaer, daß er es war, von dem Rinn erzählte: Wie er am Morgen quer über die See nach Irland segeln und mit Conchobar kämpfen würde, der den Tod für Deirdrê und Naois und die Söhne des Usnas gebracht hatte; und wie er Conchobar verbannen würde auf die von Stürmen umtobten Inseln von Orcc; und wie er nach einem Jahr der Herrschaft, durch die Sehnsucht nach Liebe und den Traum aller Träume, nach Emhain Abhlach zurückkehren und Conchobar wieder als Ardrigh berufen würde; und wie er

dort bis zu seinem Tode leben und Liebe, so groß wie die Liebe des Naois, und Schönheit, so groß wie die Schönheit der Deirdrê, erfahren würde.

In jenem Traum nun senkte sich der Schlaf über Gaer und während er schlief, nahm Rinn wieder die Harfe und spielte aufs neue. Er sang das Lied der Liebe. Da erblickte Bobaran eine Waldlichtung, erfüllt von Mondschein, und in jenem Schein war ein Weib, weiß und schön und ihr Antlitz war das von Alveen, die er einst geliebt hatte. Sein Herz erhob sich wie eine Woge, und es kam ein Traum über ihn und er wußte von nichts mehr.

Als Bobaran schlief, blickte Rinn Aevgrain an und deren Augen leuchteten wie zwei Sterne.

»Spiel mir keine süßen Lieder o Rinn«, murmelte sie, »denn schon jetzt liebe ich dich, o Sehnsucht des Herzens, mein Entzücken.«

Rinn lächelte, doch er rührte die Saiten seiner Harfe.

»O Sehnsucht des Herzens, mein Entzücken«, flüsterte er.

»O Sehnsucht des Herzens«, murmelte sie, als Schlaf über sie kam. Dann glitten ihre weißen Hände wie Schwäne durch die Flut ihrer Haare, sie schüttelte den Schlaf von sich und neigte sich nach vorne und sah in Rinns Augen.

»Sage mir, wer du bist und von woher du kommst«, flüsterte sie.

»Willst du mich lieben, wenn ich das sage?«

»Du bist meines Herzens Sehnsucht.«

»Willst du mir folgen, wenn ich dies sage?«

Aevgrain stand auf. Der Feuerschein webte eine flammende Rose auf ihr Antlitz.

Rinn lachte leise und er legte seine Arme um sie und führte sie in den Schatten des Gartens.

Bei Sonnenaufgang stand Manannan auf dem Gestade, und als er den Sonnenpfad entlangschaute, sah er Gaer gen Westen segeln. Dann ging er in den Garten. Niemand war

dort zu sehen, außer zwei blassen blauen Schatten, die im Sonnenschein lagen. Dann weckte er Bobaran.
»Schüttle den Jugendtraum von dir«, sagte Manannan, »und antworte mir: Wo ist Gaer? Wo ist Aevgrain?«
Bobaran neigte sein Haupt.
»Wo ist der wilde Eber, der die Gefahr für Gaer war?«
»Er ist erschlagen, o Manannan.«
»Wo ist die schöne Königin und die Todesgefahr?«
»Sie sind in der Stille der See.«
»Wo ist die betörende Stimme Rinns, des Herrn des Schattens, Rinns, des Sohnes von Eochaidh Juil, der aus dem Land der Sehnsucht des Herzens kommt? Wo ist sein verzauberndes Lied, das man Honig der wilden Bienen nennt?«
Bobaran der Druide neigte sein Haupt.
»Er legte seine Zauber auf mich und auf Gaer; mehr weiß ich nicht.«
»Gaer sollst du noch einmal sehen, denn er wird wieder nach Emhain Abhlach kommen, doch er wird dich nicht mehr erkennen, denn du wirst ein grauer Wolf sein, der in der Einöde heult. Aevgrain aber werden wir nicht wiedersehen. Lebe wohl, o Tochter der Deirdrê, Sehnsucht meiner Sehnsucht!«
Manannan wandte sich ab und war im Nebel verschwunden. Noch ehe Manannan sich entfernt hatte, war Bobaran in einen grauen Wolf verwandelt. Sein Fell sträubte sich, als er am Garten vorbeilief. Sein langgezogenes Geheul verlor sich im Schweigen der Wälder.
Am dritten Tag, bei Sonnenuntergang, regten sich die beiden Schatten im Garten, der Atem der Welt lag wieder auf ihnen.
»Sage mir, wer du bist und woher du kommst«, murmelte Aevgrain und ihre Augen waren voll Liebe.
»Willst du mich lieben, wenn ich das sage?«
»Du bist meines Herzens Sehnsucht.«

»Willst du mir folgen?«
Aevgrain versuchte, sich zu erheben. Die Sonne entflammte eine blühende Rose auf ihrem blassen Gesicht.
»Ich liebe dich, Aevgrain, weil du schön bist, und weil ich in dir den Schatten aller Schönheit sehe. Warte hier, es ist mein Wille.«
»Ich liebe nur dich. Du bist meines Herzens Sehnsucht.«
»So sei es«, seufzte Rinn, »ich will deine Liebe mit mir nehmen. Allzulange habe ich diesen Traum geträumt. Lausche auf jenes große Seufzen!«
»Ich höre es.«
»Es ist das Seufzen der Welt. Es ist für mich.«
»Für dich...?«
»Ich werde genannt Rinn, Honig der wilden Bienen. Ich bin der Herr des Schattens. Aber hier, o Aevgrain, ist mein Name Tod.«
[Irische Mythe]

Die Tochter des Teufels

Es war einmal ein Ehepaar, das bekam keine Kinder und machte daher eine Pilgerfahrt in das Gelobte Land. Sie bestiegen also ein Schiff und fuhren damit bis in die Mitte des Meeres. Da stellte sich der Teufel vor dasselbe, hielt es fest und sprach zu den Eheleuten: »Wenn ihr mir das Kind gelobt, das ihr bekommen werdet, so sollt ihr eins haben.« Und diese antworteten: »Du mußt es uns lassen, bis es zwölf Jahre alt ist, und dann soll es dein sein.« Da ließ der Teufel das Schiff los, und jene gaben ihre Pilgerfahrt auf, kehrten nach Hause zurück, und nach neun Monaten gebar die Frau einen Knaben, den erzogen sie mit großer Liebe und Sorge, bis er zwölf Jahre alt wurde.
Eines Tages ging der Knabe an das Meeresufer, um zu fischen und traf dort einen Mann, der fragte ihn: »Wo gehst du hin, mein Sohn?« Und jener antwortete: »Ich gehe fischen.« Da füllte ihm jener seinen ganzen Sack mit Fischen, gab ihm fünf Äpfel und sagte, daß er sie seiner Mutter bringen und sie an ihr Gelübde erinnern solle. Der Knabe aß vier von den Äpfeln und bewahrte nur einen, um ihn seiner Mutter zu bringen und seinen Auftrag auszurichten, vergaß es aber darauf, und als er am andern Morgen wieder mit dem Fremden zusammentraf, gab ihm dieser abermals einen Sack voll Fische und fünf Äpfel, und da es der Knabe auch zum zweitenmal vergaß, den Auftrag seiner Mutter auszurichten, da gab ihm der Fremde noch einmal fünf Äpfel und einen Sack voll Fische und sagte ihm, daß er damit sogleich nach Hause gehen solle.
Als nun der Knabe heim kam, fand er das Haus schwarz

angestrichen und seine Mutter in großer Trauer. Da fragte er sie, warum sie so weine, und sie antwortete: »Warum soll ich nicht weinen? Die Zeit ist ja gekommen, wo dich der Teufel holen wird.« Doch der Knabe versetzte: »Glaubst du, daß ich hier auf ihn warten werde? Ich mache mich sogleich aus dem Staub, und es soll ihm schwer werden, mich zu fangen.«

Darauf machte sich der Knabe auf und lief in die Welt hinein, und als er eine Weile gelaufen war, begegnete er einem alten Mann, der fragte ihn: »Wo willst du hin, mein Sohn?« Er antwortete: »Dahin, wohin meine Augen blikken.« Als der Alte aber mit Fragen nicht abließ, erzählte er ihm, wie es mit ihm stehe, und warum er von zu Hause weggelaufen sei. Darauf sprach der Alte: »Auf dem Weg, den du ziehst, wirst du an eine Quelle mit stinkendem Wasser kommen, und über das darfst du nicht schmähen, sondern mußt hingehen und aus der Quelle trinken und dann sagen: ›I, was ist das für ein gutes Wasser, ich wollte, das hätte ich bei meinem Haus!‹ Und dann wird die Quelle dir sagen, wo du hingehen sollst.« Dieser Alte war aber der Herr Jesus Christus.

Darauf ging der Knabe zu jener Quelle, trank Wasser aus ihr und lobte dasselbe sehr. Da sprach die Quelle: »Alle Welt schimpft auf mich, und du allein lobst mich, und darum höre auf das, was ich dir sage. An dem und dem Ort ist der See, zu dem kommen drei Nereiden, um sich darin zu baden. Wenn du also dorthin kommst, so mußt du dich verstecken, und wenn sie sich ausgezogen haben und in dem See herumschwimmen, so mußt du ihnen ihre Federkleider nehmen, und wenn sie dann zu dir kommen und dich bitten, sie ihnen wiederzugeben, so gib sie den beiden älteren, aber der jüngsten gib es nicht eher, als bis sie dir geschworen hat, daß sie dich selbst im Tod nicht vergessen wolle.«

Da bedankte sich der Jüngling, ging an jenen See und ver-

steckte sich dort, bis die drei Nereiden kamen. Die zwei älteren gingen sogleich in das Wasser, die jüngste aber war ängstlich und sah sich erst nach allen Seiten um, bevor sie ihren Schwestern nachfolgte. Nun schlich sich der Jüngling zu dem Ort, wo ihre Kleider lagen und nahm sie weg, und als sie aus dem Wasser stiegen, da kamen sie zu ihm und baten ihn um ihre Kleider. Er gab den beiden ältesten die ihrigen, aber der jüngsten gab er es nicht eher, als bis sie ihm geschworen hatte, ihn selbst im Tod nicht zu vergessen. Darauf nahmen ihn die drei Mädchen mit sich nach Hause, zu ihrem Vater, und das war gerade der Teufel, dem der Jüngling gelobt war. Als der am Abend nach Hause kam, sprach er zu dem Jüngling: »Siehst du den Baum, der hier vor dem Haus steht? Den sollst du heute nacht fällen und zu Brettern sägen, und wenn du damit nicht bis morgen in der Frühe fertig bist, so fresse ich dich.« »Gut!« antwortete der Jüngling. Als er aber allein war, da fing er an zu seufzen und zu weinen, denn er wußte nicht, wie er es anfangen sollte, eine solche Arbeit in einer Nacht zu vollenden. In seiner Not ging er zu seiner Frau, der Nereide, die riß sich ein Haar aus und gab es ihm und sagte, er solle es verbrennen, und kaum hatte er das getan, so versammelten sich alle Teufel und machten sich an die Arbeit, und bevor es Tag wurde, waren sie damit fertig.
Als nun der Teufel aufwachte und die Arbeit getan fand, da rief er: »Meine Jüngste hat dir geholfen!« Der Jüngling aber leugnete das und behauptete, daß er die Arbeit allein getan habe. Am andern Abend sagte ihm der Teufel: »Siehst du jenen Berg? Den sollst du heute nacht abtragen und den Platz, auf dem er gestanden, eben machen.« »Gut!« antwortete der Jüngling. Als aber der Teufel weggegangen war, da lief der Jüngling zu seiner Frau und klagte ihr seine Not. Sie gab ihm wieder ein Haar, und als er das verbrannte, versammelten sich alle Teufel und machten sich an die Arbeit, und bevor es Tag wurde, wa-

ren sie damit fertig. Wie nun am andern Morgen der Teufel kam und die Arbeit getan fand, da rief er: »Das hast du nicht allein gemacht, meine Jüngste hat dir geholfen.« Der Jüngling aber erwiderte: »Nein, ich habe es allein gemacht und mir von niemandem helfen lassen.«

Am dritten Abend sagte der Teufel: »Siehst du diese Bretter, die du selbst geschnitten hast? Mit denen sollst du mir heute nacht ein Schiff bauen, und das muß morgen früh fix und fertig am Strand liegen!« – »Gut!« sprach der Jüngling. Als aber der Teufel weggegangen war, lief er wiederum weinend zu seiner Frau und klagte ihr seine Not. Da gab ihm diese einen Stab und ein Laib Brot und sprach: »Gehe damit an den Strand und schwinge den Stab, und es werden sich alle Teufel versammeln; dann wirf ihnen das Brot hin und sage ihnen in meinem Namen, daß sie, bevor es Tag wird, das Schiff fertig haben müßten, und dann komm wieder.« Der Jüngling machte es, wie seine Frau ihm geraten hatte, und kehrte zu ihr zurück. Als er aber am andern Morgen zum Strand gehen wollte, sagte sie: »Wenn mein Vater kommt und dir sagt, daß du in das Schiff steigen sollst, so tu es nicht, denn er wird ihm einen Stoß geben, daß es bis in die Mitte des Meeres fährt, sondern du mußt ihm sagen: ›Du bist der Vornehmere und mußt daher zuerst hineinsteigen‹; und wenn er darin ist, so gib dem Schiff einen Stoß mit dem Knie, damit es bis in die Mitte des Meeres fährt. Dann laufe, so schnell du kannst, hierher, damit wir entfliehen.« Da machte es der Jüngling, wie ihm seine Frau gesagt hatte, und nachdem der Teufel ins Schiff gestiegen und er dieses bis in die Mitte des Meeres gestoßen hatte, lief er, was er konnte, zu seiner Frau zurück und setzte sich mit ihr auf die Pferde, welche sie in Bereitschaft hatte. Sie ritten eiligst bis zu der Grenze des Reiches des Teufels, und da sie nun sicher waren, daß sie nicht mehr gefangen werden konnten, so setzten sie sich unter einen Baum und ruhten aus. Die Nereide erwachte zuerst, und als sie zwei weiße Wolken herankommen sah, da weckte sie ihren Mann und sprach: »Siehe, da kommen meine beiden Schwestern, um uns zu suchen, und bald wird auch eine schwarze Wolke kommen, das ist meine Mutter.« Und es dauerte nicht lange, so kam auch die schwarze Wolke heran, und nun suchten die drei Wolken die ganze Grenze ab, konnten sie aber nicht finden, weil sie bereits jenseits derselben waren.

Der Jüngling kehrte mit seiner Frau in seine Heimat und ließ sie im Haus einer alten Frau zurück, bevor er in das seine ging, um seine Mutter zu besuchen. Da sprach die junge Frau: »Wenn du zu deiner Mutter kommst, so laß dich nicht von ihr küssen, denn wenn sie dich küßt, so wirst du mich vergessen.« Der Jüngling ging nun zu seiner Mutter, aber sie erkannte ihn nicht. Er fragte sie also: »Hast du keinen Sohn?« Und jene antwortete: »O ja, ich hatte einen, den hat mir aber der Teufel geraubt!« Und jener fragte wieder: »Hatte er kein Abzeichen auf der Brust?« – »Ja, wohl hatte er eins.« Da entblößte er seine Brust, und als die Mutter das Zeichen sah, wollte sie ihn umarmen, er aber hielt sie ab und bat sie, ihn nicht zu küssen. Weil er nun von der Reise sehr ermüdet war, so legte er sich nieder, um auszuruhen und schlief ein; da schlich sich seine Mutter zu ihm und küßte ihn heimlich, so daß er es nicht merkte, und als er aufstand, hatte er seine Frau gänzlich vergessen.

Die Mutter ließ nun das Haus wieder weiß anstreichen und suchte nach einer Frau für ihren Sohn, und als sie die passende gefunden hatte, verlobte sie ihn mit ihr. Die Nereide erfuhr das alles von der Alten, bei der sie wohnte, und begriff, daß seine Mutter ihn geküßt habe. Da setzte sie sich hin an den Webstuhl und webte sich goldene Kleider und hing sie vor dem Haus in die Sonne. Als nun ihr Mann einmal vorüberkam und die Kleider erblickte, da dämmerte es in ihm auf, als ob er eine Frau habe, die solche

Kleider trüge. Er ging also heim und bat seine Mutter, in jenes Haus zu gehen, um zu sehen, wem diese goldenen Kleider gehörten. Die Mutter tat ihm den Willen und als sie zurückkam, erzählte sie ihm, daß sie einer fremden Frau gehörten, welche so schön sei, daß sie Strahlen werfe. Da ahnte es dem Sohn, daß das seine eigene Frau sei, und er bat daher seine Mutter, noch einmal hinzugehen und die Fremde einzuladen, mit ihr nach Hause zu kommen, und als sie mit der Mutter ins Haus trat, da erkannte er sie wieder und sprach zu seiner Mutter: »Diese und keine andere ist meine Frau, diese hat mir das Leben gerettet, und weil du mich im Schlaf geküßt hast, so mußte ich sie vergessen.« Darauf sagte er seiner Verlobten ab und lebte glücklich und zufrieden mit seiner Frau.

[Griechisches Märchen]

Der gestiefelte Kater

Ein Müller hatte drei Söhne, seine Mühle, einen Esel und einen Kater: die Söhne mußten mahlen, der Esel Getreide holen und Mehl forttragen und die Katz die Mäuse wegfangen. Als der Müller starb, teilten sich die drei Söhne in die Erbschaft, der älteste bekam die Mühle, der zweite den Esel, der dritte den Kater, weiter blieb nichts für ihn übrig. Darüber war er traurig und sprach zu sich selbst: »Ich hab es doch am allerschlimmsten kriegt, mein ältester Bruder kann mahlen, mein zweiter kann auf seinem Esel reiten, was kann ich mit dem Kater anfangen? laß ich mir ein paar Pelzhandschuhe aus seinem Fell machen, so ist's vorbei.«
»Hör«, fing der Kater an, der alles verstanden hatte, was er gesagt, »du brauchst mich nicht zu töten, um ein paar schlechte Handschuhe aus meinem Pelz zu kriegen, laß mir nur ein paar Stiefel machen, daß ich ausgehen kann und mich unter den Leuten sehen lassen, dann soll dir bald geholfen sein.«
»Was, ein paar ordentliche Stiefel willst du, wie andere Leut auch?«
»Das sollt ich meinen«, sprach der Kater. Der Müllerssohn verwunderte sich, daß der Kater so sprach, weil aber eben der Schuster vorbeiging, rief er ihn herein und ließ ihm ein paar Stiefel anmessen.
Als sie fertig waren, zog sie der Kater an, nahm einen Sack, machte den Boden desselben voll Korn, oben aber eine Schnur daran, womit man ihn zuziehen konnte, dann warf er ihn über den Rücken und ging auf zwei Beinen, wie ein Mensch, zur Tür, klinkte sie auf, und mir nichts, dir nichts, durch die Gassen zum Tor hinaus.

Dazumal regierte ein König in dem Land, der aß die Rebhühner so gern: es war aber eine Not, daß keine zu kriegen waren. Der ganze Wald war voll, aber sie waren so scheu, daß kein Jäger sie erreichen konnte. Das wußte der Kater und gedacht seine Sache besser zu machen. Als er in den Wald kam, tat er den Sack auf, breitete das Korn auseinander, die Schnur aber legte er ins Gras und leitete sie hinter eine Hecke.

Da versteckte er sich selber, schlich auf und ab, schaute und lauerte. Die Rebhühner kamen bald gelaufen, fanden das Korn und eins nach dem andern hüpfte in den Sack hinein. Der Kater fing an zu spinnen vor Vergnügen, daß alles so wohl ging, doch hielt er sich, bis eine gute Anzahl darin war, da zog er den Strick zu, lief heran und drehte ihnen den Hals um; dann warf er den Sack auf den Rükken, war guter Dinge und ging geradeswegs nach des Königs Schloß. Die Wache rief: »Halt! wohin?«

»Zu dem König«, antwortete der Kater kurzweg.

»Bist du toll, ein Kater zum König?«

»Laß ihn nur gehen«, sagte ein anderer, »der König hat doch oft Langeweil, vielleicht macht ihm der Kater mit seinem Brummen und Spinnen Vergnügen.«

Der Kater zog den Schwanz auf den Rücken und trat ein. Als er vor den König kam, machte er einen Reverenz und sagte: »Mein Herr, der Graf«, dabei nannte er einen langen und vornehmen Namen, »läßt sich dem Herrn König empfehlen und schickt ihm hier Rebhühner, die er eben in Schlingen gefangen hat.«

»Daß dich!« sagte der König erstaunt, als er die schönen Rebhühner sah, blies daran und fühlte, ob sie auch recht fett wären, wußte sich vor Freude nicht zu lassen, und befahl dem Kater so viel Gold aus der Schatzkammer in den Sack zu tun, als er tragen könne: »Das bring deinem Herrn und dank ihm noch vielmal für sein Geschenk.«

Der arme Müllerssohn aber saß zu Haus am Fenster,

stützte den Kopf auf die Hand und dachte, daß er nun sein letztes für die Stiefeln des Katers weggegeben, und was werde ihm der großes dafür bringen können.

Da trat der Kater herein, warf den Sack vom Rücken, schnürte ihn auf und schüttete das Gold vor den Müller hin: »Da hast du etwas für die Stiefeln, der König läßt dich auch grüßen und dir viel Dank sagen.«

Der Müller war froh über den Reichtum, ohne daß er noch recht begreifen konnte, wie es zugegangen war. Der Kater aber, während er seine Stiefel auszog, erzählte ihm alles, dann sagte er: »Du hast zwar jetzt Geld genug, aber dabei soll es nicht bleiben, morgen zieh ich meine Stiefel wieder an und geh aus, du sollst noch reicher werden, dem König hab ich auch gesagt, daß du ein Graf bist.«

Am andern Tag ging der Kater, wie er gesagt hatte, wohl gestiefelt wieder auf die Jagd, und brachte dem König einen reichen Fang. So ging es alle Tage, und der Kater brachte alle Tage Gold heim, und ward so beliebt wie einer bei dem König, daß er aus- und eingehen durfte und im Schloß herumstreichen, wo er wollte. Einmal stand der Kater in der Küche des Königs beim Herd und wärmte sich, da kam der Kutscher und fluchte: »Ich wünsch' der König mit der Prinzessin wär beim Henker! Die plagt wieder die Langeweile! Ich wollt ins Wirtshaus gehen und einmal trinken und Karte spielen, da soll ich sie spazierenfahren an den See.«

Wie der Kater das hörte, schlich er nach Haus und sagte zu seinem Herrn: »Wenn du willst ein Graf und reich werden, so komm mit mir hinaus an den See und bad dich darin.«

Der Müller wußte nicht, was er dazu sagen sollte, doch folgte er dem Kater, ging mit ihm, zog sich splitternackend aus und sprang ins Wasser. Der Kater aber nahm seine Kleider, trug sie fort und versteckte sie. Kaum war er damit fertig, da kam der König dahergefahren. Der Kater fing sogleich an, erbärmlich zu lamentieren: »Ach! aller-

gnädigster König! mein Herr, der hat sich hier im See gebadet, da ist ein Dieb gekommen und hat ihm die Kleider gestohlen, die am Ufer lagen, nun ist der Herr Graf im Wasser und kann nicht heraus, und wenn er länger darin bleibt wird er sich verkälten und sterben.«
Wie der König das hörte, ließ er Halt machen und einer von seinen Leuten mußte zurückjagen und von des Königs Kleidern holen.
Der Herr Graf zog die prächtigsten Kleider an, und weil ihm ohnehin der König wegen der Rebhühner, die er meinte von ihm empfangen zu haben, gewogen war, so mußte er sich zu ihm in die Kutsche setzen. Die Prinzessin war auch nicht bös darüber, denn der Graf war jung und schön, und er gefiel ihr recht gut.
Der Kater aber war vorausgegangen und zu einer großen Wiese gekommen, wo über hundert Leute waren und Heu machten.
»Wem ist die Wiese, ihr Leute?« fragte der Kater.
»Dem großen Zauberer.«
»Hört, jetzt wird der König bald vorbeifahren, wenn der fragt, wem die Wiese gehört, so antwortet: dem Grafen; und wenn ihr das nicht tut, so werdet ihr alle totgeschlagen.«
Darauf ging der Kater weiter und kam an ein Kornfeld, so groß, daß es niemand übersehen konnte, da standen mehr als zweihundert Leute und schnitten das Korn.
»Wem ist das Korn, ihr Leute?«
»Dem Zauberer.«
»Hört, jetzt wird der König vorbeifahren, wenn er fragt, wem das Korn gehört, so antwortet: dem Grafen; und wenn ihr das nicht tut, so werdet ihr alle totgeschlagen.«
Endlich kam der Kater an einen prächtigen Wald, da standen mehr als dreihundert Leute, fällten die großen Eichen und machten Holz.
»Wem ist der Wald, ihr Leute?«

»Dem Zauberer.«
»Hört, jetzt wird der König vorbeifahren, wenn er fragt, wem der Wald gehört, so antwortet: dem Grafen; und wenn ihr das nicht tut, so werdet ihr alle umgebracht.«
Der Kater ging noch weiter, die Leute sahen ihm alle nach und weil er so wunderlich aussah, und wie ein Mensch in Stiefeln daherging, fürchteten sie sich vor ihm. Er kam bald an des Zauberers Schloß, trat kecklich hinein und vor ihn hin. Der Zauberer sah ihn verächtlich an, und fragte ihn, was er wolle. Der Kater machte einen Reverenz und sagte: »Ich habe gehört, daß du in jedes Tier nach deinem Gefallen dich verwandeln könntest; was einen Hund, Fuchs oder auch Wolf betrifft, da will ich es wohl glauben, aber von einem Elefant, das scheint mir ganz unmöglich, und deshalb bin ich gekommen um mich selbst zu überzeugen.«
Der Zauberer sagte stolz: »Das ist mir eine Kleinigkeit«, und in dem Augenblick verwandelte er sich in einen Elefant.
»Das ist viel, aber auch in einen Löwen?«
»Das ist auch nichts«, sagte der Zauberer und stand als ein Löwe vor dem Kater. Der Kater stellte sich erschrocken, kroch in eine Ecke und rief: »Das ist unglaublich und unerhört, dergleichen hätt' ich mir nicht im Traum in die Gedanken kommen lassen; aber noch mehr, als alles andere, wär es, wenn du dich auch in ein so kleines Tier, wie eine Maus ist, verwandeln könntest, du bist gewiß geschickter als irgend ein Zauberer auf der Welt, aber das wird dir doch zu hoch sein.«
Der Zauberer ward ganz freundlich von den süßen Worten und sagte: »O ja, liebes Kätzchen, das kann ich auch«, und sprang als eine Maus im Zimmer herum. Der Kater war hinter ihm her, fing die Maus mit einem Sprung und fraß sie auf.
Der König aber war mit dem Grafen und der Prinzessin

weiter spazieren gefahren, und kam zu der großen Wiese. »Wem gehört das Heu?« fragte der König.
»Dem Herrn Grafen«, riefen alle, wie der Kater ihnen befohlen hatte.
»Ihr habt da ein schön Stück Land, Herr Graf«, sagte er. Danach kamen sie an das große Kornfeld. »Wem gehört das Korn, ihr Leute?
»Dem Herrn Grafen.«
»Ei! Herr Graf! große, schöne Ländereien!«
Darauf zu dem Wald: »Wem gehört das Holz, ihr Leute?«
»Dem Herrn Grafen.«
Der König verwunderte sich noch mehr und sagte: »Ihr müßt ein reicher Mann sein, Herr Graf, ich glaube nicht, daß ich einen so prächtigen Wald in meinem ganzen Reiche habe.«
Endlich kamen sie an das Schloß, der Kater stand oben an der Treppe, und als der Wagen unten hielt, sprang er herab, machte die Türe auf und sagte: »Herr König, Ihr gelangt hier in das Schloß meines Herrn, des Grafen, den diese Ehre für sein Lebtag glücklich machen wird.« Der König stieg aus und verwunderte sich über das prächtige Gebäude, das fast größer und schöner war, als sein Schloß; der Graf aber führte die Prinzessin die Treppe hinauf in den Saal, der ganz von Gold und Edelsteinen flimmerte.
Da ward die Prinzessin mit dem Grafen versprochen, und als der König starb, ward er König, der gestiefelte Kater aber erster Minister.
[Märchen der Brüder Grimm]

Prinzessin Mäusehaut

Es war einmal ein König, der hatte drei Töchter, der wollte wissen, welche ihn am meisten liebte. Da sagte die älteste, sie habe ihn lieber als das ganze Königreich, die zweite hielt ihn höher als alle Edelgesteine und Perlen in der Welt, die dritte sprach, sie liebe ihn mehr als das Salz.

Da ward der König erzürnt, daß sie ihre Liebe mit einer so geringfügigen Sache vergleiche, und übergab sie einem Diener, der sollte sie in den Wald führen und töten. Aber der Diener wollte eine so schöne Prinzessin nicht ermorden, und sie bat ihn, er möge ihr nur ein Kleid von Mäusehaut verschaffen, so wolle sie sich schon retten. Das bracht ihr der Diener auch hinaus, und sie wickelt sich hinein und verkleidet sich in einen Mann. So geht sie zum benachbarten König und wird Diener bei ihm. Alle Abend muß sie ihm die Stiefel ausziehn, die wirft er ihr um den Kopf. Einmal fragt er, woher sie sei, da antwortet sie: »Aus dem Lande wo man die Stiefel nicht um den Kopf wirft.« — — — Da fragt der König woher der Ring gekommen sei. Und Mäusehaut wird vor ihn gebracht, da wickelt sie ihr Kleid von sich, ihre goldenen Haare quellen hervor, und ihre große Schönheit blendet den König. Und er tritt zu ihr und setzt ihr die Krone aufs Haupt und sie wird seine Gemahlin. Am Hochzeittag wird ihr Vater gebeten, der aber seine Tochter nicht erkennt. An der Tafel sind alle Speisen, die ihm vorgesetzt werden, ungesalzen, so daß er unwillig wird und spricht, er wolle lieber nicht leben, als solche Speise essen. Da tritt die Königin auf, entdeckt sich ihm, und erinnert ihn an ihre Worte.

[Märchen der Brüder Grimm]

Der König Segler des Meeres

Es war einmal ein junger König, den nannte man gewöhnlich: »König Segler des Meeres«, wahrscheinlich, weil er schon viel auf dem Meer herumgefahren. Diesem Könige träumte es einst drei Nächte hintereinander: Er solle ein armes Mädchen heiraten, das keinen Kreuzer Geld besitze. Das erste Mal lachte er darüber. Als aber der Traum sich dreimal wiederholte, schien ihm die Sache doch ernstlich zu sein, und er dachte darüber hin und her und meinte endlich: er könne auch wohl mit einer solchen Frau glücklich werden, wenn sie sonst nur brav und lieb sei. Deshalb unternahm er alsbald eine große Reise, um sich in der Welt umzusehen und sich eine Frau auszusuchen.
Da geschah es, daß er eines Abends in ein Dorf kam und bei einem armen Schuster übernachten mußte. Der Schuster aber hatte eine junge hübsche Tochter, die machte für den König das Essen und das Nachtlager zurecht und gab dann dem Könige auf alle Fragen, die er an sie richtete, so gute und kluge Antworten, daß sie ihm überaus wohl gefiel und er noch an demselben Abend den Schuster bat: er möge ihm doch seine Tochter zur Frau geben. Der arme Schuster ward fast böse über diesen Heiratsantrag, indem er glaubte, der König wolle ihn zum besten haben. Er sagte ihm deshalb: »Herr König, ihr solltet meiner Armut nicht spotten! Meine Tochter ist zwar brav und gut; aber ich weiß recht wohl, daß ihr alles fehlt, was die Gemahlin eines Königs besitzen muß.« Als aber der König mit allem Ernst versicherte, daß seine Tochter und keine andre seine Gemahlin werden müsse: da sagte der Schuster: »Nun, so

will ich nichts mehr dagegen sagen, und ihr müßt es mit meiner Tochter ausmachen.«

Als nun der König am anderen Morgen mit der Tochter allein im Garten war, und ihr mit einem Eid versicherte, daß er sie immer lieb haben und beschützen wolle, da gab sie ihm endlich ihr Wort, und bald darauf wurde die Hochzeit gefeiert, und die beiden lebten sehr vergnügt miteinander.

Aber schon nach einem halben Jahr brach ein schwerer Krieg aus, und der König mußte sich an die Spitze seines Heeres stellen und weit bis an die Grenzen seines Landes fortziehen. Wie er nun schon mehrere Monate abwesend war, da bekam seine Frau auf einmal drei wunderschöne Kinder, zwei Buben und ein Mädchen, die hatten jedes ein goldenes Kreuz auf dem Rücken. Die Mutter des Königs aber war eine böse Frau und konnte die junge Königin nicht leiden, weil sie so arm und von niederer Herkunft war. Deshalb nahm sie ihr alsbald die drei Kinder weg und schrieb ihrem Sohne: seine Frau müsse eine rechte Hexe sein, denn sie habe ihm drei Hunde geboren. Darüber wurde der König gar zornig und schrieb sogleich zurück: man solle die Hunde nur ins Wasser werfen, seine Frau aber in einen tiefen Turm einsperren, bis er selbst zurückkomme. So geschah es denn auch. Die Königin wurde festgesetzt und bekam Wasser und Brot; die drei Kinder aber ließ die gottlose Schwiegermutter in ein Faß verschließen und so ins Wasser werfen. Das Faß aber schwamm auf dem Fluß fort und kam endlich an eine Mühle. Da bemerkte es der Müller und zog es heraus und öffnete es, und wie verwunderte er sich da, als er drei wunderschöne Kinder darin fand. Die brachte er sogleich seiner Frau und zog sie auf wie seine eigenen Kinder, deren er fünf hatte.

So waren beinah fünfzehn Jahre vergangen. Der König führt beständig Krieg, seine Gemahlin blieb im Turme, und seine drei Kinder wurden in der Mühle großgezogen.

Nun geschah es aber, daß die Kinder des Müllers sich mit den Königskindern nicht gut vertragen konnten, indem jene sie neckten, daß sie ja keinen Namen und keine Heimat hätten und bloß gefundene Kinder wären. Das verdroß die Königskinder endlich so sehr, daß sie sich verabredeten, die Mühle zu verlassen, und eines Tages heimlich fortzogen, weit weit in den Wald hinein. Da begegneten ihnen mancherlei Leute; sie gingen aber kecklich an allen vorüber, und die Knaben zogen vor niemandem ihr Käpplein vom Kopfe. Endlich kamen sie auch zu einer alten Frau, die war eine Zauberin. Als sie bei ihr sich nach dem Wege erkundigten, so sagte sie ihnen, sie sollten nur bei ihr bleiben. Dann erzählte sie ihnen, daß hier im Wald ein verwünschtes Schloß stehe, und das könnten sie erlösen. »Ihr braucht bloß«, sagte sie, »den Käfig mit der Amsel aus dem Schloß zu holen; dürft euch aber durch nichts aufhalten lassen und müßt eilen; denn nur mittags ist das Schloß zugänglich und die Erlösung möglich. Wem die Erlösung gelingt, der bekommt das Schloß mit allen Schätzen darin.«
Darauf zogen die beiden Prinzen das Los, und der eine, den es traf, der machte sich sogleich auf den Weg. Er kam auch alsbald hin, und da es eben Mittag war, konnte er ungehindert hineingehen. Da konnte er nicht genug staunen über das prächtige Schloß und wollte sich die Zimmer einmal ansehen. In dem ersten, das er aufmachte, waren lauter Affen, in dem zweiten ein Löwe, in einem dritten ein Bär. Wie er diesen eben betrachtete, hörte er auf einmal eine so wunderschöne Musik, wie er in seinem Leben noch keine gehört hatte, und blieb ganz entzückt stehen und horchte. Aber plötzlich tat es einen mächtigen Knall, daß er zusammenfuhr und meinte, das Schloß wolle einfallen. Es hatte nämlich eben zwölf geschlagen, und so hatte er die Stunde der Erlösung versäumt. Zugleich aber waren alle Türen fest verschlossen, und er konnte nicht mehr hinauskommen.

Als er am folgenden Tage nicht zurückkam, sagte die Zauberin zu dem zweiten Prinzen: »Nun kannst du dich auf den Weg machen und dein Glück probieren; dein Bruder hat die rechte Stunde versäumt und das Schloß nicht erlöst. Du darfst dich ja nicht zu lange darin aufhalten!« Nein, das wollte er auch nicht, sagte der Prinz, und reiste ab und kam zu dem Schloß und sah die Tiere und hörte die wunderschöne Musik, und konnte sich gar nicht satt daran hören; und da ging's ihm gerade so wie seinem Bruder. Er verspätete sich, es tat einen heftigen Knall, und er war eingesperrt und konnte nicht mehr aus dem Schloß kommen.

Am anderen Tage sagte die alte Zauberin zu der Prinzessin: »Jetzt kannst du noch wieder gutmachen, was deine Brüder versäumt haben, und kannst sie zugleich aus dem verzauberten Schloß befreien.« Dann wiederholte sie ihr noch einmal, was sie zu tun hatte, und darauf ging sie zu dem Schloß. Wie sie hineintrat, kamen ihr sogleich ihre Brüder entgegen und klagten ihr Unglück. Sie aber gab ihnen keine Antwort und eilte, ohne auf die schöne Musik zu hören, von einem Zimmer ins andere, bis sie endlich im allerletzten den Käfig mit der Amsel fand; den ergriff sie schnell und eilte damit ebenso flink zum Schloß hinaus, wie sie hereingekommen war. Kaum aber war sie draußen, so tat's einen furchtbaren Knall, und dann riefen Stimmen im Chor; »Vivat hoch, jetzt sind wir erlöst!« Darauf hatten die Affen, der Löwe und der Bär wieder ihre menschliche Gestalt bekommen und bedankten sich bei der Prinzessin, daß sie sie erlöst hatte. Ihre Brüder aber blieben bei ihr im Schloß und waren nun alle glücklich.

Von diesem Schloß aber wurde in der ganzen Welt viel gesprochen, besonders aber von der Amsel, die darin war; denn die konnte sprechen wie ein Mensch und wußte alles, was seit hundert Jahren geschehen war, und was in den nächsten hundert Jahren geschehen werde, weshalb oft-

mals vornehme Herren und Damen dahin zogen, um sie zu befragen.
Auch der König »Segler des Meeres«, der noch immer im Kriege war, hatte von dieser Amsel gehört. Als er nun nach einigen Jahren endlich Frieden machen konnte und auf seiner Heimreise in die Nähe des Schlosses kam, so kehrte er ein und wurde freundlich empfangen. – Nach einiger Zeit erkundigte er sich nach der wunderbaren Amsel, von der er gehört hatte, und wünschte sie zu sehen und eine Probe mit ihr anzustellen. Alsbald führte man ihn in das Zimmer, wo der Käfig mit der Amsel hing. Wie die Amsel den König erblickte, grüßte sie ihn sogleich als »König Segler des Meeres«, worüber der König sich nicht genug verwundern konnte und sprach: »Nun, wenn du meinen Namen und meinen Stand kennst, so sag mir auch einmal, was mir vor achtzehn Jahren widerfahren ist!«
Da begann die Amsel: »Herr König, vor achtzehn Jahren träumtet Ihr dreimal nacheinander: Ihr solltet ein ganz armes Mädchen heiraten, das keinen Kreuzer habe. Dann zoget Ihr aus und verspracht der Tochter eines armen Schusters unter freiem Himmel die Ehe und habt sie auch geheiratet und lieb gehabt. Bald aber mußtet Ihr in den Krieg. Indessen gebar Eure Frau drei Kinder, zwei Knaben und ein Mädchen. Eure Mutter aber, die die junge Königin wegen der Armut haßte, schrieb Euch, sie habe drei Hunde geboren, und darauf befahlt Ihr, die Hunde ins Wasser, die Königin aber in einen Turm zu werfen. Das alles hat Eure Mutter auch ausführen lassen.« Da weinte der König bitterlich und klagte: »Ach, wie man berichtet wird, so richtet man!«
Die Amsel aber fragte ihn: ob er auch noch weiter wissen wolle, was aus seinen Kindern geworden sei?
»Ach, die Armen werden elendiglich ertrunken sein!« sagte der König. Darauf erzählte die Amsel ihm die ganze Geschichte, wie der Müller die Kinder gefunden und auf-

gezogen, wie sie dann in ihrem fünfzehnten Jahre heimlich weggegangen seien, und wie sie endlich in einem Walde ein verwünschtes Schloß mit der sprechenden Amsel erlöst hätten, und jetzt alle drei vor ihrem Vater stünden.

Da hätte man die Freude sehen sollen, die der König hatte, als er seine Kinder herzte und küßte, und wie die Kinder sich freuten, als sie zum ersten Male ihren Vater sahen! Dann aber fragte der König die Amsel: »Was ist denn aus meiner Frau geworden?«

»Die schmachtet«, sagte die Amsel, »seit siebzehn Jahren in dem Turme bei Wasser und Brot, wie du es befohlen.«

Da reiste der König schnell ab, und das erste, was er tat, als er in seinem Schlosse ankam, war, daß er seine böse Mutter hinrichten ließ. Dann holte er selbst seine arme Gemahlin aus dem Gefängnis und bat sie tausendmal um Verzeihung. Sie sagte: »Ich vergebe dir gern, was du mir angetan; aber deine Frau kann ich nicht länger sein; nimm dir eine andere Königin.«

Und soviel der König sie auch bitten mochte, so blieb sie doch bei ihrem Vorsatz und zog zu ihrer Tochter und ihren beiden Söhnen. Bei denen lebte sie nun in Frieden und Freude bis an ihr Ende.

[Märchen aus Schwaben]

Der Fuchs und der König

Vor langer Zeit oder war es vor kurzer Zeit? Geschehen ist es, sonst könnte ich es euch nicht erzählen!
Einmal ging König Louis auf die Jagd. So sehr er sich auch anstrengte und abmühte, es wollte ihm kein Wild vor die Flinte kommen, und es gelang ihm nicht, auch nur ein Häslein aufzuspüren. Mißmutig machte er sich auf den Weg nach Hause.
Da lief ihm auf einmal ein Fuchs über den Weg. Der König sprach zu sich: »Gelang es mir auch nicht, ein edles Wild zu erlegen, so werde ich doch diesen Fuchs schießen und aus seinem Fell eine Jagdtasche fertigen lassen.«
Als der Fuchs merkte, was der König im Sinn hatte, sprach er ihn an: »Sire, verschont mein Leben, und ich verspreche Euch, daß ich Euch alle wilden Tiere nach Paris bringen werde.«
»Sprichst du auch die Wahrheit, Rotpelz?«
»Aber gewiß, Sire. Wenn sieben Wochen vorüber sind, dann haltet alles bereit. Dann werde ich an der Spitze des Zuges der Tiere vor den Louvre kommen. Kommt und überzeugt Euch dann selbst, daß ich die Wahrheit gesprochen habe.«
Da nahm der König dem Fuchs das feierliche Versprechen ab und ließ ihn in Gnaden ziehen.
Wie der Fuchs nun des Weges schritt, sah er in den Ferne den Wolf herankommen. Sofort fing er nun an zu tanzen und zu pfeifen.
»Weshalb seid Ihr so fröhlich, Gevatter Fuchs?« fragte der Wolf.

»Ach, Gevatter Wolf, warum sollte ich nicht fröhlich sein. Unsereins hat selten Glück und doch ist mir heute solches widerfahren, wie ich es noch nie erlebt habe. So etwas geschieht wahrhaftig nicht alle Tage.«
»Laß hören, Gevatter Fuchs, laß hören!« rief der Wolf außer sich vor Neugier.
»Ich habe dem König einen Dienst erwiesen, und er wird mir nun danken. Wenn ich in sieben Wochen in Paris sein werde, so wird er mir dort den Schwanz vergolden lassen.«
»Sagt, Gevatter Fuchs, könnt Ihr mich nicht aus alter Freundschaft mitnehmen? Ich werde mich auch erkenntlich zeigen.« Mit diesen Worten überreichte der Wolf dem Fuchs ein soeben gefangenes Huhn.
»Weil Ihr es seid, Gevatter Wolf, so will ich Euch gefällig sein. In zwölf Tagen treffen wir uns bei der alten Eiche auf der weiten Heide.«
Sie verabschiedeten sich, und der Fuchs zog weiter seines Weges. Er war noch nicht weit gegangen, da begegnete ihm der Bär. Dieser fragte, als er den Fuchs so fröhlich dahertänzeln sah: »Habt Ihr das große Los gezogen, Gevatter Fuchs. Es dünkt mir, als wäret Ihr all Eurer Sorgen ledig.«
»So ist es, guter Freund«, antwortete der Fuchs, und er erzählte dem Bären die gleiche Geschichte, die er auch schon dem Wolf erzählt hatte. Da befand der Bär, daß sein Schwanz doch recht unansehlich sei und wollte ihn auch zu Paris vergolden lassen. Er kam also mit dem Fuchs überein, daß er sich bei der alten Eiche einfinden werde. Zum Dank überließ er dem Fuchs eine Honigwabe.
Schließlich traf der Fuchs auf seinem Wege einen wilden Eber. Als dieser den Fuchs so munter einherschreiten sah, grunzte er: »Was seid Ihr heute so heiter, Gevatter Fuchs?«
Da erzählte ihm der Fuchs die nämliche Geschichte, die er

schon dem Wolf und dem Bären erzählt hatte. Der Eber dachte, daß ihn ein goldener Schwanz auch nicht übel kleiden würde. Zum Lohn, wenn er ihn mitnähme, versprach er dem Fuchs ein junges Kaninchen.
Es währte nicht lange und der Fuchs traf die Wildkatze, und er erzählte auch ihr seine Geschichte. Im ganzen Walde verbreitete sich die Kunde, sie ging von Maul zu Maul, von Schnauze zu Schnauze.
Zur festgesetzten Frist war die ganze weite Heide voll von Tieren, großen und kleinen, die sich alle zu Paris den Schwanz vergolden lassen wollten. Allesamt zogen sie hinter dem Fuchs drein, der Hauptstadt zu, nachdem sie ihm zuvor ihre Dankgeschenke übergeben hatten.
Es war ein stattlicher Zug, dem der Fuchs voranschritt. Endlich erreichten sie die Tore der Stadt Paris. Es waren gerade sieben Wochen seit der Begegnung des Fuchses mit dem König vergangen. Den Tieren wurden alle Türen und Tore weit geöffnet. Besessen von dem Gedanken an den goldenen Schwanz, den sie in Bälde erhalten würden und geblendet von ihrer Eitelkeit, hatten sie ganz vergessen, daß man den Menschen, zumal den Königen, nicht trauen darf. Sie sahen nicht, daß gewaltige Käfige für sie schon aufgesperrt waren und marschierten munter hinein. Erst als die Schlösser der Käfigtüren klirrten, merkten sie, daß sie gefangen waren.
Da war nun jede Erkenntnis zu spät.
»Habe ich nicht Wort gehalten!« rief der Fuchs dem König zu. Und König Louis überhäufte ihn mit Ehren und ließ ihn mit Musik aus der Stadt geleiten.
So mancher Fuchs verspricht einen goldenen Schwanz und viele laufen hinter ihm drein und finden sich hernach im Käfig wieder.

[Märchen aus der Normandie]

Nachwort

»Erzähl doch keine Märchen«, sagen wir, wenn wir glauben, daß unserem Gesprächspartner die Phantasie durchgegangen ist, sein Bericht unglaubwürdig erscheint. Was sind nun Märchen? Sind es Lügengeschichten oder sentimentale Geschichten fürs Kinderzimmer?
Das Wort Märchen entstand als Verkleinerungsform von *maere*, dem mittelhochdeutschen Wort für Kunde, Botschaft. Martin Luther hat es in seinem Weihnachtslied noch in seiner ursprünglichen Bedeutung benutzt: »Vom Himmel hoch, da komm ich her, ich bring euch gute, neue Mär...«
Es gibt kaum ein Volk ohne Märchen, denn Märchen gehören zu den ursprünglichsten und traditionsreichsten Erzählformen des Menschen.
Im Märchen begegnen uns nicht wirkliche Personen und Geschehnisse, sondern die Helden des Märchens treffen auf Figuren einer Jenseitswelt, seien es Hexen, Zauberer, Riesen, Zwerge oder Tierwesen und durchleben die elementaren Grundsituationen des Menschen: Geburt und Tod, Angst und Leid, Krankheit und Not, Verzweiflung und Erlösung. Sie müssen sich bewähren, auf dieser Fahrt in die Jenseitswelt oder beim Abstieg ins Totenreich. Selten tragen die Personen und Figuren Eigennamen; sie treten als Stiefmutter, Dummling, Hexe oder Königin auf. Das Märchen gilt aber auch als Hoffnungsträger, denn meist siegt das Gute.
Ursprünglich dienten Märchen der Unterhaltung und der Erbauung, bald nutzte aber auch die Kirche den Ein-

fluß farbenfroher Märchen auf die Gläubigen für ihre Zwecke. Um die christliche Lehre nicht zu trocken und spröde mitzuteilen, suchten sich die Geistlichen für ihre Predigten Märchen aus und umgaben sie mit einer christlichen Moral. Davon zeugen noch heute die sogenannten *Predigtmärlein*. Dann waren Märchen oft die einzige Form, in der Unterdrückte und verfolgte Minderheiten und Randgruppen ihre Grundsätze, ihre Ideale und ihre Kritik an den bestehenden Verhältnissen im Volk verbreiten konnten. Eine wichtige Funktion ist außerdem die Problembewältigung, die das Märchen bietet. Denn dort hören und lesen wir von Kinderlosigkeit, Geschwister- und Generationsproblemen, Bedrohungen und Hunger. Es gibt keine Situation im menschlichen Dasein, die das Märchen nicht kennen und schildern würde.

So ist zum Thema Hunger wohl *Hänsel und Gretel* das bekannteste Märchen. Erstaunlicherweise entdeckten Märchenforscher dazu eine afrikanische Variante bei einem Stamm, der bis dahin nachweislich keinen Kontakt mit Weißen hatte, also auch nicht von dem Märchen über Missionare erfahren haben konnte.

»Es gibt Zustände, die so einfach und natürlich sind, daß sie überall wiederkehren, wie es Gedanken gibt, die sich von selbst einfinden. Es konnten sich daher in den verschiedenen Ländern dieselben oder doch sehr ähnliche Märchen unabhängig voneinander erzeugen«, schrieb Wilhelm Grimm.

Man sagt, wenn man die Seele eines Volkes kennenlernen möchte, soll man seine Märchen lesen. Denn in den Volkserzählungen spiegelt sich sein Denken, sein Fühlen, seine Mentalität. Wie Mentalität, Geschichte oder Sozialstruktur die Märchen eines Landes prägen können, sei an zwei Beispielen geschildert:

In *Brüderchen und Schwesterchen*, in der Version der Brüder Grimm, gibt das Brüderchen erst bei der dritten Quelle seinem Durst nach und wird in ein »sanftes Rehkälbchen« verzaubert. In der südfranzösischen Fassung, genauer in der provenzalischen, kann sich der Bruder schon bei der ersten Quelle nicht bezähmen und wird – ein Südfranzose läßt sich nicht in ein Rehlein verwandeln – zum wilden Löwen.

Fast schon komisch, allerdings nur aus heutiger Sicht, ist eine Schweizer Variante des *Schneewittchen*-Märchens aus Graubünden. Entsprechend der Geschichte Graubündens als älteste Demokratie, stimmen die sieben Zwerge darüber ab, ob Schneewittchen leben darf oder sterben muß. Die Zwerge zeigen sich hier allerdings auch in ihrer ursprünglichen Bedeutung, nämlich dämonisch und bedrohlich, während sie in der deutschen Fassung in ihrer Ratlosigkeit (»Wer hat von meinem Tellerchen gegessen...«) fast zu niedlichen Gartenzwergen herabgesunken sind.

Gemeinsam ist den Märchen, daß sie nicht in der Alltagssprache erzählt werden, sondern in einer formelhaften Kunstsprache, losgelöst von Zeit und Raum. Charakteristisch ist außerdem, daß es kaum Nuancen kennt, den Unterschied klar und deutlich herausstellt: gut und böse, häßlich oder schön. Im Märchen wird nichts erklärt, die Märchenhelden hinterfragen auch nichts. Das Märchen drückt keine Gefühle aus, sie werden vielmehr in Handlung umgesetzt. Wenn die Märchenheldin beispielsweise den Schlüssel verloren hat, schneidet sie sich einen Finger ab und steckt ihn ins Schloß, und er paßt. Die Heldin denkt nicht darüber nach, wo sie einen Schlüssel herbekommen könnte und auch nicht, warum sie sich einen Finger abschneiden soll. Sie fühlt auch keinen Schmerz. Es wird nur Handlung wiedergegeben. Ähnlich ist es auch, wenn der Held in eine Stadt kommt, um die Königstochter vor dem Drachen zu erretten. Was rechts und links steht,

erfahren wir nicht. Wenn es heißt, daß er die Burg von weitem erkennt, bedeutet es, daß er bald am Ziel ist.
Das Märchen lebt von der Wiederholung, die der Liturgie vergleichbar ist: So hat der Held bei jeder Wiederholung, häufig dreimal, eine Weiter- und Höherentwicklung durchgemacht. Die Zahl drei bedeutet in der Zahlensymbolik das Göttliche, Himmlische und Kosmische.
Die Eingangsformel vieler, besonders aber der deutschsprachigen Märchen (»Es war einmal vor langer Zeit«) soll die Distanz zur Realität ausdrücken; während die Schlußformel (»Wenn sie nicht gestorben sind, so leben sie noch heute«) für Beständigkeit und auch Aktualität steht. Das Märchen ist nie alt und nie neu. Es führt den Zuhörer und den Leser in eine Welt außerhalb der Realität und schildert dennoch Wahrheiten, die sich in Bildern und Symbolen ausdrücken. Die Märchen sind in einer Symbolsprache geschrieben, die dem modernen Menschen fremd geworden ist. Erich Fromm, Psychoanalytiker und Sozialphilosoph, sieht in dieser Symbolsprache die »einzige universelle Sprache, welche die Menschheit jemals entwickelt hat und die für alle Kulturen im Verlauf der Geschichte die gleiche ist. Es ist eine Sprache, die eine andere Logik hat als unsere Alltagssprache«. Der moderne Mensch hat diese Symbolsprache vergessen, nur in seinen Träumen tauchen diese archaischen Bilder wieder auf, rätselhaft und manchmal erschreckend.
So zeigt ein Traum, in dem man eine Frau spinnen sieht und Angst hat, daß der Faden reißt, eigene Todesängste. Die Frau am Spinnrad ist das Symbol der Schicksalsfrau, die den Lebensfaden spinnt oder auch zerreißt. Die Gestalt dieser Schicksalsfrau gibt es in zahlreichen Märchen der Welt. Das bekannteste Märchen zu diesem Motiv dürfte wohl *Dornröschen* sein.
Das Märchen läßt viel Raum zur Interpretation, und es kann auf verschiedene Weise gedeutet werden. Es kommt

nur auf den Standpunkt an. So befragt ein Theologe ein Märchen anders als ein Soziologe, und ein Psychologe fragt anders als ein Literaturwissenschaftler. Das Märchen vom *Schneewittchen* zum Beispiel kann gelten als Todesmärchen (das Mädchen liegt im Glassarg, Glas ist ein Todessymbol), als Pubertätsmärchen (Schlaf bedeutet Reifeprozeß), als Mutter-Tochter-Märchen (die Mutter ist auf die heranwachsende, schöne Tochter eifersüchtig, das Weggehen der Tochter ein Abnabeln von der Mutter). Obwohl die Märchen der einzelnen Länder, Volksgruppen und Sprachgebiete ihre Besonderheiten aufweisen, sind Märchen universal. Sie sind ein Teil der Überlieferungen, die überall auf der Erde zu finden sind und weitererzählt von Land zu Land wanderten. Grundlegende Erzählfiguren und Themen sind über die ganze Welt verstreut. So soll es zum Beispiel über 354 Varianten zum *Aschenbrödel*-Märchen geben. Weitergetragen haben die Märchen vor allem Pilger, Seefahrer, Kaufleute, Reisende und auch Handwerker. Dennoch weiß man über die Ursprünge des Märchens wenig, Theorien gibt es zahlreiche. Es heißt unter anderem, daß die Wurzeln mancher Märchen schon in den Mythen der Antike zu finden sind. Einige Märchenforscher sind jedoch der Meinung, daß die Mythen der Antike nicht vom Volk, sondern ursprünglich von Dichtern für das Volk verfaßt wurden.
Unbestritten ist dagegen, daß die Märchen, die die Brüder Grimm aufgeschrieben haben, tatsächlich von Mund zu Mund weitergegeben worden sind. Es wird oft angenommen, daß Jacob und Wilhelm Grimm die Märchen, so wie wir sie kennen, selbst geschrieben hätten. Die Brüder, ursprünglich studierten sie deutsches Recht und Philologie, sammelten dagegen aus wissenschaftlichem Interesse diese Märchen, angeregt von Clemens von Brentano. Allerdings zogen sie nicht von Ort zu Ort, sondern sie ließen sich am Teetisch ihrer Schwester Lotte von Töchtern des gehobe-

nen Bürgerstandes und des westfälischen Adels die Märchen erzählen. Die einzige Ausnahme war Dorothea Viehmann, eine Frau aus dem Volk, die als *die Viehmännin* bekanntgeworden ist. Auch wurden die Texte nicht so erzählt, wie wir sie heute kennen, sondern eher bruchstückhaft, zum großen Teil im Dialekt. Die Grimms notierten und fingen an zu streichen, was ihnen nicht gefiel, und ergänzten, wenn sie glaubten, es fehle etwas. Von den handschriftlichen Notizen von 1810 bis zur Ausgabe letzter Hand 1857 änderten sie, bis der unverwechselbare »Grimmsche Märchenstil« entstanden war.
Die Märchen, ursprünglich von Erwachsenen für Erwachsene erzählt, wurden auf Wunsch des Verlegers fürs Kinderzimmer »zurechtgestutzt«, das heißt, auch dem biedermeierlichen Zeitgeist entsprechend: blasse, hingebungsvolle Frauengestalten, eine böse, aber leibliche Mutter wurde nun zur bösen Stiefmutter, alles Erotische oder Anstößige wurde eliminiert. 1857 erschien der Band ›Kinder- und Hausmärchen der Brüder Grimm, Ausgabe letzter Hand‹. Es ist mittlerweile nach der Bibel das meistübersetzte Buch. Auch haben die Brüder Grimm die Märchensammler in vielen Ländern beeinflußt.
Das Märchen wurde in den letzten Jahren immer wieder totgesagt, aber immer wieder erlebte es eine Renaissance. Es hat auch seinen Stellenwert zurückerhalten: als Wurzel der Dichtung und als Literaturgattung.
Bei der Zusammenstellung dieser Auswahl aus den Bänden der Reihe *Märchen der Welt* im Fischer Taschenbuch Verlag, ging es keineswegs um eine Abgrenzung von Mythen, Sagen und Märchen, sondern allein um die erzählerische Vielfalt. Das Lesevergnügen soll im Vordergrund stehen. Wer mehr über die Herkunft und Bedeutung der Märchen erfahren möchte, sei daher auf die Titel dieser Reihe, unterteilt in Themen- und Ländermärchen, verwiesen.   Monika A. Weißenberger

Verzeichnis der Märchen, wie sie jeweils am Textende in den eckigen Klammern genannt sind

Märchen der Antike
   135   Amor und Psyche
   236   König Midas' Gold
Märchen der Brüder Grimm
    11   Der goldene Schlüssel
   308   Die Kristallkugel
   350   Der gestiefelte Kater
   356   Prinzessin Mäusehaut
Märchen der Eskimo
   270   Der Wettstreit der Zauberer
Jüdisches Märchen
   277   Das Feld der Bruderliebe
Märchen aus den Abruzzen
   273   Die Madonna und der Drache
Märchen aus Ägypten
   167   Der Tagdieb und der Nachtdieb
Altindisches Märchen
   321   Nal und Damajanti
Märchen der australischen Ureinwohner
   177   Wie das Känguruh seinen Schwanz bekam
Märchen aus der Bretagne
   219   Die Jagd nach dem weißen Eber
Märchen aus der Champagne
   196   Der Zauberstab aus Elfenbein

Chinesisches Märchen
- 131 Der Drachenkönig und der Bambusflötenspieler

Märchen aus dem Elsaß
- 21 Die Katze
- 191 Mann und Frau im Essigkrug

Englisches Märchen
- 81 Hans Bohnenstange
- 291 Mister Fox

Märchen aus Estland
- 113 Wie eine Königstochter sieben Jahre geschlafen
- 301 Die zwölf Töchter

Griechisches Märchen
- 344 Die Tochter des Teufels

Märchen aus den Hochpyrenäen
- 312 Die verwunschene Mühle

Irisches Märchen
- 161 Dermot mit dem Liebesfleck

Irische Mythe
- 333 Honig der wilden Bienen

Märchen aus Island
- 103 Der Huldrekönig auf Selö
- 209 Die Riesin im Steinboot
- 238 Die Teufelsmühle
- 298 Der Mann von Grimsö und der Bär

Märchen aus Kalabrien
- 279 Von den klugen Frauen

Märchen aus Ligurien
- 265 La Bella und der Orco

Märchen aus Lothringen
- 57 Die schöne Brunnenfrau
- 241 Die weiße Hirschkuh
- 250 Die kluge Witwe und ihr Sohn

Märchen aus Mallorca
- 283 Die Mauren in der Höhle

Märchen aus Nigeria
  125 Die undankbare Schildkröte
  181 Das Märchen von Yinka, der einhändigen Frau des Königs
Märchen aus der Normandie
  363 Der Fuchs und der König
Märchen aus Persien
  215 Die Tochter des Schneiders und der Sohn des reichen Kaufmanns
  285 Der Fuchs auf der Pilgerfahrt nach Mekka
Märchen aus der Provence
    48 Ritter Etoile
    31 Die Quelle, deren Wasser in einen Löwen verwandelt
  233 Die Alte und das Feuer
Märchen aus Pommern und Rügen
    25 Der alte Fritz und der Besenbinder
Märchen aus Schottland
  315 Die Hexe und ihr Ehemann
Märchen aus Schwaben
    78 Der Schneider und die Sintflut
  230 Die drei Handwerksburschen
  357 Der König Segler des Meeres
Märchen aus der Steiermark
  204 Bei der schwarzen Frau
Russisches Märchen
    67 Der Falke Helfinist
Sizilianisches Märchen
    97 Die Geschichte von Caterina und ihrem Schicksal
Märchen aus Südfrankreich
    61 Henri und Henriette
  110 Der Krug der alten Frau
Märchen aus Syrien
    12 Der rosige Jüngling

Märchen aus dem Tessin
  329   Das Eimerchen
Märchen aus Thüringen
  258   Des kleinen Hirten Glückstraum
Märchen aus der Türkei
   36   Prinz Hüsnü Jussuf
Märchen aus Wälschtirol
  295   Die drei Liebhaber

Verzeichnis der Texte, geordnet nach den Bänden der
Reihe *Märchen der Welt*

Länderbände

Afrikanische Märchen (Bd. 2890)
  125 Die undankbare Schildkröte
  181 Das Märchen von Yinka, der einhändigen Frau
       des Königs
Märchen der australischen Ureinwohner (Bd. 2893)
  177 Wie das Känguruh seinen Schwanz bekam
Arabische Märchen (Bd. 2892)
   12 Der rosige Jüngling
  167 Der Tagdieb und der Nachtdieb
Märchen der Bretagne (Bd. 2894)
  219 Die Jagd nach dem weißen Eber
Chinesische Märchen (Bd. 2895)
  131 Der Drachenkönig und der Bambusflötenspieler
Märchenreise durch Deutschland
   25 Der Alte Fritz und der Besenbinder
  357 Der König Segler des Meeres
Märchen aus Elsaß und Lothringen (Bd. 10651)
   21 Die Katze
  191 Mann und Frau im Essigkrug
  241 Die weiße Hirschkuh
Märchen aus England (Bd. 10686)
   81 Hans Bohnenstange

Französische Märchen (Bd. 10465)
  31 Die Quelle, deren Wasser in einen Löwen verwandelt
  196 Der Zauberstab aus Elfenbein
  363 Der Fuchs und der König
Märchen aus Island (Bd. 10684)
  209 Die Riesin im Steinboot
Märchen aus Italien (Bd. 10946)
  265 La Bella und der Orco
  273 Die Madonna und der Drache
  279 Von den klugen Frauen
Märchen aus Mallorca (Bd. 11129)
  283 Die Mauren in der Höhle
Märchen aus Österreich (Bd. 11064)
  204 Bei der schwarzen Frau
Märchen aus Persien (Bd. 2900)
  215 Die Tochter des Schneiders und der Sohn des reichen Kaufmanns
  285 Der Fuchs auf der Pilgerfahrt nach Mekka
Märchen der Provence (Bd. 10656)
  48 Ritter Etoile
  233 Die Alte und das Feuer
Türkische Märchen (Bd. 2903)
  36 Prinz Hüsnü Jussuf

Themenmärchen

Märchen der Antike (Bd. 2891)
  135 Amor und Psyche
  236 König Midas' Gold
Märchen von Dornröschen und dem Rosenbey (Bd. 10466)
  67 Der Falke Helfinist
Märchen von Drachen (Bd. 11380)
  61 Henri und Henriette

Märchen vom Essen und Trinken (Bd. 11326)
  238 Die Teufelsmühle
Märchen und Mythen vom Fliegen (Bd. 2904)
  270 Der Wettstreit der Zauberer
*Die Frau, die auszog, ihren Mann zu erlösen
(Bd. 10463)*
  291 Mister Fox
  301 Die zwölf Töchter
Die wahren Märchen der Brüder Grimm (Bd. 2885)
  308 Die Kristallkugel
  350 Der gestiefelte Kater
  356 Prinzessin Mäusehaut
Märchen von Handwerkern (Bd. 11379)
   78 Der Schneider und die Sintflut
  312 Die verwunschene Mühle
Märchen von Hexen und weisen Frauen (Bd. 10462)
  315 Die Hexe und ihr Ehemann
Jüdische Märchen (Bd. 2898)
  277 Das Feld der Bruderliebe
Märchen von Ketzern (Bd. 10657)
  110 Der Krug der alten Frau
Märchen von Leben und Tod (Bd. 10206)
  113 Wie eine Königstochter sieben Jahre geschlafen
  333 Honig der wilden Bienen
Märchen von Liebe und Eros (Bd. 10205)
  161 Dermot mit dem Liebesfleck
  295 Die drei Liebhaber
  321 Nal und Damajanti
Märchen von Mördern und Meisterdieben (Bd. 2887)
  230 Die drei Handwerksburschen
*Märchen und Geschichten aus der Welt der Mütter
(Bd. 2882)*
  250 Die kluge Witwe und ihr Sohn
Märchen von Müttern und Töchtern (Bd. 11667)
  329 Das Eimerchen

Märchen von Nixen (Bd. 10972)
  57   Die schöne Brunnenfrau
Märchen von Schicksal und Weissagung (Bd. 2888)
  97   Die Geschichte von Caterina und ihrem Schicksal
Märchen und Geschichten aus Urgroßmutters Schatztruhe (Bd. 10461)
 258   Des kleinen Hirten Glückstraum
Märchen von Vätern und Töchtern (Bd. 2886)
 344   Die Tochter des Teufels
Märchen und Geschichten zur Winterzeit (Bd. 11446)
  11   Der goldene Schlüssel
 103   Der Huldrekönig auf Selö
 298   Der Mann von Grimsö und der Bär

Verzeichnis der Märchenbände und ihre Herausgeber

Afrikanische Märchen (Bd. 2890)
Friedrich Becker
Märchen der australischen Ureinwohner (Bd. 2893)
Herbert Boltz
Arabische Märchen (Bd. 2892)
Ursula Assaf-Nowak
Märchen der Bretagne (Bd. 2894)
Erich Ackermann
Chinesische Märchen (Bd. 2895)
Josef Guter
Märchenreise durch Deutschland (Bd. 11128)
Sigrid Früh
Märchen aus Elsaß und Lothringen (Bd. 10651)
Marlies Hörger
Märchen aus England (Bd. 10686)
Frederik Hetmann
Französische Märchen (Bd. 10465)
Marlies Hörger
Märchen aus Island (Bd. 10684)
Ursula Mackert
Märchen aus Italien (Bd. 10946)
Silvia Studer-Frangi
Märchen aus Mallorca (Bd. 11129)
Alexander Märker
Märchen aus Österreich (Bd. 11064)
Leander Petzoldt

Märchen aus Persien (Bd. 2900)
Inge Hoepfner
Märchen der Provence (Bd. 10656)
Marlies Hörger
Türkische Märchen (Bd. 2903)
Adelheid Uzunoglu-Ocherbauer
Märchen der Antike (Bd. 2891)
Erich Ackermann
Märchen von Dornröschen und dem Rosenbey
(Bd. 10466)
Barbara Stamer
Märchen von Drachen (Bd. 11380)
Sigrid Früh
Märchen vom Essen und Trinken (Bd. 11326)
Hans-Jörg Uther
Märchen und Mythen vom Fliegen (Bd. 2904)
Constance Ott-Koptschalijski/Wolfgang Behringer
Die Frau, die auszog, ihren Mann zu erlösen (Bd. 10463)
Sigrid Früh
Die wahren Märchen der Brüder Grimm (Bd. 2885)
Heinz Rölleke
Märchen von Handwerkern (Bd. 11379)
Frieder Stöckle
Märchen von Hexen und weisen Frauen (Bd. 10462)
Sigrid Früh
Jüdische Märchen (Bd. 2898)
Zwi Kanner
Märchen von Ketzern (Bd. 28657)
Marlies Hörger
Märchen von Leben und Tod (Bd. 10206)
Sigrid Früh
Märchen von Liebe und Eros (Bd. 10205)
Ulrike Blaschek-Krawczyk
Märchen von Mördern und Meisterdieben (Bd. 2887)
Volker Ladenthin

Märchen und Geschichten aus der Welt der Mütter
(Bd. 2882)
Sigrid Früh
Märchen von Müttern und Töchtern (Bd. 11667)
Ulrike Blaschek-Krawczyk/Sigrid Früh
Märchen von Nixen (Bd. 10972)
Barbara Stamer
Märchen von Schicksal und Weissagung (Bd. 2888)
Barbara Stamer
Märchen und Geschichten aus Urgroßmutters Schatztruhe
(Bd. 10641)
Erich Ackermann
Märchen von Vätern und Töchtern (Bd. 2886)
Renate Greinacher
Märchen und Geschichten zur Winterzeit (Bd. 1146)
Erich Ackermann

Märchen der Welt

Märchen und Geschichten aus der Welt der Mütter
Herausgegeben von Sigrid Früh
Band 2882

Kein Symbol erscheint in den Märchen und Mythen so vielfältig wie das der Mutter. Von der Mutter berichten die schönsten Zeugnisse der Weltliteratur. Die ergreifendsten, die eindrücklichsten Zeilen großer Männer und Frauen sind an ihre Mütter gerichtet; die schönsten Briefe berühmter Frauen sind die, die sie an ihre Kinder geschrieben haben.

Märchen und Geschichten zur Weihnachtszeit
Herausgegeben von Erich Ackermann
Band 2874

Kein anderes kirchliches Fest hat sich so innig mit dem Leben verbunden wie das Weihnachtsfest. Der Herausgeber hat aus den zahlreichen Geschichten und Märchen rings um Weihnachten eine Auswahl getroffen, die die schillernde Vielfalt dieser Zeit widerspiegelt und die religiösen, mythischen und kulturellen, aber bisweilen auch die vorgespielten Gefühle durchschimmern läßt. Dieses Buch spannt einen Bogen vom 1. Advent bis zum Dreikönigstag am 6. Januar.

Die wahren Märchen der Brüder Grimm
Herausgegeben von Heinz Rölleke
Band 2885

Der vorliegende Band enthält die Textfassungen von 1810 bis 1858, die in knapp eineinhalb Jahrhunderten nicht nachgedruckt wurden. So stellt diese Sammlung Wiederentdecktes dem Leser, Liebhaber und Kenner der Brüder Grimm vor; neben den bekannten Texten auch noch nie gedruckte.

Fischer Taschenbuch Verlag